本书编委会

主　　任：李绍美

副 主 任：蓝　青

成　　员：(按姓氏笔画为序)

　　　　　白荣敏　林成峰　林高云　郑　坚

　　　　　钟而赞　高燕君　雷达雨　詹华寿

主　　编：蓝清盛

佳阳

政协福建省福鼎市委员会文化文史和学习委 ◎ 编

海峡出版发行集团 | 海峡文艺出版社

图书在版编目(CIP)数据

佳阳/政协福建省福鼎市委员会文化文史和学习委编.—福州:海峡文艺出版社,2024.4
(福鼎文史.乡镇专辑)
ISBN 978-7-5550-3705-7

Ⅰ.①佳… Ⅱ.①福… Ⅲ.①乡镇—文史资料—福鼎 Ⅳ.①K295.75

中国版本图书馆CIP数据核字(2024)第059684号

佳阳

政协福建省福鼎市委员会文化文史和学习委　编

出 版 人　林　滨
责任编辑　林鼎华
编辑助理　杨　鑫
出版发行　海峡文艺出版社
经　　销　福建新华发行(集团)有限责任公司
社　　址　福州市东水路76号14层
发 行 部　0591—87536797
印　　刷　福建新华联合印务集团有限公司
厂　　址　福州市晋安区福兴大道42号
开　　本　787毫米×1092毫米　1/16
字　　数　404千字
印　　张　21　　　　　　　　插页　2
版　　次　2024年4月第1版
印　　次　2024年4月第1次印刷
书　　号　ISBN 978-7-5550-3705-7
定　　价　85.00元

如发现印装质量问题,请寄承印厂调换

总 序

李绍美

福鼎古属扬州，晋属温麻县，隋开皇九年（589）废温麻县改原丰县，唐武德六年（623）置长溪县，清雍正十二年（1734）为霞浦县辖地，归福宁府。清乾隆四年（1739）由霞浦县划出劝儒乡的望海、育仁、遥香、廉江四里设福鼎县，县治桐山。1995年10月，福鼎撤县设市，现辖10个镇、3个街道、3个乡（其中2个畲族乡）、1个开发区。

福鼎建县虽不足300年，但人文历史悠久，早在新石器时代就有先民在这块土地上繁衍生息，并因山海兼备的地理特征创造出丰厚和多元的文化，如滨海名山太姥山孕育了太姥文化，依海而生的马栏山先民则开辟了海洋文化。随着时代的发展，福鼎的文化愈发精彩和独特：与浙江交界的叠石、贯岭、前岐等乡镇，接受瓯越文化较为明显，其方言与温州的腔调接近；与长期作为闽东文化中心的霞浦县相近的硖门乡和太姥山镇，受儒家文化影响较深，文风盛于其他乡镇；地处山区的管阳、磻溪等镇和地处滨海的沙埕、店下等镇，在生产方式与生活习惯上均有很大的不同……新中国成立以来，特别是改革开放后，福鼎各乡镇立足各自的区位特点和地方传统，抓住历史机遇，走出了各具特色的发展之路，在经济建设、社会治理、文化繁荣等方面都取得了长足的进步，变化可谓翻天覆地。

基于市情，我们改变常规文史工作立足县市层面，把视角下移，提出为辖下的13个乡镇、3个街道、1个开发区编纂文史资料并合出一套丛书的思路，使得政协文史工作更细致入微、更接地气。这一思路得到了福鼎文史界和各乡镇（街道、开发区）的积极支持和大力配合。为了做好这项工作，市政协总体协调，聘请文史研究员跟踪、指导、参与丛书具体编纂事宜，努力推进这项工程量巨大的工作。各个乡镇（街道、开发区）成立工作小组具体落实，有的乡镇与高校合作，借助高校的科研力量；有的乡镇聘请当地文史工作者，借助当地"活地图""活字典"的力量……可谓"八仙过海，各显神通"，使得丛书的编纂进展顺利。

本次系统挖掘整理各乡镇的文史资料，是文史工作的一次创新，而且以乡镇为单位编纂成书，使每个乡镇零散的资料归于系统化，实乃为每一个乡镇写史纂志，对各乡镇的文化建设意义重大。在工作中，很多史料的价值以文史的眼光审视得到重新"发现"，更有不少内容属于抢救性的挖掘整理，十分难能可贵。也因此，这项工作具有开拓性，也更具挑战性。自工作开展以来，镇里、村里的老干部、老"秀才"和"古董"们，市里各个领域的文史爱好者，以及高校研究人员，纷纷热情参与其中，为完成这项浩大的文化工程付出了艰辛的劳动。大家既科学分工，又团结协作，怀抱对乡土的热爱、对家乡的厚谊及对文史的关怀，兢兢业业，埋头苦干，无私奉献，终于使煌煌几百万字的"福鼎文史·乡镇专辑"丛书与大家见面了。该丛书的出版，拓展了福鼎文史工作的广度和深度，使福鼎文史工作有了新的突破、质的提升。

文史工作是政协工作的重要组成部分，是一项有益当代、惠及后世的文化事业，在传播优秀文化遗产、繁荣发展文化事业、推进建设和谐社会等方面都具有十分重要的意义。市政协历届领导班子有重视文史工作的优良传统，以对历史负责的求实态度，尊重社会各界的意见、建议，注重文史人才的培养并发挥他们的积极作用，守正创新，破立并举，推进福鼎政协文史工作长足发展，为福鼎地方文化建设做出了积极贡献。在此，谨向所有关心和支持这项工作的各界人士表示诚挚的谢意！

读史可以明智。历史是昨天的客观存在，是我们认识现实、走向未来的前提和出发点。迈入新时代的福鼎，正孕育着新的希望，让我们紧密团结在党的领导下，一如既往地秉承"肝胆相照，荣辱与共"的方针，与全市人民一道，团结拼搏，鼎力争先，不忘初心，接续奋斗，为加快建设宁德大湾区沙埕湾生态临港产业城市发挥我们应有的作用，做出我们应有的贡献。

是为序。

（本文作者为福鼎市政协党组书记、主席）

目 录

山川故里

佳阳山岭、溪流及水库 …………………………………… 003
佳阳道路交通 ……………………………………………… 008
佳阳区划变迁概况 ………………………………………… 011
佳阳十二个建制村 ………………………………………… 012
消逝的村庄 ………………………………………………… 026

宗族聚落

佳阳姓氏概况 ……………………………………………… 031
周山周氏 …………………………………………………… 032
国洋李氏 …………………………………………………… 033
象洋游氏 …………………………………………………… 035
大塘尹氏 …………………………………………………… 036
佳阳丁氏 …………………………………………………… 037
滨洋、梅溪雷氏 …………………………………………… 039
单桥钟氏 …………………………………………………… 041
双华雷氏 …………………………………………………… 046
双华蓝氏 …………………………………………………… 048
后洋刘氏 …………………………………………………… 052
蕉宕方氏 …………………………………………………… 054
种洋张氏 …………………………………………………… 055
佳阳未立宗祠的族姓 ……………………………………… 056

社会经济

佳阳乡传统农业耕作演变 ………………………………… 061

佳阳渔业生产话昔今 …………………………… 063
佳阳传统粮食作物 ……………………………… 066
佳阳传统经济作物 ……………………………… 068
佳阳传统副业 …………………………………… 072
讨小海：内海传统捕捞业 ……………………… 075
在佳阳茶厂做茶 ………………………………… 079
天湖山茶场 ……………………………………… 081
佳阳粗纸厂 ……………………………………… 082
畲乡传统狩猎 …………………………………… 083
畲乡羊贩 ………………………………………… 084
供销合作社 ……………………………………… 085
节气与农事、民俗活动 ………………………… 086
佳阳旅游 ………………………………………… 087

往事钩沉

佳阳分乡和设畲族乡始末 ……………………… 091
有关生产队的记忆 ……………………………… 095
记"水稻四剑蟓象"虫灾 ……………………… 097
记"桑美"台风 ………………………………… 099
罗唇溪畔杂忆 …………………………………… 101
畲族传统体育项目"打尺寸" ………………… 107

人物春秋

钟良弼告王万年阻考 …………………………… 111
修职郎李眉峰先生传 …………………………… 112
李乃算略传 ……………………………………… 114
李绍渊略传 ……………………………………… 116
中医李声发 ……………………………………… 117
蓝清改简介 ……………………………………… 119
周钦明略传 ……………………………………… 120

周建生略传 …………………………………………… 121
李永耀的传奇人生 …………………………………… 123
郑嘉顺：温州解放和改革的先行者 ………………… 132
李永恩略传 …………………………………………… 137
佳阳三名党员 ………………………………………… 140

文物古迹

古遗址 ………………………………………………… 143
古交通设施 …………………………………………… 145
古戏台和古宗祠 ……………………………………… 148
古民居 ………………………………………………… 152
古墓葬 ………………………………………………… 155
墓道碑刻 ……………………………………………… 157
宫庙庵堂 ……………………………………………… 159
革命纪念场所 ………………………………………… 164

文教卫生

福鼎市少数民族文化站 ……………………………… 169
福鼎首支畲女文艺演出队 …………………………… 170
大路业余京剧团 ……………………………………… 171
双华畲族电影放映队 ………………………………… 172
福鼎县少数民族文化站木偶剧团 …………………… 173
吹打音乐 ……………………………………………… 174
佳阳畲族民间歌谣及其分类 ………………………… 175
佳阳畲族民间故事 …………………………………… 197
佳阳畲族民间谚语 …………………………………… 202
佳阳非遗项目 ………………………………………… 208
佳阳办学概况 ………………………………………… 209
停办的农村小学 ……………………………………… 211
前岐中心小学"民族班" …………………………… 214

佳阳民族学校	215
佳阳畲医畲药	216
佳阳畲族乡卫生院简介	218
畲族传统体育	219
畲族古老棋类	221

民俗风情

岁时节日	227
罗唇"冥斋节"	236
双华"二月二"	241
佳阳习俗拾零	248
佳阳民间信俗种种	263
后阳"关公救生日"	269
畲族婚俗	270
畲族服饰	298
门前路径"弯上曲"	302
畲族称谓	304
歌场轶事	305

物华吟赏

佳阳节令食品	311
佳阳特色菜	315
蔬菜和海鲜加工	318
佳阳宴席	320

附录：

| 大事记 | 323 |

山川故里

佳阳山岭、溪流及水库

南农大

佳阳依山面海，域内重山叠嶂、溪流纵横，天湖山是佳阳境内最高的山，海拔800米，罗唇溪是佳阳境内最长的溪，流经双华、罗唇两个村，长8千米。山水间形成许多沟壑，坍塌不平。人们结合山形走势，筑成一条条岭道，一条接一条，一山接一山，构成四通八达的古代交通网络。佳阳面临的海是内海，即沙埕港湾。

火钳岭　　位于周山村与上庵村的交接处，因形似火钳而得名。火钳岭的山势险峻，周山的房岙自然村正处于火钳岭其中一个高峰之上。从房岙自然村村后下山，再沿火钳岭另一山峰上山便可抵达上庵村。火钳岭是龙头湾挑矾古道的一个支路，当时有许多佳山、周山的挑工都是从火钳岭前往浙江矾山镇的。

万八岭　　位于象洋村西南方向。解放前象洋人要去福州、霞浦都需要经过万八岭，因此万八岭是一条联通外界的主干交通。万八岭名称的由来与村里游氏家族有关系。在游氏家族最繁荣的时期，家有万亩良田，收粮上万石。游氏家族在象阳村有两个粮仓，然而两个粮仓的存储量并不能满足存储所有粮食的需求，因此游氏便将剩下的粮食运到店下巽城和秦屿潋城的粮仓贮存起来。因为每年从这座山岭运出的粮食有一万八千石，所以被当地人称作"万八岭"。

打石岭　　"文革"期间改名叫红旗岭。位于佳阳畲族乡象洋村境内，以前沿海村蕉宕、安仁、三丘田、象阳村民要去浙江矾山、必须爬打石岭。打石岭起点象洋水岐头村，岭头有个自然村叫"鬼洞"。"文革"期间，将打石岭改红旗岭，同时也将"鬼洞"村改名红旗岭。过了红旗岭经佳阳河洋自然村，到了拱桥头经丹桥经佳山经周山走火钳岭上上庵去浙江矾山。

罗五岭　　位于上庵行政村，是一条通往前岐赶集的山岭。民众与粮食的关系深深地烙印在这一座座山头的名称中，而罗五岭名称的由来也与农田面积分不开。当地种水稻面积的计量方式并不是亩，而是以"箩"作为计量单位（简作"罗"），一罗大概是现在的十亩，这一片山地的面积是一罗五，所以称为罗五岭。

西岭、九节岭　　位于佳阳畲族乡双华西北，是双华前往浙江矾山和前岐必经之路，双华要去矾山，爬完西岭到了佳山村的山兜自然村、经乾头自然村、经周山村过火钳岭上上庵村往矾山。九节岭是双华往前岐的另一条岭，九节岭因该岭共有九个拐弯得名。岭头是后洋村的土坑窟自然村，过了土坑窟走后洋，下佳阳，下照澜岭，往前岐。

簸箕岭 位于罗唇村，起点在罗唇村大岭脚自然村，罗唇村罗唇片、岩坑片村民要往浙江矾山一般都会走这条路。从大岭脚爬完簸箕岭，就到了后洋村，然后过佳山种洋自然村，上种洋岭到佳山乾头过周山，再过火钳岭到上庵前往矾山。

大岭、小岭 罗唇、双华群众要去浙江马站，两岭必走一岭。从大岭走，先从双华桥仔头自然村开始，爬完大岭往下走，就是浙江大岭村；从小岭走，先从双华小岭自然村开始，爬完小岭往下走，山脚下就是浙江小岭村。有意思的是，浙江和福建两省村民都将自己村境内的一段山岭叫大岭、小岭，岭下浙江的村庄也叫大岭、小岭，所在的乡叫岱岭畲族乡。福建方虽然大岭脚没直接叫大岭，叫桥仔头，但小岭脚的村还是叫小岭。

梅溪岭 位于罗唇村梅溪片，是罗唇人前往前岐的陆路。从梅溪海尾过枹脚进入梅溪溪谷、沿溪往上，到了佳阳的丁家坪，往宫边、拱桥头经田中央，下照澜岭到照澜经大兰到前岐。如果往矾山方向，从丁加坪过楼下、丹桥、上佳山过周山、接火钳岭，去上庵就可到矾山。

天湖山 天湖山海拔近800米，有"小太姥"之称。它逶迤十里，层峦叠嶂，

天湖山（杜海鸣 摄）

与同是雄居东海之滨的"海上仙都"太姥山交相辉映。考乾隆四十五年（1780）修谱时的《（周）佳山周氏族谱序》得知，天湖山本名"龙凤山"，此山因居于闽浙两省交界，属标志性山脉，故在福建省的省志中有记载。关于龙凤山，有一段美丽的传说。据说，在很久很久以前，这里原是茫茫大海，波涛浩瀚。后来，几经沧海桑田，东海之滨才有了陆地山川。突然有一天，自天外飞来的一只金翅大凤，停了一个山头上休息，因为飞途劳顿，口干舌燥，于是俯身去吸海水，不一会儿，就把海水吸了大半。这惊起了东海之中的蛟龙，它腾空跃起，与金凤开始了一场激烈的搏斗。双方打得难解难分之际，南海观世音菩萨飞驾而来，立于云头，用右手的杨柳枝，蘸上左手净瓶中的几滴甘露神水。神水一洒，扭打在一块的蛟龙和金凤立刻同时俯卧在东海之滨上，随即化作了一座连绵起伏的大山脉：一端似展翅欲飞的金凤，是大金凤所化；另一端宛若一条大青龙，乃蛟龙所化，龙凤山因此而得名。

狮山、象山　　狮山、象山均位于象洋村与前岐照澜村交界处，海拔大约115米。狮山犹如一只巨大的仰天长啸的雄狮，故而得名；象山因山体呈现巨象饮水之姿，长鼻与象耳历历分明，得名"象山"。在狮山周围的村庄里流传着一个动人的故事。据传，从前有两位猎人来到"狮山"狩猎，一日忽然下起大雪，倾刻间漫山遍野白茫茫一片，只山顶有块地热气腾腾没积上雪，二位猎人以为是天狮显灵，急忙把猎具猎物埋藏此地，立石碑为标志，后来两家果然家业兴旺。古来有"狮嘴对象鼻"夜合昼分的神话传说。前岐的照澜溪水从象山与狮山之间奔腾而过流向入海口，因此这一景观被当地称之为"狮象把关，鲤鱼入海"。

钟金山　　位于龙头湾村东南方向，在龙头湾村朱坟自然村境内，因为山头整体形状好似一个立着的大钟，所以被当地人称为"钟金山"。

龙岗山　　位于后洋村的东南方向。龙岗山下便是罗唇，半山腰有一纱帽石，惟妙惟肖。在罗唇流传着一个"十八学士"的故事，要从一个柚子开始说起，一天，十八兄弟一起集会，剥了一个柚子，这个柚子有十八瓣果肉，十八个兄弟每人刚好分一瓣，欢喜大笑。十八个兄弟是同胞兄弟，都在朝为官、官运亨通。由于得罪了当朝权贵，权贵请了一个风水先生探查这十八兄弟为何会如此顺达，最终查到了十八学士的家乡，在罗唇这儿发现了原因，于是命令风水先生破坏风水，在龙岗山中间挖一条壕沟，钉上三根铁棒。此后，十八学士仕途不顺，家族越来越衰落，最终悲惨地离世了。当地人还将斩了龙脉后的龙岗山称作"斩龙沟"。

鸡笼山　　位于后洋村，背靠刘氏祖厅。鸡笼山海拔不高，外廓为一个土丘。山上有一个奇特的景象，在草长莺飞的季节，将易腐坏的食物放置在草上，食物既不会引来蚊蝇，也不会产生异味，令人称奇。夏天，更是由于鸡笼山上无蚊蝇，引来许多孩子上山游玩。据当地人说，鸡笼山之所以没有蚊蝇，与山上自然生长的牛皮草有很大关系。

公鸡山　　位于佳阳村丁家坪自然村，公鸡山虽说被称之为"山"，但实际上是一个土丘。山上有一块石头，特别像鸡头，因此被当地人亲切地称为"公鸡山"。公鸡山满山种满了乌稔树，树下养殖了跑山鸡，真真是"公鸡山上养土鸡"，实至名归。

金岗　　位于龙头湾村的西北方向。岗上的土质非常特别，山上石头也很特别，下雨天山土不泥泞，石头又不像石头，泥不像泥。

东樟水库　　位于佳阳村东樟自然村，20世纪70年代修建，比佳阳水库建成要早些，储水量约2万立方米，主要用于农业灌溉。

青年水库　　位于佳阳村丁家坪自然村，早期主要用于农业灌溉，2000年后作为自来水厂的备用水源。

佳阳水库　　位于佳阳与佳山村的交界处，流域面积3.87平方千米，总库容150.5万立方米，有效库容123.4万立方米，是一座以灌溉为主，兼具发电的综合利用的水库，工程于1972年9月动工，1976年3月竣工。设计灌溉面积4000亩，实际灌

佳阳水库（林高云 摄）

溉 2300 亩，受益范围包括佳阳、象阳等 3 个村；发电站装机 2 台机 125 千瓦。工程总投资 71 万元，完成土石方 16.7 万立方米，累计投入劳力 23.5 万工日。水库大坝为黏土心墙坝，坝顶高程 292.5 米，坝高 32.5 米，坝顶长 130 米，宽 4.6 米。渠道全长 15.25 千米，其中总干渠长 4.18 千米，左右干渠长 8.07 千米，支渠 1 条 3 千米、渡槽 1 座长 24 米。

油坊外水库　　位于安仁村，水库容量较小，只有 12 万立方米，主要用于农业灌溉。

罗唇溪、梅溪、岩坑溪　　三条溪流均在罗唇村。罗唇村分为三个片区，分别是罗唇片区、梅溪片区和岩坑片区，每一个片区都有一条以片区中心村名来命名的溪流，分别是罗唇溪、梅溪、岩坑溪。罗唇溪的源头可以追溯到浙江省的牛乾山，经过双华村，流过罗唇，最终汇入沙埕港；岩坑溪的水源来自于浙江的合掌岩，后军队在此建雷达，故称其为雷达山。而梅溪的水源则是来自于佳阳畲族乡境内的天湖山，由于梅雨季节溪水就会上涨，因此将其称作为"梅溪"。在 1989 年之前主要用于农业灌溉，后来洪水冲毁两岸稻田，这里成了乱石滩。

高境溪　　位于龙头湾村，由浙江甘茶和佳阳畲族乡上庵村的水流汇聚而形成的溪流，流经坑门内、龙头湾以及高境，最终汇入前岐的照澜村。龙头湾行政村内的叫"高境溪"，照澜村内的叫"三井溪"。

佳阳道路交通

 南农大

佳阳地理位置较偏,历史上交通并不发达,陆路主要依靠两条古道即大路古道、周洋古道与外界联系。新中国成立后尤其是改革开放后佳阳交通事业发展迅速,如今道路交通十分便利。省道沙吕线从境内贯穿而过,各村的通村公路都已经硬化,大多数的自然村村民都能将车开到家门口。有双华至马站,罗唇至沿浦,上庵至矾山三条省际公路,沈海高速复线从境内通过,在安仁和双华构建两个互通口。海运交通也十分便利,罗唇军民共用码头可停泊万吨轮船,船只出入沙埕港,可直达我国沿海省份各港口城市,距台湾基隆港只有140海里。

大路古道 大路古道在龙头湾村大路自然村,一级级古道台阶组成了通往矾山之路。佳阳畲族乡西北部与世界矾都——浙江省苍南县矾山镇相毗邻。清乾隆九年(1744)苏州、宁波商人在矾山设厂煎矾,日产50吨。到了光绪二十七年(1901),日商通过台湾口岸与沙埕等沿海各地交易,矾山初产的明矾经沙埕港输出达5000吨。民国期间矾山明矾日产量大幅度提升,需要大量木料烧窑煎矾,为此在矾都周围及毗邻省、县收购大量木料,大路古道人来货往,繁忙昌荣。

龙头湾大路古道(王静 摄)

佳阳前往矾山镇的主要道路有两条，一条从枫树岭经龙头湾大路古道抵达矾山；另一条路从蕉宕途经周山村，到龙头湾，抵矾山。农工们挑木头前去矾山镇，这些木料被过称换成银钱，他们会买些米、油带回家，同时顺便挑一担明矾到前岐码头换取工钱。旧时，挑工们都是在矾窑挑明矾。"矾窑"是明矾冶炼厂的俗称。矾山"矾窑"的明矾成品每天通过成百上千的挑矾工，用肩挑到前岐"矾馆"过称核实存包，销售时再包装。

龙头湾大路古道年复一年留下了千千万万挑矾工的足迹，古道至今依旧保存完好。

国洋古道　　国洋古道东接沙埕、流江、罗唇，西北连照澜、前岐，北接浙江矾山、蒲坪，南抵蕉宕、安仁、三坵田。国洋古道一般多为石块叠砌，长度东至佳阳百丈岩溪，西至三井溪，北至三门墩溪。中途修有拱桥、碇步、凉亭等设施。宽度在3至4.5尺之间，顺着山坡的走势修造而成。

纵一线228国道　　国道纵一线福建福鼎段2014年12月份开始施工，起点位于佳阳乡象洋村附近，桩号为K12460，途经塘岐、柯湾村，终点位于前岐镇附近，桩号为K15793.68。主线里程3.333千米，支线6.939千米。主线按一级公路标准建设，设计行车速度60千米/小时，宽23.0米，沥青砼路面。支线按二级公路标准建设，设计行车速度40千米/小时，宽10米，水泥砼路面。另设置佳阳支线连接集镇和国道，里程桩号：佳阳支线K0000-K4169.938，长度4.17千米。佳阳畲族乡至福鼎市区的车程缩短至20分钟以内。

沙埕湾跨海通道　　沙埕湾跨海公路通道路线起自佳阳乡双华村竹澳（浙闽界），接宁波至东莞国家高速公路浙江段，跨越沙埕湾，止于店下镇洋中村，接沈海高速公路，全长约20.5千米，其中沙埕湾跨海特大桥长约2千米。采用双向六车道高速公路标准建设，路基宽度33.5米，设计时速为100千米/小时。

宁东高速与省干线纵一线连接，设佳阳、店下、坑门里（枢纽），共3处互通立交。主线主要工程量有土石方1105.27万立方米、互通3座、服务区1处、隧道4.5个共

建设中的沙埕湾大桥（谢作建 摄）

5267.5 米、主线桥梁 10 座 5067 米。通车后，福鼎至温州机场的路程将缩短至 45 分钟以内。目前，在佳阳畲族乡安仁村设立福鼎东（佳阳）互通口和服务区，佳阳畲族乡也将依托服务区开发一站式旅游服务，用交通枢纽带动当地的旅游经济。

桐山至沙埕公路　省道沙吕线起始于沙埕，经罗唇、佳阳、前岐、福鼎城区、点头、白琳、越昭仓、过秦屿、硖门，终点接霞浦县牙城、水门到霞浦城关，再沿海岸线经沙江、长春、下浒、北壁等乡镇到达终点吕峡。1957 年 10 月由福建省公路局勘测设计。福鼎桐山至沙埕段自 104 国道肖家坝桥东端 322K+00m，经灰窑、罾坪、梅溪、百胜、大岳、前岐、照澜、佳阳、罗唇、流江、旧城、马道至沙埕新街，全线长 45.50 千米。佳阳境内主要涉及佳阳村、罗唇村。

1977 年 8 月，罗唇海军因军事建设需要，将桐沙线罗唇沿海路段作为军事专用公路，连接桐沙公路线。该段改道工程由县交通局工程股负责施工。虽然此段路不长，但地形复杂，工程艰巨，800 名技工奋战 5 个月，共完成土方 5 万立方米，石方 6.8 万立方米，中小桥各一座 70 米，涵洞 27 道 274 米，石驳岸 1.3 万立方米。

罗唇至双华公路　从省道沙吕线罗唇村岔路起至双华村，长 4.185 千米，桥梁 1 座，途径割藤房、石萝、埠头、华阳至双华村，并延伸到四房内村。1986 年 9 月动工，1987 年 10 月竣工验收，工程造价 12.09 万元，由省交通部门从扶贫项目拨款修建。线路按山岭重丘区四级公路技术标准设测施工，路基宽 4.5 米，路面宽 3.5 米，属等内路。

罗唇至合掌岩公路　从佳阳畲族乡罗唇村至浙江省苍南县马站镇湖乾村、合掌岩，全长 15 千米。路基宽 4.5 至 6.5 米，路面宽 3.5 米。1964 年 2 月动工，1965 年 10 月竣工。

佳阳区划变迁概况

蓝清盛

清乾隆四年（1739）福鼎置县，属福宁府。设6街、27社、1坊、20都，佳阳域属二十都。沿东四十里起16村：象阳、郭阳、佳山、安仁山、小兰、流江、岩坑、炉屯、大春、小春、沙埕、蕉岩、澳前、王家洋、大峰、后洋。清末筹办自治废都里为区，全县共编19个区，今佳阳地域分布于安仁、前岐、沙埕三区。

民国初沿用清时行政区域。1934年全县缩为5个自治区，编保甲自治、由户而甲、而保、而联保，置镇、乡。二区辖前岐、沙埕、巽城3个镇，12个乡，今佳阳区域分布于岩坑、象阳、小兰、流江4个乡。1940年全县设3个区，佳阳地域属第一区，第一区辖2个镇，桐山镇、沙埕镇；6个乡，佳阳是六乡之一，佳阳乡辖有：佳山、大路、国阳、照澜、佳阳、安仁、岙前、滨洋、东樟、后洋、罗唇、华东、华北、象阳14保。1947年佳阳乡的岩坑、罗唇、华阳、刘阳4保划归沙埕镇，其余划归前岐镇。岩坑保所辖村落有：西篁湾、甘厝里、六斗坑、岩坑、枇杷坑、小华阳、三斗。罗唇保所辖村落有：梅溪、罗唇、大岗脚、马渡头、大坪。华阳保所辖村落有东坑内、北坑头、甲滕头、华东、华北。刘阳保所辖村落有：小溪洋、后阳、山兜、李家坑、石壁脚、桐只岗、土笼窟。福鼎于1949年6月解放，仍沿用民国时期的乡镇界。解放后，福鼎县行政区域经二十余次变动，其中第十次变动发生在1958年8月，当时本县与全国一样进入公社化高潮，撤区撤乡，实行政社合一的体制。全县划为22个人民公社，佳阳是其中一个。1959年4月又将22个公社并为10个人民公社，佳阳并入前岐，俗称大公社。1961年6月，第十二次区域变动，将10个人民公社改为10个区，下辖83个公社。佳阳地域设有佳阳、周佳山、罗唇、大路、安仁公社，俗称小公社。1963年7月，区变镇，小公社改乡。"文革"时期，区改公社，小公社改管理区，管理区下面辖大队，镇下面是街道。佳阳的罗唇、双华1971年划沙埕公社管辖，1981年又划归前岐。1982年至1983年，公社改为区，大队改为乡。1987年7月又进行区改乡（镇）、乡改村。2000年6月27日，福建省民政厅批复设立佳阳乡。2009年1月经福建省人民政府批准，佳阳成为福建省第18个畲族乡，全国第45个畲族乡。

（本文摘自《福鼎民政志》）

佳阳十二个建制村

🍃 南农大

佳阳畲族乡位于福鼎东北部,与浙江省苍南县矾山镇、马站镇、岱岭畲族乡、沿浦镇4个乡镇毗邻,东南与本市沙埕镇接壤,西南与店下镇隔海相望,西与前岐镇相连,背靠环境优美的天湖山,面向中国天然良港沙埕港。集镇距福鼎市区22千米,全乡人口20900余人(2022年),畲族和回族人口占41%,占比均为福鼎各乡镇最高,其中畲族人口7540人,辖少数民族村7个。佳阳依山傍海,辖有12个建制村,156个自然村。根据自然条件,习惯性上分山区片和沿海片。山区片有佳阳、后阳、佳山、周山、上庵、龙头湾6个村;沿海片有象阳、三坵田、安仁、蕉宕、罗唇、双华6个村,双华实际不靠海,但紧靠海岸线最长的罗唇村,且海拔较低,从地缘上就归沿海片。

佳阳集镇(詹华寿 供图)

佳阳村

佳阳村貌（柳明格 摄）

佳阳村是佳阳畲族乡七个畲族村之一，是乡政府所在地，距福鼎市区22千米。西与前岐镇毗邻，北面与佳山村、东与后阳村、东南与罗唇村、南与蕉宕村。西南与象洋村交界。全村辖马安山、田中、小池、七斗尾、天桥路、东方红、桥头、丁家坪、岭头、横路、水口、东樟、三斗、七斗腰、罗七、厝基内、河洋等17个自然村，共668户2532人，少数民族占总人口的80%，其中畲族人口占总人口的50%，回族人口占总人口的30%。佳阳村有蓝、雷、钟、李、王、丁、郭、林、倪、章、刘、徐、付、江、温、张等16姓。全村有茶园1550亩，黄栀子500亩，茶叶、黄栀子等传统种植业是佳阳村主导产业。

近年来，佳阳村及时把握国家开展少数民族特色村寨建设和省出台《关于支持少数民族乡村振兴五条措施》的有利契机，围绕乡党委提出的畲乡振兴"一二三"发展思路，积极对接宁德大湾区环沙埕湾临港生态产业园区佳阳片区建设，整合各方资源，调动各方力量，坚持走"畲文化＋产业"发展道路。盘活佳阳茶场，引进盈浩公司文化团队，建设集生产研发、文化传播、文旅开发等为一体的泰美茶业基地。扶持发展乌稔树、红心蜜柚、特禽养殖等特色观光农业，串联绿色山地农业带，突出福鼎白茶以及特色花卉特色畜禽。主动融入乡党委构建的"一心三圈"大格局，依托对歌台、畲族文化传习所等，做好"彌公节"等非物质文化遗产项目的保护传承，建设畲族文化传习所，传承、保护好畲歌、畲语、竹竿舞、畲族婚嫁等畲族文化和畲族技艺。发掘打尺寸、蹴球、提线木偶、畲族婚嫁等特色鲜明的民俗节目，鼓励乌米饭、畲服制作等畲族风俗特色产品产业化发展，大力发展民族村寨特色旅游。通过多项措施，聚力于把佳阳村打造成有产业、有文化、有故事、有内涵的民族特色村，推进乡村振兴。

佳阳乡批复设立，乡址定在佳阳后，佳阳村面貌焕然一新。以前是普普通通的建制村，现在按集镇标准配套设立。财政所、派出所、计生服务所、司法所、供电所、卫生院、农商银行、经管站、林业站、农技站、文化服务中心等一应俱全，极大方便了广大村民办事流程。重点是人口高密度集聚，短短十多年佳阳村从原来不到百户、人口不到千人，发展到目前1100多户、将近6000的人口规模，成为一座新兴集镇。

后洋村

后洋村位于佳阳畲族乡东部，东南与双华村、南面与罗唇村、西面与佳阳村、西北与佳山村交界。地处山区，中心村海拔430米，森林覆盖率75.18%，自然环境优美，距佳阳乡政府驻地5千米。后洋村下辖岗尾村、双湖村、上厝、下厝、九斗、上罗、后壁、土垅崛、瓦窑、田楼10个自然村，全村385户，1409人。村民有刘、杨、陈、许、王、范、罗、周、郑、张、雷、蓝、丁、谢等16姓氏。上厝、下厝、九斗和上罗形成环状围绕在中心村四周。其中土垅堀和田楼两个自然村是以蓝姓为主的畲族自然村。

村经济结构比较单一，以种植业为主，主要种植茶叶和黄栀子。省级农业产业化重点龙头企业福建鼎白茶业有限公司在后洋建有有机茶园，结合知青老茶园发展打造食宿、娱乐为一体的旅游休闲地，年接待游客量达上万人次。白茶、全羊汤、五月十三姐妹节和石构古民宅被称作"后洋四宝"。

一畦畦茶园紧密相连，与远山相接。随处可以感受畲乡茶韵，既有壮美，又有柔情。

每年的农历五月十三是后洋村传统民间节日"姐妹节"，堪称当地人的"第二个春节"。节日当天，从后洋村嫁出去的女儿都会回娘家与亲朋好友相聚，家里来的客人越多主人越高兴。白天在村内刘氏宗祠里举办宴席，邀请来客一同庆祝节日，夜晚

后洋村貌（刘经瑜 摄）

举办充满乡土风情的文艺晚会，为民众奉献出精彩的文艺演出。

伴随着五月十三姐妹节的到来，全羊汤是宴席主角。全羊汤制作过程复杂，从原料的选择到烹饪的手法都需要老道的师傅精心料理。所用的原材料选自本地的闽东白眉山羊，以除皮毛之外的整羊切块，与羊血、内脏、骨髓、秘制料包一同熬在老汤中，鲜而不膻，肉嫩而不绵，风味独特，有"一碗汤中有全羊"之说。

后洋村因地理位置原因，常受台风侵扰，房屋损毁严重，早年老一辈村民运用自己的聪明才智，就地取材，自行设计，在村内建成了许多石头房子，用来抵御台风侵袭，代代相传，目前主村内还保留了不少这样的房子。

后洋村于2014年列入国务院扶贫办建档立卡贫困村网络信息动态管理和国家旅游局乡村旅游建设重点村，福建省第五轮整村推进扶贫开发重点扶持村和福鼎市级美丽乡村示范村，第十三、十四届福鼎市级文明村，第十四届宁德市级文明村。

佳山村

佳山村位于佳阳畲族乡东北部，地处山区，平均海拔370米。东靠后洋村，西靠周山村，西南靠前岐镇照澜村，南与佳阳村交界。距离集镇4千米。佳山村是佳阳畲族乡七个畲族村之一，辖9个自然村，386户，1486人，其中畲族135户，536人，占总人口的36%。佳山村有蓝、雷、钟、谢、李、林、张、陈、刘、蔡、赖等11姓村民。9个自然村分别是佳山沟、见头、外岙、国洋里、小溪洋、南湾、种阳、上山兜、下山兜，畲族主要居住在上山兜、下山兜、见头、小溪洋等4个自然村。全村耕地面积

佳山村一瞥

1170亩，林地面积5100亩。茶叶是佳山村经济收入重要来源，佳山村集体占有天湖山茶园1000亩39%股份，村民家家户户种茶，以山兜为例，户户都有茶园20亩上下，可以说佳山是个茶叶村，每年采茶季都从安徽、浙南雇来采茶工几百号人。

全村主要以丘陵地带为主，村庄的路面坡度较大，许多房屋大多是依坡而建。村中民居为了抗击台风，大多以石头作为建房材料。

佳山村自然资源丰富，辖区内森林覆盖率达到90%，生态林达4930亩。由于佳山村处于佳阳水库与高境水库的上游，因此被定为禁养区。

周山村

周山村位于佳阳乡东北部，坐落于闽浙交界的天湖山下，北与上庵村隔山相望，东与后洋村为邻，南与佳山村为界，西北与龙头湾村接壤。周山村的交通便利，北有公路经上庵连接浙江苍南矾山，南有一条宽敞的水泥公路与省道沙吕线交接。

周山村下辖西坑内、田中央、山门墩、周山、隔山头、房岙、上樟、下樟、大佳坪、水碓等10个自然村，上樟、隔山头是以蓝姓为主的畲族自然村。全村共有325户，总人口1265人，其中少数民族占总人口的18%。村内有周、陈、蓝、杨、郑、李、蔡等7个姓氏，以周氏居多。

周山村全村有耕地面积1800亩，其中水田997亩、农地803亩。山场面积6500多亩、毛竹687亩，森林覆盖率为85%。主要产业为种植业。有水稻、地瓜、白茶、黄栀子、

周山村貌

东魁杨梅、早蟠桃、无核柿、四季柚等粮食、经济作物。天湖山上不仅有千亩规范化的茶叶基地，还有一座高品质有机认证的天湖山茶厂。

周山村文化底蕴深厚，是闽浙边界的秀才村、南国牡丹之乡，集建筑文化、红色文化、牡丹文化、宗族文化、民俗文化等多元文化于一体。境内有市文保单位周氏宗祠、周山革命纪念馆、光荣亭、牡丹园、千年古樟树等人文景观。据传周家祠堂在历史上曾被皇帝御赐过牡丹，因此周山周围大量种植洛阳牡丹，每到牡丹盛开的时节还举办"牡丹节"，吸引周边民众及游客前来赏花游玩。

周山村还是革命老区村，是中共鼎平县委诞生地、鼎平革命发祥地、闽东和浙南重要革命根据地，近年来，周山村以红色文化为依托，充分发挥自然资源优势，将红色文化传承和绿色生态发展相融合，先后修复上东区苏维埃政府旧址、周建生故居等，建设爱莲池、红军百步道、红色文化景观园等，丰富红色文化内涵，发展红色旅游，为乡村振兴注入强劲动力。

随着优势逐渐凸显，周山村积极对接非公企业统战力量，进一步融入佳阳畲族乡发展大格局，连接天湖山、佳山村，依托"中国贡眉之乡"白茶品牌和恒春源茶企"福鼎最美白茶山"，联合打造乡村旅游精品路线。

2008年，周山入选"宁德市第一批历史文化名村"；2019年，被福建省人民政府列为"省级乡村振兴试点村"；2022年，被列为宁德市金牌旅游村。

上庵村

上庵村位于佳阳乡东北部，距离集镇12.8千米，与浙江省苍南县矾山镇交界，东临天湖山，南与周山村隔山遥望，西连龙头湾村，北与矾山镇三和村倪家山、甘茶交界。地处高山地带，平均海拔500米，有两条公路通往浙江，其中一条到矾山福德湾景区，另一条到矾山镇鹤顶山景区。

上庵村是佳阳畲族乡七个民族村之一，人口不上千人，仅有5个姓氏，分别是蓝、雷、钟、周、潘。全村共有196户，633人，其中少数民族人口占23.3%。下辖中坑、上庵、下庵、半岭、青山、掌坑6个自然村。地域面积2.11平方千米，共有耕地面积625亩，其中水田380亩，旱地240亩，林地2400多亩。茶叶是村经济主导产业，村民家家户户都种茶，茶叶是村民经济主要来源。另有粮食、水果、蔬菜等种植业，部分村民还利用山地放养山羊。

上庵村的村名与村中的一个庵堂有关，"上庵"这一名称就是因村落位于庵堂上方。其实上庵原名为"高山"，20世纪60年代初佳山大队、周山大队以及高山大队共同组成了周佳山公社（时称小公社）。公社解体后成了前岐区属下一个乡。1983年撤区

上庵村党群服务中心（林高云 摄）

为镇、乡，高山大队改为高山村，没有办公的地方，将庵堂作为临时办公点，后又将"高山村"更名为"上庵村"，沿用至今。20世纪六七十年代，这座庵堂还曾充当过上庵村的小学校址，现在被重新修建，现名为"韵唐寺"。

1933年至1937年土地革命时期，国共两党在上庵村斗争十分激烈，靠近闽浙交界处有一个"万人坑"。20世纪六十年代有村里人上山打猪草，还曾看见坑里有白骨。对于上庵村民来说，万人坑是见证红色革命流血牺牲之地。

龙头湾村

龙头湾村地处佳阳畲族乡西北部，与浙江省苍南县矾山镇交界，西临前岐镇吴家溪村，西南靠前岐枫树岭村，东北与上庵村、东南与周山村为邻，距离乡政府所在地13千米。全村辖有大路、横坑、坑门内、龙头湾、铁口、高境、过溪、半岭、岭头、深湖湾、朱坟、寮仔12个自然村。全村总面积6372亩，耕地面积870亩，总户数314户，共有李、蓝、雷、钟、王、陈、周、郭、吴、章、刘、叶、黄、江等14个姓氏，总人口1190人，其中少数民族549人，畲族人口占46.1%。龙头湾村是少数民族村，同时也是老区村，其中横坑、半岭、西山三个自然村曾经是革命先辈们战斗过的地方。

龙头湾前往集镇道路未通，沿旧路需绕道前岐镇照澜村，路远坡陡弯多，交通十分不便。村内常住人口占总人口的16%，以老年人为主。目前村中村民收入主要来源：

龙头湾村貌（马海娅 摄）

一是种植业，主要种茶、水稻、黄栀子、油茶、槟榔芋、东魁杨梅等，其中茶叶种植面积430亩，东魁杨梅种植面积1200亩，水稻种植面积100亩，其他果类种植面积也有三四十亩；二是养殖业，主要是养殖鸡鸭、田蛙；三是外出务工，龙头湾村因离前岐镇较近且与浙江省矾山镇毗邻，前岐至矾山的挑矾古道经过，当年村里许多人以挑矾为生。近年来，因为龙头湾村交通较为闭塞，大多村民都搬到临近的集镇上生活。该村高境自然村有三座宫庙，其一是冥宫三郎宫，其二是杨府宫，其三是白马宫，每到二月初一、五月十八、十月初三，龙头湾村民都会到以上宫庙中烧香祈福。

象洋村

象洋村位于佳阳畲族乡西南部，西北与前岐镇照澜村交界，西南与三丘田为邻，南面是蕉宕村，东面是佳阳村，是佳阳七个民族村之一。象洋的村名来源于象山，据说象洋村先民正是从象山迁到现在的村址上。全村12个自然村，居住着游、蓝、雷、钟、李、卢、陈、尹、林、赖等10个姓氏村民，共计423户，1800多人。其中畲族约900人，占总人口的51%。12个自然村为：上洋、下洋、水岐、牛车岚、老虎坟、红旗岭、大山、外塘岐、内塘岐、呑底、新路头、过坑。外塘岐和内塘岐两村靠海，水岐、牛车岚、老虎坟、红旗岭、大山、过坑六个自然村是畲族村。

象洋村耕地面积约1100亩，林地5000亩。主要农作物包括茶叶、东魁杨梅、水

象洋村貌

蜜桃、黄栀子、水稻等,其中茶园800亩,东魁杨梅500亩,其余作物种植面积100至300亩不等。养殖业是村民经济收入的另一来源。村里建有占地十多亩的蛋鸭养殖基地;浅海滩涂围养200多亩,养殖蟹、虾、蚶、蛏以及贝类,建有育苗室。

三丘田村

三丘田位于佳阳畲族乡西南方向,东北与象洋村接壤,东南与蕉宕、西南与安仁交界,西北与前岐镇柯湾村隔港相望,面临中国天然良港——沙埕港,距佳阳集镇7千米。

全村17个自然村,分为两个片区,山区片包括六斗内、南宅、三娘坑、三田、竹兰内、新厝、洋边、大园、管基、山头岗、三斗湾11个自然村,沿海片包括大塘、李湾、㕟前、江湾、二罗、楼仔6个自然村。全村共计2373人,631户,其中少数民族人口占总人口的15%,有周、黄、庄、曾、毛、陈、吴、尹、蔡、卓、李、詹、雷、蓝、钟、贾等16个姓氏村民。

三丘田村交通便利,沈海高速公路佳阳互通口设在三丘田。13个自然村完成通村道路硬化,村里现有水田面积1100亩、农地1200亩,其中东魁杨梅等水果种植面积200多亩,茶园面积900多亩。虾塘800亩,滩涂1500亩,主要养殖海蛎和蛏。村经济产业种植、养殖并举,以种植水稻为主,茶、海蛎、蛏是三丘田村的经济支柱产业。

三丘田村口（林高云 摄）

安仁村

安仁村位于佳阳畲族乡西南部，距乡政府所在地10千米，东邻蕉宕村，西南靠沙埕港，北邻三丘田村。平均海拔40米，沙埕湾跨海大桥从安仁村竹甲鼻、下坑和竹岙自然村穿境而过，沈海高速福鼎东服务区位于安仁村竹岙和大岭自然村。

安仁村下属13个自然村，分为两个片区，沿海片包括大岭、窑脚、竹甲鼻、石龟、竹岙、吉屿、过蕉，山区片包括安仁内、墓脚、下坑、三罗壁大湾、园里。全村共计420户1900人。村民有李、钟、尹、何、商、游、尤、陈、夏、王、朱、赖、苏、贾、庄、吕、卓、杜、周、黄、高、林、丁、邓、江等25个姓氏。村中农田865亩，生态公益林3350亩。山区各村主要种茶叶、黄栀子、水稻、地瓜为主；沿海村民主要靠海上网箱养殖，目前深水大网箱220口，小网箱84口，是福鼎市网箱养殖最多的行政村之一。主要养殖大黄鱼，滩涂区养殖对虾、海蛏、泥蛤以及螃蟹，年产各类海产品1.6万吨，产值2.4亿元。安仁村也是我市重要的饵料交易中心。

安仁村现有一座二级渔港码头。为促进地方经济发展，安仁村竹甲鼻附近正在建设福鼎安仁陆岛交通码头工程。

安仁村海域（刘学斌 摄）

蕉宕村

  蕉宕村位于沙埕港湾内，三面依山，一面临海，东连罗唇、西接安仁、北靠象洋、西靠佳阳村宾洋，南与店下隔海相望，距离乡政府所在地9.5千米。下辖田楼、岭头坪、东苍、九龙斗、九斗坵、潭头宫、西山、沙头、罗二、倪佳山、城仔边、红竹下、燕坵、坎八、八斗、七斗脚16个自然村，自然村分布较分散。全村有535户，2398人，人口位居全乡第二。蕉宕村民姓氏30个，含陈、张、江、黄、王、蓝、雷、钟、程、方、沈、赖、叶、邓、詹、罗、郑、柳、蔡、庄、丁、温、游、郭、毛、林、李、周、刘、杨等，在佳阳乡各村中排第二。

  全村有耕地1600亩，林地13200亩。村经济种养结合，粮食作物以水稻和地瓜为主，果类有四季柚、油柰、红心李和杨梅等；山上种茶、黄栀子近500亩，沿海各村以网箱养殖为主。2019年蕉宕村实行网箱升级改造，现有网箱养殖27户，共计80口大网箱。还有2000亩左右的滩涂养殖，主要养殖小龙虾、澳龙、对虾、梭子蟹、青蟹和蚶类，年产值达亿元以上。

  村中有两条海堤，一条是始建于清代的蕉宕老海堤，共计760米，堤高3.49米，流域面积14.3立方千米。早在清朝康熙四年（1665年），蕉宕村24位志士自发建造堤坝，从几十里外取青石为料，筑闸门桥板。海堤设立的接力闸（称大斗门、二斗门、三斗门，现称一号闸、二号闸、三号闸）共计8孔，即便山洪暴发，也能确保排水畅通。以当时的建筑科技水平，不论工程构造还是施工过程中克服数千斤重的青石柱和桥梁的运输、夯筑、铺设，都堪称创举。新中国成立以来，闸门已经修建过两次，2010年还加固过海堤。塘内的千亩良田是按照"天地玄黄日月宇宙洪"9个字进行划分的，每个字有24口耕地。另一条是蕉宕石垅头垦区海堤，共计1500米，2008年动工，2010年竣工，围垦面积880亩。两条海堤被当地人称为"蕉宕双龙堤"。

蕉宕村原名"礁硐"村。以前村对面有一个暗礁，暗礁下面有一个大洞，这个洞与前岐照澜村大圣宫下地下水流相通，被称为"礁硐"，意思是"暗礁底下有一个洞"。后来因为村子上自然生长野香蕉，就将"礁"改成了"蕉"，目前村子上还可以看到野香蕉。那块暗礁附

蕉宕海堤（林高云 摄）

近，水流比较湍急，海水撞击礁石受到阻力便会改变水流前进的方向，继而冲上蕉宕的海滩。据说这会破坏蕉宕的风水，村民请风水先生来化解，先生建议将"硐"改成"宕"，用宝盖头将这块暗礁遮住，故今称"蕉宕"。

罗唇村

罗唇村位于佳阳畲族乡东南方，与浙江省苍南县沿浦镇界牌村交界，毗邻沙埕镇，与店下镇隔海相望，东与双华村、北与后阳村、西与佳阳村、西南与蕉宕村交界。全村辖21个自然村，分为三个片区，梅溪片区有大坪、海尾、枹脚、大垾头、竹岚头、大岗脚、西洋7个自然村，罗唇片区有宫口、马渡头、柴岚内、青山、六斗坑，岩坑片区有南湾、甘厝、西湾、孙厝、五罗、田北内、下井、埠头、海边。全村共有728户，2870人，其中畲族人口占三分之一，是佳阳乡七个民族村之一。罗唇村不仅是佳阳乡人口最多的村，也是面积最大的村，海岸线最长的村，也是姓氏最多的村。村民姓氏共31个，分别是：杨、陈、蔡、王、甘、黄、丁、张、谢、周、郑、孙、林、顾、徐、李、苏、钟、雷、蓝、董、庄、叶、章、吴、侯、刘、江、沈、洪、胡。

罗唇村貌(林高云 摄)

罗唇村交通方便,省道沙吕线贯穿全村,与马站、沿浦两条跨省公路相通,海运十分发达,船只可达福鼎市任何沿海乡镇。

罗唇原名"卢屯",是东晋末年农民起义军首领卢循屯兵之地,故曰"卢屯",后谐音演化为"罗唇";又说原名"鲈屯",意为鲈鱼屯聚的地方。村里有一座"杨府上圣宫",宫边有一个深潭叫杨府爷潭,屯聚鲈鱼特别多。

全村共有水田面积524亩,旱地面积326亩。农民收入主要以种植业和海上养殖业为主,全村海上改造大网箱养殖达到80户、169口,主要养殖黄花鱼。罗唇农业方面除水稻、番薯外,主要种植茶叶和中草药,有250亩茶园和100亩砂仁。

罗唇民风淳朴,三大片区有三大民俗节日:罗唇片的正月十八"冥斋节"、梅溪片的"七月初一"马仙信俗、岩坑片的"七月初五"节俗。三个节日历史悠久,传承不息,历史上活动从未间断。罗唇是驻军村,从20世纪60年代起,就入驻中国人民解放军海军部队。半个多世纪以来,罗唇村党支部、村委会与驻军联防联控、军民共建,做了很多很好、很有成效的工作。

双华村

双华村位于佳阳畲族乡东北部,东与浙江省苍南县岱岭畲族乡相毗邻,东南与苍南县沿浦镇湖乾村相接,北与后阳村、西南与罗唇村交界。辖区内有18个自然村:

大门楼、路湾、枇杷坑、房尾、四房内、田头厝、西安、崩山、辕门内、路脚、北坑头、小岭、割藤蓬、东坑内、水井头、桥仔头、牛运潭、小麻洋。双华村于2013年被确定为福建省第四轮整村推进扶贫开发重点村，全村共计446户，1864人，其中畲族人口1612人，占86.5%，是佳阳乡七个民族村之一。全村共有蓝、雷、钟、陈、李、林、黄、郑、郭、许、姚、谢、方、江等14姓。

村域面积7.98平方千米，林地面积7221亩，旱地390亩，水田394亩。村民的主要增收渠道为茶叶、药材种植和山羊养殖。近年来，双华村从创建文化品牌入手，致力于打造特色文化，推进精准扶贫，建设特色新村，着力打造新时代特色畲族村寨，是全国少数民族特色村寨。

双华"二月二"会亲节传统节日历史悠久，影响很大，传承不衰。20世纪80年代出版的《中国少数民族》一书中，"畲族"条目唯一收录的畲族传统节日，即双华"二月二"会亲节。2009年"二月二"期间，佳阳举行"佳阳畲族乡"挂牌仪式之际，用迎客彩门的一副对联"会亲节会亲会亲朋好友，赛歌场赛歌赛通宵达旦"来描述"二月二"盛况。

双华村2015年被确定为福鼎市美丽乡村环境整治示范村和第一批省级畲族文化生态保护示范点，2016年被确立为国家级少数民族特色村寨示范村。

双华村貌（毛真怡 摄）

消逝的村庄

🍃 陈相涛

消逝的村庄，是指曾经存在过，但至今名存实不存的村庄。搬迁的原因各种各样，有地质灾害、自然灾害、茅草房改造、造福工程、国家建设需要、国防建设需要等。搬迁形式也各种各样，有个体自行搬迁，有政府资助整体搬迁。时间上有先有后。这些村都是村下辖的自然村，村落偏小、居住分散、人员稀少、环境恶劣，不通路、不通水，个别地方还不通电，不通有线电视，没有通信信号。自行搬迁的，多在20世纪70、80、90年代或更早，搬的很辛苦；后来实施茅草改造、造福工程、灾后重建，国家补助为村民减轻了搬迁费用的负担。佳阳畲族乡12个建制村，每个村都有一些自然村因搬迁而消逝。

佳阳村　　佳阳村丁加坪村民小组的粪篅湾村有8户丁氏村民，另有两户户籍属佳山村的村民。2012年青年水库升级改造作为佳阳自来水厂备用水源，因工程建设需要，粪篅湾整体搬迁。同属于丁加坪村牛栏岗自然村有6户钟氏村民，在2006年"桑美"台风后整体搬迁。横路自然村20余户雷氏村民，也于2006年"桑美"台风后整体搬迁。宫边自然村有8户张氏村民，2012年由于佳阳规划新建学校征地，整体异地搬迁。以上各村村民均搬迁佳阳集镇规划用地区域内。

后洋村　　后阳村水尾自然村的13户刘氏村民，由于居住条件差，20世纪70年代在本村另寻地址自行异地搬迁。垅头村7户刘氏村民、岗尾（出水湾）村12户蓝氏村民，90年代也在本村自行异地搬迁。

佳山村　　佳山村的南树湾村有陈氏蔡氏10多户村民，杉山村有8户刘氏村民，由于自然环境差，于2003年前后本村异地搬迁。

周山村　　乌石村近10户周氏村民，由于居住条件差，交通不便，"桑美"台风后异地搬迁。

上庵村　　上半山、笋五10余户钟氏村民，由于居住环境差，交通不便，于"桑美"台风后异地搬迁。

龙头湾村　　村深湖湾村16户陈氏村民，2006年"桑美"台风后，整体搬迁。

象洋村　　象洋村的红旗岭，原名鬼洞或打石岭，有30余户雷氏李氏村民，由于自然环境恶劣，在20世纪八九十年代陆陆续续有人异地搬迁，2006年"桑美"台风后，最后一批村民搬迁。南墩有8户蓝氏、雷氏、李氏村民本村异地搬迁。地质灾害点水岐头20多户蓝氏村民因实施造福工程异地搬迁。老虎墓30多户蓝氏、李氏、雷氏村民异地搬迁。过坑6户钟氏村民，牛食岚50多户雷氏钟氏村民于2006年后整体搬迁。根据调查佳阳畲族乡12个行政村，异地搬迁的村民户数最多的是象阳村，近150户。

三丘田村 三娘坑30多户李氏村民，由于交通不便，在20世纪90年代前后陆续自行异地搬迁。

安仁村 安仁村的四斗面近20户钟氏李氏村民，竹峿30余户江氏村民，因修建宁东高速，2018年整体搬迁。

蕉宕村 筻八湾自然村20世纪90年代最后一批居民2户陈氏村民搬迁。东港18户黄氏村民，因修建宁东高速整体搬迁。

罗唇村 马渡头自然村，20世纪60年代中期中国人民解放军在该片区修建修理所，70年代初扩建为修理营，船坞也扩大，需要征地，故马渡头村实施本村异地搬迁。罗唇溪南岸有4个小村子，从下往上是海尾（黄氏）、杨厝内（杨氏）村、谢厝内（谢氏）、侯厝内（侯氏）村民。海尾村和谢厝内村民于20世纪50年代起至60年代先后搬迁。杨厝内村民1975年因解放军海防建设需要整体搬迁。侯厝内村民于80年代陆续外迁。2010年，一单户侯氏老人过世后，该村就无人了。4个村人口不多，几户或八九户不等，搬迁地均为宫口村。青山村有20多户，以叶氏为主，由于不通公路、出行不便，于90年代后外迁新址均在罗唇村境内各地，少数迁前岐。梅溪片区大垵头村因90年代发生山体塌方，公路毁坏，冲刷村子，该村30余户钟氏村民在本村异地搬迁，村旧址还在，村名沿用原村名。大溪边村有几户雷氏村民，2018年因修宁东高速公路整体搬迁。岩坑片区西湾（也叫西簒湾）村30多户杨氏村民，三斗村10余户王氏村民，孙厝村20多户孙氏村民，2006年因"桑美"台风本村异地搬迁。五罗村有10余户顾氏、徐氏村民，由于交通闭塞，出行不便，在20世纪90年代先后自行本村异地搬迁。

双华村 双华村割藤缝村10余户钟氏村民，石筻村10余户蓝氏村民，两村从原住地半山腰，20世纪90年代搬至山下，公路100余米，村名不改。小麻洋村20多户姚氏村民，由于交通不变，90年代先后自行搬迁，分散各处。内田楼、外田楼两村10来户李氏蓝氏村民，由于交通不便，90年代本村异地搬迁。大石脚有12户蓝氏村民，鸡屎坑有几户陈氏村民，由于交通不便，90年代本村异地搬迁。东坑内有30多户江氏村民，由于交通不便，在90年代先后多数搬迁至苍南县马站、岱岭等地，那里有他们祖上留下田园产业。上宅村、埠头村是革命老区村，俗称"上宅府，埠头县"。解放后原来有50多户村民，20世纪八九十年代先后外迁。

宗族聚落

佳阳姓氏概况

陈相涛

佳阳畲族乡域内居住的村民共有62个姓氏,以村为单位罗列如下:

佳阳村:蓝、雷、钟、李、王、丁、郭、林、倪、章、刘、徐、付、江、温、张,16姓。

后洋村:刘、杨、陈、许、王、范、罗、周、郑、张、雷、蓝、丁、谢,14姓。

佳山村:蓝、雷、钟、谢、李、林、张、陈、刘、蔡、赖,11姓。

周山村:周、陈、蓝、杨、郑、李、蔡,7姓。

上庵村:蓝、雷、钟、周、潘,5姓。

龙头湾村:李、蓝、雷、钟、王、陈、周、郭、吴、章、刘、叶、黄、江,14姓。

象洋村:游、蓝、雷、钟、李、卢、陈、尹、林、赖,10姓。

三丘田村:周、黄、庄、曾、毛、陈、吴、尹、蔡、卓、李、詹、雷、蓝、钟、贾,16姓。

安仁村:李、尹、何、商、游、尤、陈、夏、王、朱、赖、苏、贾、庄、吕、卓、杜、周、黄、高、林、丁、邓、江、钟,25姓。

蕉宕村:陈、张、江、黄、王、蓝、雷、钟、程、方、沈、赖、叶、邓、詹、罗、郑、柳、蔡、庄、丁、温、游、郭、毛、林、李、周、刘、杨,30姓。

罗唇村:杨、陈、蔡、王、甘、黄、丁、张、谢、周、郑、孙、林、顾、徐、李、苏、钟、雷、蓝、董、庄、叶、章、吴、候、刘、江、沈、洪、胡,31姓。

双华村:蓝、雷、钟、李、林、黄、郑、郭、许、姚、谢、方、江、陈,14姓。

全乡有汉族56姓,畲族4姓,回族2姓,共62姓。其中:

汉族:陈、江、黄、郑、张、王、程、方、沈、赖、叶、邓、詹、罗、柳、蔡、庄、温、游、吕、毛、林、李、周、刘、杨、倪、章、徐、付、许、范、曾、吴、尹、卓、贾、何、苏、潘、高、尤、林、姚、谢、甘、侯、顾、孙、董、胡、洪、卢、商、夏、朱。

畲族:蓝、雷、钟、李。

回族:丁、郭。

周山周氏

🍃 南农大

《汝南郡周氏宗谱·佳山族谱序》记载，佳山周氏源于周平王，"故吾祖发自光州固始县，光州，古汝南地也"。

《汝南郡周氏宗谱·编辑谱牒序》记载："吾家鼻祖周十九，号创久，五代晋高祖天福三年（938年）自江南赤岸，迁佳山居于前宅，宋末移居后宅，至大明初期，迁本宅基址。"

周山周氏宗祠始建于明万历元年（1573），迄今430多年。清乾隆年间扩建，民国时期进行部分整修，1994年至2000年重修。该宗祠编入《八闽宗祠大全》，并颁铜匾一面。

周氏宗祠

国洋李氏

南农大

国洋李氏肇源于甘肃陇西成纪，是李唐皇室大政孝王李亮后裔，入闽始祖为李亮七世孙李海，入闽后，辗转于福州、古田、霞浦、福鼎等地。国洋李氏祖先系福州境古田县杉洋分支，自祖居地迁至长溪赤岸，北宋景德元年（1004）迁居福宁府育仁里国洋村上澳，经过三百余年，又迁居现在的中澳村居住。

《李氏宗谱》载："祖宗肇源于甘肃陇西成纪，大唐定鼎建都陕西长安，武氏之乱南逃浙江龙泉桥下村。在浙又逢黄巢起义，台州寇发，海公、话公携眷入闽，在古田县杉洋镇定居。人丁日旺，子孙向外迁徙。本支从杉洋东迁长溪、霞浦、赤岸等地，后沿海岸线，经牙城、罗浮岭、硖门、白琳、点头、店下、沙埕、前岐、管阳等地入

李氏宗祠（李声国 摄）

鼎散居。"国洋李氏后裔李声国、李传快共同撰写,以隶书字体阴刻于上厅两侧头步柱上的楹联,内容记录了祖先由中原迁徙的过程:"甘肃陕西浙江桥下源远,古田赤岸山南竹迳流长。"

  李氏宗祠位于佳山村,占地面积1066平方米,建筑面积812平方米。始建元朝,原建于旧宅庵泰国寺左侧,明万历三十三年(1605)迁建本址。清光绪十五年(1889)重修,坐北朝南,木质结构,由门楼、大门、天井、戏台、祠厅组成。祠厅面阔五间,进深三间。祠前有阴阳两个风水池,各占地23平方米,阴池前立一石碣,正中阴刻"李氏宗祠"四字。该祠堂为市级重点文物保护单位。

象洋游氏

南农大

象洋游氏始迁祖游渊，二世游榕排行第三，列为"礼"房，居长溪县涂家山，即今霞浦游家山。宋景德四年（1007），榕五子分居，各择其地。游晃从长溪县涂家山迁往北乡十四都（今佳阳乡象阳村），世代交替，繁衍生息。

至元朝时象洋游氏进入鼎盛时期，拥有象洋村、前岐镇照澜村、太姥山镇太姥洋和浙江泰顺等地的大片田产、山地、海域，年收山地田租1800万石，并经营砖窑、瓷窑。

明朝游氏十六世游文显赈济大米13万石，皇帝褒赐七品散粮官职位。十七世游尚义以金13万赴省赈饥，皇帝赐其七品官职。后游家把太姥山一部分山场捐给太姥山白云寺为寺产，白云寺后石壁刻有契约（后被磨去）。

象洋游氏宗祠始建于明朝，精修于清乾隆年间，后于2000年时重建，堂号为"立雪堂"，祭祀历代祖先和理学家游酢。

游氏宗祠

大塘尹氏

🍃 陈相涛

三丘田大塘尹氏鼻祖尹同友，明朝洪武三年（1371）二月住河南光州固始县，为一世祖。四世祖尹友量生二子，名曰智谐、智胤，分为宇、宙两房，从河南固始县入闽居漳州垅溪，由漳州垅溪次迁福鼎佳阳三丘田大塘，并分徙泮洋、半岭、中盾、简宅、下宅、大桥头、岙前、南乾、塘岐、南宅等地，历经600余载传二十五世。

尹氏郡望为天水郡，宗祠大柱楹联标明渊源："天水源流枝永茂，紫气腾祥叶长春。"宗祠坐落在三坵田大塘，坐北朝南，木质结构五间，"文化大革命"之时被拆除四间，后改建三间为生产队小仓库，改革开放后小仓库及地基归还尹氏宗亲建祠。现祠堂于2006年落成，在原地重建，面五间三扇大门，正中门上面写着"尹氏宗祠"四个大字。门前石狮一对。两廊各三间，天井进后栋各阶三龙呈祥。壁上有二十四孝图，后堂神龛上、中堂安放鼻祖同友授封灵位。左边第一间安放着"福德正神"，其余安放尹氏列祖列宗的灵位宗牌。整座宗祠雕梁画栋、飞檐翘角，显得雄伟壮观。

尹氏宗祠

佳阳丁氏

@ 南农大

佳阳丁氏宗祠的《重建碑记》记载:"佳阳丁氏肇基祖龙,于明永乐二年(1404)……迁长溪十四都,即今福鼎佳阳乡,已有六百年的历史,子裔分为天房、地房、人房,现人口广布闽浙沪粤赣等地。"

《丁氏回族宗谱》里也记载了始祖丁龙的迁徙路程:"溯龙五世以前原住江西袁州府万载县九都蓝田里,至明永乐朝,公由蓝田里随军拨来福建建宁卫,后转迁福宁十四都基花居焉,今尊龙为第一世开基始祖。"丁龙膝下有三男,分别为天房禧、地房礼、人房祥。

丁氏宗祠(丁元方摄)

丁氏宗祠始建于清道光二年，历代多有维护修缮，2016年农历四月十二日启土动工，于该年十一月廿六日竣工。值得注意的是，丁氏宗祠厅内左右两侧，有两个一米多高的长高台，合为"牛眠之穴，蟹喷水之地"。

滨洋、梅溪雷氏

🌿 蓝清盛

滨洋雷氏支系由三大派系组成：一是滨洋雷氏始祖雷代一派，二是罗唇梅溪雷氏第一世祖雷继远派，三是 11 支别派。

滨洋雷氏始祖雷代一，由福建连江马鼻登岸后，先居罗源县，后迁浙江庆元县龙宫。生小三居福安上金斗量，小十三居福安下金斗量，小十七居霞浦大岗，小十八居霞浦四十六都三坑炉屯，小十九居浙江庆元龙宫移鼎邑滨洋，为滨洋雷氏第一世祖。小十九生有陈姊、陈贵、陈吾、陈三四子。陈姊为天房，居福鼎磻溪孔岗；陈贵为地房，居滨洋祖地；陈吾为人房，居霞浦牙城大坪；陈三派归长次三房全奉祀。地房陈贵生成礼、成祖、成千三子，也分日、月、星三房。日房成礼和月房成祖居滨洋，星房成千移居二十三都章家岭，星房派下部分也居滨洋。

滨洋雷氏宗祠

梅溪雷氏第一世祖雷继远，生二子国明、国发。国发与福鼎前岐镇箐寮雷氏宗祠联谱，国明生胜能、胜细、胜福三子。胜能居点头普蕉老鸦湾，胜细居梅溪祖地，胜福居平邑岱领畲族乡（今苍南岱岭畲族乡）大岭内。胜能生有旺、有生、有才、有文四子，胜细生有魁、有华二子，胜福生有贵、有位二子。梅溪雷氏支系主要是第三世祖胜能、胜细派系，胜能派下居点头镇普照老鸦湾，胜细派下居佳阳畲族乡罗唇梅溪祖地。

历史上，滨洋雷氏与梅溪雷氏为叔伯宗亲，人丁、财力旗鼓相当，不分上下，营造族谱主动权有时在梅溪支派，有时在滨洋支派，主事人往往是轮流做庄。20世纪70年代以来，滨洋雷氏、梅溪雷氏族人，热心雷氏族内事务，每隔12年左右修谱一次，并在1994年联手筹建宗祠，地点选在滨洋，于1997年落成。雷氏滨洋宗祠建于滨洋村始建于1983年，重建于2019年。

单桥钟氏

> 雷必贵

　　相传钟振宝、振宗兄弟二人,原籍福建泉州永春县十八都上半村龙头山水尾,明季间因避乱迁居平邑卅五都状元内(今浙江省苍南县灵溪镇南水头金岙)。振宝生子良贤。后世修谱时因旧谱未载振宝之名,未敢仅据传说就以振宝为迁平始祖,只在谱首记录此事,而列良贤为该支系始祖。良贤生五子,分仁、义、礼、智、信五房。

　　良贤长子孔文为仁房。孔文派下长孙奇振移居福鼎廿都格山鹿,奇振派下九世孙起坤(1968—?)居(苍南)赤溪三步擂(三十亩隔),十世孙学源(1916—?)居括山三岗内。良贤长子孔文派下次孙奇德移居福鼎二都井头(今属前岐镇),奇德生三子,次子朝攀派下长孙延闻居老邪湾(今属点头镇龙田村),三孙延集居井头,五孙延府居蕉坑(今属硖门乡砰门村);奇德三子朝问(1743—1802)居苍南县岱岭大

单桥钟氏祠堂

岭内（今富源村）朗腰，朝向子延琮、孙世授、世畔均居朗腰。

良贤次子孔耀为义房。孔耀生四子，长子奇达（1687—1757）、次子奇旺、四子奇魁（1704—1770）居金盒，奇旺子子周移居福鼎蔡垟山（今属前岐镇桥亭村）；孔耀三子奇胜移居福鼎二都吴家溪（今属前岐镇），奇胜派下九世孙起相（1908—？）居马站利垟，起铄（1894—1946）居赤溪南盒前山。

良贤三子孔荣（1669—1745）居金盒，为礼房。孔荣生五子，长子奇祥居金盒，次子奇瑞移居福鼎周家山过宅（今属佳阳乡），奇瑞孙子桂（1748—1808）移居福鼎大山芳草坪（今属佳阳乡象阳村）；孔荣四子奇政派下长孙长椿（1751—？）移居杭州，三孙子芳（1762—？）居五亩新基湖（今属灵溪镇）；孔荣五子奇友（1705—1772）派下孙朝量移居福鼎十八都周山坑兜（今属佳阳乡）。

良贤四子孔华（1678—1747）为智房，移居福鼎周山坑兜。

良贤五子孔富为信房。孔富长孙仕桂移居福鼎十一都长岗（今属硖门乡瑞云村），次孙仕发派下曾孙铭通居马头岗，三孙仕登派下三曾孙铭世和四孙仕金派下长曾孙铭远、次曾孙铭宇也居长岗，五孙仕时移居福鼎十一都长园（今属硖门乡柏洋村）。

良贤后裔还分衍福鼎高境龙头湾（今佳阳乡龙头湾村），坑门内（今属龙头湾村），才堡岭脚、城后（均属太姥山镇），油坑（今属硖门乡硖门村），蔡家垟、后樟（今属硖门乡瑞云村），井头旗杆脚（今属前岐镇），罗屯马渡（今属佳阳乡罗唇村），溪尾山门寺（今属店下镇），后港金竹湾（今属龙安开发区玉岐村），吴家溪半岭、吴家溪底（均属前岐镇），桥亭九里（今属前岐镇），硖门福场（今属硖门村），桐山石乌桥（今属桐山镇西村）；霞浦刘庄、牙城、牙城西岭（今属西门村）、半岭竹仔头，大沙（今属松港办事处），浦后坑尾（今属水门乡茶岗村），牙城水井湾（今属西门村），垅头江家垟（今属水门乡墩后村），赤溪大坪（今属水门乡），下赤溪麻园，七斗岔溪宅（今属水门乡）等地。

单桥支系宗谱中，在良贤五子之后，将启善、永福、德勤、丑生等四人列为二世，与良贤子同辈。但该四人后裔的行第至第六世时才与良贤后裔一致，可见是属于联谱。现简录如下：

启善，原居凤阳三丘田，转徙福鼎十八都往洋（今店下镇阮洋）。后裔分衍福鼎桐山盐仓边（今属桐城海口社区）、十八都三佛塔东北岭（今属叠石茭阳村）、龙安开发区西澳半岭、桐山麻坑底、小华阳石头滩（今属佳阳乡双华村）；霞浦马祖坪，垅头胡家山（今属三沙镇东山村），深盒外斜，小南路后仓葛藤湾，湖坪燕圻尾。

永福，居福鼎廿都佳洋马鞍山。永福长子君忠（1685—？）派下长孙有凤之九世孙起琴（1833—？）移居藻溪丁盒（今属苍南），起争（1849—？）移居岱岭牛皮岭，起膝居田中央（今属佳阳乡佳阳村）；永福次子君宝派下衍至起辈时均居田中央；永福三子士田居佳洋单桥（今属佳阳乡佳阳村），士田长子春福（1672—1746）居单桥，次子明判居福鼎十四都白琳新丘。永福后裔还分衍福鼎廿都园（云）寮大坪（今属叠石乡茭阳村），小溪洋（今属佳阳乡佳山村），马鞍山坝顶、顶厝，渠洋岩下（今属硖门乡），杨歧岙岭（今属龙安开发区西岙村）佛叠仔，点头柏柳横溪壁脚，磻溪后溪（今属桑海村）、登家山（即董家沙，今属太姥山镇下尾村），白琳英潭双树岭头、新丘瓦窑坪（今属白琳镇牛埕下村），罗唇枇杷坑（今属佳阳乡双华村），廿都大墓脚，拱桥头（今属桐城山门里村），才堡黄瓜岗，焦宕田头宫（今属佳阳乡），四斗仔（今属佳阳乡佳阳村），店下木臭兜，后港金竹湾，单桥楼下，后溪单丘（今属管阳镇），牛埕下，硖门溪边坝顶、洋尾；霞浦川都大南路，大南路大金寮，桥头安乐堂牛箩（今属松港办事处），廷余后地（今崇儒乡新村），洋尾（今属崇儒乡溪坪村）等地。

德勤，居福鼎牛埕岗（今属太姥山镇东埕村）。德勤子君实（1666—1723），君实次子有齐派下孙文标居牛埕岗葛藤蓬；五子有奉居明斋垱，有奉派下长孙文华居小池七斗尾（今属佳阳乡佳阳村），次孙文双、三孙文瑞、四孙文贤均居河墩。德勤后裔还分衍福鼎董家坪，小化洋洋坪（今属店下镇亥窑村），磻溪岭头（今磻溪镇磻溪村岭头山）等地。

丑牛居福鼎鸟皇。丑生长子伯右派下曾孙文熙居安仁山下坑（今属佳阳乡安仁村），文清移居霞浦四角井（今属水门乡湖里村）；丑生长子伯右派下孙有乾居枫树岭（今属水门乡大坝村）。丑生次子君赵居福鼎董家坪（今属佳阳乡佳阳村），君赵长子有灵派下孙文汪移居霞浦七都第一情（今牙城镇一层村），次子连和移居土垅屈（今属牙城镇），三子发义移居福鼎小华阳西坑岭，发义派下长孙文荣居西坑岭，次孙文桂居柯岭，三孙文弟居单桥宾洋岭门（今属佳阳乡佳阳村冷洋）。丑生后裔还分衍福鼎周山坑兜，秦屿洋底（今属洋里村），梅溪大湾塆（今属佳阳乡罗唇村），安仁四斗面（今属佳阳乡），店下洋头铁炉坑（今属亥窑村），渠洋宫后；霞浦胡坪上南山，半岭亭雁落洋（今属水门乡），三坪单头（今属三沙镇），赤岸城后（今属松港办事处），三沙半岭，垅头下堡湾（今属三沙镇），以及柘荣宝鑑宅等地。

单桥支系宗谱中，还将近善、近方、近如、近法四兄弟，智一、智三、智四三兄弟及其亮均列为第一世。将上述三个支派后裔的行第与始祖良贤后裔的行第进行对照，近善四兄弟后裔行第至第六世与良贤后裔行第始同，其亮后裔行第至第九世始同，智一三兄弟后裔行第至第九世仍不相同，可见以上诸派也是联谱。现简录如下：

近善、近方、近如、近法四兄弟分别为松、竹、梅、柳四房。近善坟葬福鼎十八都周山（今佳阳乡佳山村），近善子元徽（1648—1718）元徽长子君夷派下曾孙文勇、文茂均居福鼎秦屿洋底；次子君熙派下曾孙振魁（义魁）居水沟耀岙（今白琳镇岭头坪村姚岙），文生移居霞浦卅十都后龙官（今属沙江镇古县村），文美移居泰顺邦头（今属雅阳镇承天村），文瑗居天台岭。近方子元吉，元吉孙有言等四人均居福鼎牛埕岗。近如坟葬福鼎二都桥亭亭后，子元陞居山兜。元陞次孙有毕派下曾孙文寿居松柏山，四孙有璋派下七世孙声横移居凤阳交椅环（今属苍南）。近法子元春，元春长子君赵移居霞浦青甲垅（今属水门乡），君赵派下曾孙文采居霞浦延田（今盐田乡盐田村），文兴居鼻后王家山；元春次子君明派下曾孙文其居王家第，三子君华派下曾孙文官移居卅六七都洋底（今柏洋乡洋里村），文满居福安廿七都茶洋里厝，文希居杯溪五座楼（今盐田乡上楼村）；元春四子君凤派下曾孙文辰移居福安白路东山转徙霞浦西胜陈洋中（今属盐田乡）。

近法派下还有法生、伯郎、君元三人列为其孙辈：法生，居泰顺八都雅阳，法生生四子，长子有明派下如美移居福鼎十八都周山石壁下；伯郎，居福鼎十四都店头，长子有光派下孙如进居大坝，次子有至居桥亭尖后（今前岐镇薛家村占后），四子奇通移居霞浦三洋横坑（今属柏洋乡）；君元，居霞浦四十五都过洋。

近善四兄弟之后裔还分衍福鼎九龙坑，金门寺半山（今属龙安开发区西岙村），梅溪大湾头，白琳过洋章家山（今属郭阳村），米筛岚，店头下破溪马仙宫，潘溪湖林过洋里（今湖林村柯洋），海洋闩脚岭（今桑海村章脚岭），后溪小旦黄亭岭（今属管阳镇），桐山柯岭（今桐城柯岭麻坑底）；泰顺下堡长芳尾（今属雪溪乡），承天目鱼墩；梅树坑岭头仔（今属雅阳镇），雅洋北溪（今属承天村）、排岭鸡角垅（今属埠下村）、三糠岗墓林下（今属埠下村），三斗大坪（今属雅阳镇）彭溪风（峰）文；霞浦后岙内（今松城办事处后岙里），大坝流水界，大沙、十八墩、八斗面（均属松城墓斗村），青桥七笔洋（今属水门乡），延田贰洋里、延田暗窟塘蛇家山，赤洋后五斗湾下，樟手垅（今水门乡樟树垅），金家蝉等地。

智一、智三、智四三兄弟，居福鼎店下西歧坑兜月梳洋（今属屿前村）。肇基始祖名舍子，为建宁右卫左所夏百户下军小旗，于明永乐二年（1404）同总旗邹佛保带领郑、喻、丁、宣、易六姓来福宁店下（今属福鼎）屯耕，别迁夏家楼。智三为舍子之第五世孙，列为入迁福鼎一世祖。智三传至第七世时仍无一人有生庚记载，智三长子元一派下第八世长孙贞一生于清顺治年（1644），卒于康熙戊辰年（1688）。据推算钟良贤约生于1640年，年纪只与贞一年纪相近，可见智三兄弟入迁福鼎时间比良贤入迁苍南时间早一百多年，此属联谱毫无疑问。

其亮，经考原是福安大留钟姓，始祖钟听，于明正德十一年（1516）肇迁大留，其亮为第六世孙孔任之次子。其亮子方万，方万长孙仲布居福鼎祭头境（今属前岐镇西宅村），次孙仲灵居霞浦西坑卅二都。后裔分衍福鼎秦屿洋底，五都小旦破溪（今属店下镇东岐村），九都狸猫坑（今太姥山镇孔坪村虎猫坑），白琳过洋尊家山；霞浦牙城南湾，廿三都赤岸城后，牙城南洋、后洋四斗垅，五六都野猫岭（今属松港办事处）等地。

钟良贤支族宗祠在福鼎县佳阳乡佳阳村单桥，始建清末年间，2008年重建。

双华雷氏

> 雷必贵

明末,雷宗毯为避乱自福建福安迁居浙江温州平阳东佳山(即章家山,今属苍南县凤阳乡鹤峰村)。生三子,分为孟、仲、季三房。

雷宗毯长子大温,居东佳山,为孟房。大温子振柔。振柔生五子。长子启贤派下长孙应恒居赤溪官岙,次孙应伟移居平阳闹村西山下(今属李岙村),三孙应铭移居霞浦牙城南湾。振柔次子启生,移居泰顺高场(今属柳峰乡)。启生派下次孙应明移居福鼎南溪(今属叠石乡),三孙应文移居车头山东家坑,五孙应显居福鼎廿都山兜(今属佳阳乡佳山村)。振柔三子启马派下五世孙应连移居福鼎桥亭(今属前岐镇)。振柔四子启虽派下长孙应凤(1699—1774)移居马站利洋。应凤长子鸣太派下玄孙一婴居渔寮后曹,次子鸣滔派下玄孙一隐(1825—1900)居岱岭福掌。启虽次子应膏也居利洋。振柔五子启华(1695—?)派下孙应俊居凤阳龙头山,应俊玄孙一讹移居凤

双华雷氏宗祠

洋仓（凤阳仓头）。振柔后裔还分衍泰顺柿洋陈王（今属仕阳镇），高场外洋：福鼎九榜顶（今属白琳镇高山村），鹿坑笋六（今属前岐镇桥亭村），马仙宫宫路下洋心（今属店下镇东岐村），桥亭赤岭；霞浦大沙（今属松港办事处）等地。

雷宗皰次子大裕，明末清初时与兄大温、弟大仙迁入，后分居蒲壮五十三都南里垄（今马站镇兰垵村），为仲房。大裕生二子。长子振安（1644—1693），移居吕垟（今马站利垟）。振安派下孙启顺转徙福鼎廿都华洋（今佳阳双华），启顺长子应元派下九世孙一觉（1836—1902）均居岱岭小岭下，十一世孙德域（1864—1932）移居西塔（今属岱岭云遮）。振安后裔还分衍霞浦沙江，湖坪燕科（窝），六都洋头：福鼎桃水湾（即金竹湾，今属龙安开发区玉岐村）。大裕次子振明。振明子启张移居福鼎叶家山。振明后裔分衍福鼎浮柳垟上半山（今属桐城），牛头坑（今前岐镇薛家村牛头溪）等地。

雷宗皰三子大仙，原居福安，转徙泰顺高场及福鼎卞洋（今属佳阳乡佳阳村），为季房。大仙子振国，振国生四子。振国长子启德（1667—？），坟葬泰顺墩头，派下长孙应几移居福鼎王海，次孙应寮移居高（果）洋。振国次子启魁移居卞洋，启魁派下长孙应第自卞洋转徙泰顺下楼（今属柳峰乡），三孙应纹居下楼，四孙应联居卞洋；振国三子启亦派下长孙应化移居南溪金尖（今属叠石乡），三孙应盛居王海（今属叠石乡茭阳村）。振国四子启是派下长孙应牲居点头湖仔（今属上宅村），次孙应星移居枫树墩。振国五子启图派下三孙应钦移居翁溪（今属点头镇），四孙应连居泰顺柿洋（即仕阳），五孙移居霞浦七都牙城南湾。振国后裔还分衍泰顺下楼拱桥、墩头大坵头（均属柳峰乡），赤洋平路下（今属叠石乡），州半岭、周边香菇寮（均属州岭乡），雅阳兵坪（今属承天村）；福鼎南溪柴头下（今属桐山岔门村），马尾岭头（今属叠石乡南溪村楼下），王海牛矢岭，点头普照、水岐头，周仓岭头（今属白琳镇郭阳村），八斗洋八斗坵（即桐城浮柳村八斗坵），长久昌（今属点头镇后井村），上埕丹斗移居上半山（今属桐城浮柳村）；霞浦乌石洋等地。

双华雷氏宗祠建于1994年，2018年在原址上重建，在福鼎县佳阳双华村西山下，占地面积1300平方米，建筑400面积平方米。

双华蓝氏

> 雷必贵

双华蓝姓畲族始祖蓝朝聘，原居罗源，生宗谟、宗诏、宗诰三子，分智、仁、勇三房。至三世时移居平邑蒲门（今苍南县蒲城）甘溪岚下，四世转徙平蒲湖垟（今属苍南马站镇桥新村）。清顺治年间因迁界散居四方，后建祠于福鼎双华而称双华蓝姓。

蓝朝聘长子宗谟。宗谟次子德候，德候生建成、建垂二子。建成次子永县（1621—1684）派下三孙国旺移居福鼎小华阳傅家内，国旺长子胜华、次子胜富（1926—？）、四子胜玉自湖垟（也称小和垟）移居岱岭小岭下，胜富派下十一世孙子唐居岱岭福掌；国旺三子胜贲居小华阳辕门内，胜贲派下十一世孙子凤（1901—？）移居赤溪流岐岙顶寮，十二世孙明敏（1810—？）移居赤溪三步擂（七亩隔），十三世孙清亩（1907—？）居岱岭朗腰庵后（今属富源村），十四世孙景便（1897—1946）也居朗腰庵后。建成次子永县派下五孙国余（1652—1733）移居岱岭福掌，国余长子胜

双华蓝氏宗祠

聪（1672—?）居大岭内宫后（今属富源村），胜聪派下十一世孙子灿（1672—?）、子允（1793—?）、子信（1800—?）居岱岭斗湾（今属富源村），十四世移居霞浦三十二都柯岭后坑，三子胜钦（1678—?）、四子胜项居岱岭福掌，五子胜亥移居霞浦三坪（今属三沙镇）。德候次子建垂，生永青、永贰、永泗三子，后失考。

宗谟三子德顺生四子，长子建善，建善次子永铭派下曾孙胜贤（1679—1749）移居矾山岭家山（今属苍南），胜贤四子文曹移居福鼎下路溪南山（今属磻溪镇赤溪村），胜贤派下九世孙士禹、士回居凤阳坑心。十一世孙子山（1814—1845）迁居岱岭福掌，十五世孙清发（1913—?）居岱岭坑门岭脚墓牌（即大路边），清麟（生于1938）居云遮五亩；建善三子永逢派下曾孙胜宝（1691—1754）居矾山詹家坑（今属古路下村）。德顺次子建禄生二子。建禄次子永龙派下曾孙胜林居福鼎前岐象洋大山（今属佳阳乡），胜林派下九世孙士官移居莒溪郑家山（内洋），十一世孙子仁（1812—1853）移居象源内五亩田头灯笼坑（今属灵溪镇五亩村）。德顺三子建惠，生子永显、永考，已失考。德顺四子建梁生四子。建梁三子永应居岱岭大岭内岙头，永应派下孙国郎移居福鼎罗唇（今佳阳乡罗唇村），玄孙文魁（1693—1754）、文元居大岭内岙头，后文魁转徙福鼎罗唇。文魁派下十一世孙子礼（1774—?）居岱岭大岭内庵后，子善（1808—1886）居岱岭龙凤岭脚；文元派下十四世孙景生居岱岭坑门岭，景栽（1857—?）居岱岭坑门大岗。

朝聘孙德泰、德候、德顺与其堂兄弟德厚、德序等同迁甘溪岚下。德泰长子建功移居湖垅，次子建业之子永照与其堂兄弟永县、永随等转徙岱岭小岭（今小岭下），建业之孙国泰派下居福鼎小华阳（今佳阳乡双华村）桥仔头。

宗谟后裔还分居福鼎佳山山兜（今属佳阳乡佳山村），秦屿才堡，才堡城后，才堡老虎湾、北斗岗（今属秦屿镇才堡村），硖门尤坑（今属瑞云村），硖门长岗田，秦屿洋底（今洋里村），店下后港，后山溪，牛埕下企坝，佳阳丹桥内（今属佳阳村），浮柳蚌金鸡垅，牛食岗（今属佳阳乡象阳村），罗唇柴岚内（今属于佳阳畲族乡罗唇村），溪尾五里牌（今属店下镇溪美村），焦宕水礁坑（今属佳阳乡），苏木洋（今属前岐镇照澜村）九都长宝岭（今属秦屿镇太阳头村），小华阳大岭边、牛溷潭、石头滩（均属佳阳乡双华村），田中央（今属佳阳乡佳山村），七都虾蟆洋仓厝；霞浦六都大磨，三沙长斗、鱼坑孝井、西洋渡头（今属牙城镇），西沈长岗（今属盐田乡西胜村），柳柄大龙岗（今属水门乡半岭村），大沙养兰（今属松城办事处），三坪金竹岗（今属三沙镇），盐田二铺，后港石壁头（今属松城办事处）、金竹湾。

蓝朝聘次子宗诏。朝聘孙德厚、德纯与其堂兄弟德秦、德序等同迁甘溪岚下。德厚次子建孚派下长曾孙国照移居凤阳顶堡，国照次孙文振（1680—1744）居矾山詹家坑。

德厚次子建孚派下次曾孙国龙移居赤溪官岙（晒谷场），国龙长孙文杰派下玄孙士显（1704—1792）、次孙文玉派下玄孙士凤居凤阳隔头，十世孙孔星（1732—1797）居福鼎溪南山；国龙三孙文景移居赤溪流岐岙顶寮。德厚次子建孚派下三曾孙国凤移居福鼎桥亭九里（今属前岐镇）。宗诏次子德纯与其堂兄弟德泰、德序等同迁甘溪岚下。德纯生建殷、建乔二子，建殷次孙国荣居福鼎十都岭头山（今属磻溪镇磻溪村）。宗诏后裔还分衍福鼎太姥洋，白琳白蓬岭，桐山麻坑底，后港围墩（今属沙埕镇），老人蚶（今属磻溪镇磻溪村）；霞浦西门浦宫（今属松城墓斗村）等地。

蓝朝聘三子宗诰。朝聘孙德序、德穆、德泽与其堂兄弟德泰、德厚等同迁甘溪岚下。德序次孙永随转徙岱岭小岭。永随长子国松派下长孙胜泼居小岭；次孙胜福居福掌，胜福长子文祥居福鼎小磊（今磻溪镇吴洋村小对），次子文选（1691—？）居福掌；永随长子国松派下三孙胜懋移居泰顺八都雅阳，七孙移居福鼎小华阳林厝内西山下（今属佳阳乡双华村）。永随次子国林（1633—？）派下长孙胜奇居福鼎小华阳（今双华）；次孙胜坤移居福鼎刘庄（今属管阳镇唐阳村），胜坤三子文卿之曾孙登（1793—1862）居蒲门城内；永随次子国林派下三孙胜斌移居霞蒲四都南山（今属水门乡大洋村）。宗诰次子德穆与其堂兄弟德泰、德厚等同迁甘溪岚下。德穆长孙永汶（1637—1719）转徙岱岭大岭内（南山）。永汶生子国兴，长孙胜宝（1680—？）居大岭内南山，后徙宫后。次孙胜照移居福鼎双华西庵，三孙胜耀（1693—1765）居坑门岭横坝（即横滩），胜耀长子文俊居坑门岭大岗，四子文赞之曾孙子登居坑门岭脚。宗诰三子德泽与其堂兄弟德泰、德厚等同迁甘溪岚下。德泽生建佐、建桢、建勋三子。建桢之长曾孙胜柜移居福鼎乌杯南柄（今属磻溪镇杜家村），次曾孙胜添居山乌（今管阳镇唐阳村乌石门），三曾孙胜文居车头山陈家章（今属白琳镇枫树岔村）。

宗诰后裔还分衍泰顺雅阳，雅阳排头墓下（今属埠下村），翁地，柿洋（即仕阳）桥内（底）；福鼎五蒲岭，白琳山前，积榖后（即竹古后）、坑门里（均属白琳镇康山村），罗屯单斗（今属磻溪镇芦屯村），九岗顶（今属白琳镇高山村），南溪高墙（今属桐山岔门村），定屿小岭（今属白琳镇藤屿村），花亭（今属管阳镇），金钗溪西溪里（今属管阳镇唐阳村），长古昌（今属点头镇后井村），店头老虎湾（今属龙田村）、银坑，店下岐头马仙宫（今属东岐村）、陈其烊（今属三佛塔村），潘溪赤溪，廪城缸窑（今属秦屿镇冷城村），月山下屿（今硖门乡秦石村月屿），同领坑三箩洋，上洋仔（今属磻溪镇朝阳村），佳阳出水湾（今属后洋村），桥亭九里，前岐街头，五宫头（今白琳镇旺兴头），硖门李家墓、长园；霞浦上六都本斗洋（今属牙城镇），牙城沙江（今凤江村）、梨洋内、蔡家山（今属斗门村）、东溪头（今东街头村），沙江大湾头，大沙（今属松城办事处），三沙古桶坑，雁落洋（今属水门乡半岭村），水门草岗（今茶岗）、胡坪覆沙岗（今属坪村）境坪后门垅（今属湖里村），湖坪半山楼，草岗马祖坪（今属茶岗）、大溪、麻园、下麻园、肩头岭（均属牙城镇）等地。

蓝朝聘支族祠址在福鼎市佳阳畲族乡双华村。双华蓝氏宗祠，坐落在闽浙交界的鹤顶山（鹤顶山，闽东浙南交界处，今在浙江省苍南县境内）脉的铜屋山脚下。背山面溪，周围是茂密灌木林，掺杂几多棵古树，绿绿郁郁，环境十分优美。远处是浙江省苍南县沿浦镇湖乾山，山顶有一天湖。蓝氏宗祠大门对联云："背依鼎岳山仰泰，面环乾湖水流芳。"由于同堂门楼重建比原来高，于是将七字对联改为九字对联为："背依鼎岳集瑞添嘉祉，面对乾湖腾龙舞凤凰。"

蓝氏宗祠始建于1660至1665年之间，主持修建的是蓝氏第六世祖蓝国春和蓝国林。目前的蓝氏宗祠，是在原宗祠旧址上修建的，为混凝土结构，占地1.8亩，有门楼、围墙和五间一楼房屋组成。双华蓝氏宗祠已编入《八闽宗祠大全》，并颁铜匾一面。

双华蓝姓畲族从蓝朝聘始，至今已繁衍第22代，共有人丁6000余人，分居浙江苍南、泰顺和福建霞浦、柘荣、福鼎等县市多个乡镇。

后洋刘氏

🍃 南农大

晋代从中原入闽13姓和唐末王审知三兄弟率领入闽的36姓都有刘姓。《安溪刘氏旧谱》记载："唐末五季之乱，河南光州大都督吏部尚书封沛国忠简刘楚与子，少府监开国公刘翱、金吾卫将军刘翔、仕至监薄刘豳，祖居金陵，因王仙芝、黄巢之乱迁居京兆。后五季之乱，不受梁命而隐。到后唐清泰元年，翱公于廷州做官，居住于建阳麻沙（西刘）。次男翔居崇安五夫里（称东刘）（另谱载先避居福建建州宁化县石壁洞择地立业，其后裔迁崇安五夫里）。三男豳，仕至监薄，不知流落何方，不能考证其后续子嗣繁衍情况。"（另有谱记载其后裔迁居闽清、闽侯、福州等地）。

福州凤岗《刘氏宗谱》记录刘楚这一支脉的信息："楚，都督入闽居福建府麻沙里。

后洋刘氏宗祠

生三子：翔，金吾卫将军；翱，少府丞；幽，将作监籍。"

《温陵芝山刘氏世牒》记载：安溪刘氏来自津州西族的建阳麻沙，后阳刘氏源于安溪属定居建阳麻沙的翱公一脉。

后洋刘氏现有14个支派。始祖刘藩峰三世孙刘孟球之后裔。刘孟球（1658—1715）于清康熙四十二年（1701）从泉州府安溪县鹤汀带母胡氏之骸迁居于佳阳乡后洋后，后裔分迁福鼎城关、沙埕、前岐照澜、店下过海、龙安、江南、崳山；霞浦水门、松港、三沙、箭岙、后洋；苍南、厦门、福州、上海等地。至今传承繁衍十五世，人口2000多人。

隔头支派：始祖刘应居，应居四世孙仲拱于清乾隆二十三年（1758）二月迁居于佳阳后阳隔头，至今传承繁衔十五世，人口38人，现族人分迁福鼎城关、沙埕。

建祠佳阳乡后洋村的刘氏14个支派，只有后阳支派、隔头支派居佳阳乡域内，人口也最多，还有12个支派均在本市外乡镇，甚至浙江苍南、泰顺等地，此不赘。

蕉宕方氏

🍃 陈相涛

蕉宕方氏始祖方某之子方国平派下，人房始祖方十万长子方刘贵之后，与泰顺墩头雅洋西方氏近房同支。

蕉宕方氏宗祠，位于蕉宕岭头岭山麓脚下，背靠安仁，面向罗唇，坐西朝东，建于2011年，建筑面积720平方米。

宗祠前片两幢各五间，两廊各三间，采用仿古砖木石结构建筑。青红瓦面，门前南狮一对，大象石雕一双。前一层石雕牌面，二层门面两廊厢壁木刻雕栏，天井进后栋台阶三龙呈祥。正堂厢壁绘有二十四孝彩色图案，神龛中堂安放方叔公授封灵位，中堂左边安放列祖列宗总牌，右边安身贺公神位，前进两廊挂着方氏历代名人图像。二层廊面雕刻八宝吉祥图，祠外右边建有三间厨房，祠前有停车场，整座中石雕梁画栋，飞檐翘角，蔚为壮观。

方氏宗祠

种洋张氏

陈相涛

种洋张氏一脉先祖张微卿，自康熙年间从福建上杭腾运里太古村（今上杭庐丰太古村）迁至福鼎佳阳乡种洋，迄今三百余年。而后部分分迁浙江苍南矾山、信智、玉环、连屿等地，经世代繁衍生息，已传承十三世，人丁达八百有余。

种洋张氏宗祠坐落于种洋自然村内左侧，坐东北朝西南。宗祠于 2016 年农历四月十二日动工，农历十一月十八日竣工。混石木建筑，一进五过间，总占地面积 1600 平方米，建筑面积为 860 平方米。前有宽大场地，横轩门台，立旗杆、石栏等设施。二十六根石柱支撑榫卯拱木，雕梁画栋、飞檐翘角。神龛精雕细致安放着先祖微卿公之牌位。祠前溪水潺潺，祠后林木葱茏，左右绿树成荫，风景如画。

张氏宗祠（陈湘涛 摄）

佳阳未立宗祠的族姓

蓝清盛

居住在佳阳乡而宗祠不在的畲族有蓝氏5个支系、雷氏5个支系、钟氏2个支系、李氏2个支系和回族郭氏1个支系。以下只录某支系在佳阳乡居住具体地址。

畲族蓝氏

莒溪垟尾支系始祖蓝昆冈 该支系居佳阳乡域内有上庵（上庵村）、小池（佳阳村），宗祠在浙江省苍南县莒溪镇溪东村垟尾。

岱岭坑门支系始祖蓝意必 该支系居佳阳乡的有西庵（双华村）、横坑（龙头湾村）、高境（龙头湾村）、鲈屯（罗唇村）、卞洋（佳阳村），宗祠建在浙江省苍南县岱岭乡坑门村仓基凤头。

莒溪乌岩内支系始祖蓝意必 该支系居佳阳乡有大湾（后洋村）、高境（龙头湾村）、下湾头（罗唇村）、奄头山（上庵村）、虎丘（龙头湾村）、海尾（罗唇梅溪）、水岐头（象洋村）、西庵（双华村）、虔头（佳山村）、青山（罗唇梅溪）、山头岗（佳山村）、田头（佳山村）、小溪洋（佳山村）、围寮（佳阳村）、罗二（佳阳村）、小华洋（双华村）、东坑内（双华村），宗祠建在浙江省苍南县莒溪镇桥南村乌岩内。

昌禅岙口支系始祖蓝玉新 该支系在佳阳乡的有牛食岚水碓坑（象洋村）、安仁山（安仁村）、鲈屯（罗唇村），宗祠建在浙江省苍南县昌禅乡兴昌村岙口。

浮柳洋支系始祖蓝意清 该支系在佳阳乡有水碓坑（象洋村）、土垅窟（后洋村）、周家山（佳山村）、石壁脚（蕉宕村）、丹桥河洋（佳阳村）、小岭（双华村），宗祠在桐山办事处浮柳村。

畲族雷氏

青街章山支系始祖雷永祥 永祥派下居佳阳乡的有照澜岭头（佳阳村石碑牌）、小溪洋（佳山村）、石壁脚（蕉宕村）、老虎墓（象洋村），宗祠在浙江省平阳县青街畲族乡睦源村章山。

青街黄家坑支系始祖雷法罡 该支系居佳阳乡的有西安（双华村），宗祠在浙江省平阳县青街畲族乡九岱黄家坑。

闹村凤岭脚支系始祖雷明海 该支系在佳阳乡的有牛食头牛涠头（象洋村）、山兜（佳山村），宗祠在浙江省平阳县闹村乡凤岭脚。

昌禅岙底支系始祖雷念二郎 该支系在佳阳乡居住在牛食岚（象洋村）、小华阳（双华村）、周佳山（周山村），宗祠在浙江省苍南县昌禅乡岙底。

青寮支系始祖雷世锦 该支系在佳阳乡居住的有水碓村（安仁村）、梅溪（罗唇村）、土垅窟（后洋村）、坑门内（龙头湾村）、铁口（龙头湾村）、卞洋水尾（佳阳村）、王家洋单桥（佳阳村），宗祠在福鼎市前岐镇凤桐村菁寮。

畲族钟氏

朝阳溪边支系始祖钟百户 该支系居佳阳乡的有梅溪大湾头（罗唇村）、水岐头溪柄岭（象洋村）、乾头（佳山村）、葛藤缝（双华村）、路湾（双华村），宗祠在浙江省平阳县朝阳乡溪边的蕉坑。

昌禅中岙支系始祖钟天锡 该支系在佳阳乡的有卞洋（佳阳村）、梅溪（罗唇村）、高境大岭内（龙头湾）、高境（龙头湾村）、东坑内（双华村）、管基（三丘田村）、小洋仔（安仁村）、卞洋岭门（佳阳村）、蕉宕（蕉宕村）、卞洋田中央（佳阳村）、管基斋堂（三丘田村）、小华阳葛藤蓬（双华村）、梅溪柚树头（罗唇村）、横坑大路下（龙头湾村）、牛食岚（象洋村）、二十都小溪洋（佳山村）、横坑大路（龙头湾村），宗祠在浙江省苍南县昌禅乡中岙村。

畲族李氏

李氏畲族源于汉族李氏，始祖李恒昇（文和），福建安溪县湖头人。其子李廷玉是个走南闯北做买卖的生意人。元至正十三年，他在福州汤岭一带做布匹生意时忽遭寇戎慌乱逃离，幸逢当地畲家女子蓝色艳，并在蓝家借宿避难。蓝公观其品行端正才貌过人故将李廷玉招为女婿。从此李廷玉跟随蓝色艳家族及畲族宗亲操畲语行畲俗，子女也与畲族诸姓联姻，代代相传乃演变成畲族。

李廷玉生男三，长子大一郎徙霞邑四都雁落洋。派下第五世孙千七，自霞雁落洋大坵田转徙福鼎白琳白岩。千七生万十三、万十四、万十五三子。长子万十三生六子，分礼、乐、射、御、书、数六房。目前李氏畲族的两个支系，都是万十三后裔。苍南牛角湾李氏支系以数房显达为入迁始祖，并列礼房程钰、射房追尊、御房敬立为一世。福鼎深垄李氏支系以乐房文茂为入迁始祖，并列礼房应元、射房法进、御房法道、书房沛发、数房肇基和肇统为二世。

两宗祠李氏畲族都有在佳阳居住,而且牛角湾支系还居多,主要集中罗唇、安仁、三丘田、象洋四村,其他村也有少量居住。

深垅李宗祠在福鼎市桐城街道浮柳村深垄,牛角湾李宗祠在浙江省苍南县观美镇东阳村牛角湾内。

佳阳郭氏

汾阳郡郭氏回族佳阳支系,从入迁开基祖士麟迄今已经388年,主要居住佳阳畲族乡佳阳村楼下、桥头自然村、蕉宕村九斗坵自然村,共有65户,368人。至目前佳阳没有建祠,与山前街道百胜郭氏回族联谱联祠。

佳阳入迁始祖士麟,字进宇,生明崇祯六年(1633)6月,卒清康熙四十七年(1708)11月。

佳阳郭氏迁徙路线:闽泉州府南安县蓬岛村—浙江平邑北港—福建福宁府长溪县十四都种洋—鼎邑二十都王家洋楼下(今属佳阳畲族乡佳阳村东方红自然村)。佳阳开基祖至今已传十五世。

社会经济

佳阳乡传统农业耕作演变

蓝清盛

畲族长期迁徙，直至明清、民国才逐渐定居。与此相适应，农业生产也经历了从游耕到定耕、从刀耕火种到牛耕锄种的转变。

历史背景

畲族早期生活在闽、粤、赣三省交界地区，约7世纪中叶，也就是唐高宗李治总章年间，畲族不服当时官府暴政与官府对抗，引起官府不满。唐王朝派遣陈元光父子率兵围剿，前后长达半个世纪之久。为了彻底剿灭畲民，报请朝廷在闽南增设漳州府，在闽西增设汀州府，加强行政、军事统治。此时的畲民经二代人极力反抗，元气大伤，为了不被灭种灭族，举族迁徙。他们背井离乡，离开故土，进行长达1200多年延续60余代人的迁徙。为了躲避官兵追剿，他们拼命往深山老林里面钻，越偏僻越安全，通常以家庭为单位，以姓氏为聚群。他们不宜与其他族群接触，怕被告发，更不与官府的人打交道，怕招来灭顶之灾。故畲族有句俗语"饿死不乞讨，气死状没告"，叫族人忍气吞声过日子，夹着尾巴做人，为的就是不被灭种灭族。那时还没有畲族一说，"畲"字最早出现在南宋末年，即13世纪中期的汉文书籍上。南宋著名文学家刘克庄的《后村先生大全集》卷九十三《漳州谕畲》一文载："畲民不悦，畲田不税，其来久矣。"文天祥的《文山先生全集》卷——《知潮州寺丞东岩先生洪公行状》载："潮与漳、汀接壤，盐寇、畲民，群聚剽劫。"此后，畲民、輋民、畲瑶、輋瑶、畲人在史书中时常出现。不过畲族人一般自称"山客人"，"畲族"作为族称于1956年12月由国务院公布使用。

粗放耕作

一路迁徙走来，畲族一直处在游耕状态。刀耕火种，他们先将山中的野草焚烧，用利刀挖窟，播上农作物种子，靠天吃饭。采取轮作办法种植，今年这片山种，明年换一座山种。农作物也进行轮换，今年种小麦，明年种番薯。

由于生产力十分低下，所收粮食寥寥无几。因没有水浇地，只能种些耐旱农作物，如小麦、番薯、黍米、高粱、芋头、马铃薯、大豆等。他们吃空一山，再寻一山，一切为了生存。在某一地方住上几年十几年，或一代二代三代，地种熟了、贫瘠了，产不了粮食了，无法维持基本生活了，还是得携家带口上路另寻生计。他们走走停停、又停停走走，前面的人走了，后面的人又跟上。有的坚持走下去，有的改名换姓融入当地社会。几经朝代更叠，官府对畲民追剿也有所放松，最终放弃。历经唐、宋、元、明、清几个朝代乃至民国，就形成了如今这样"大分散，小聚居"格局，闽东、浙南成了畲族主要居住地。经过十多个世纪脱离主流社会封闭生存状态，故也造就了畲族一切事情能自己解决就自己解决的习惯，方方面面都尽可能做到自给自足。他们种苎、种棉、种蓝解决穿衣问题；种稻、种麦、种番薯、种杂粮解决吃饭问题；茅草搭棚竹枝编壁、烧砖、烧瓦、砌石为墙解决居住问题。

耕作演变

明末清初乃至民国，是畲族经1200多年迁徙逐步形成相对稳定定居时期。福鼎大部分畲族就是这个时间迁入，明洪武二十八年（1395）雷肇松一家由罗源北岭迁长溪县翠郊大旗坑牛呈下，是入鼎最早的一支畲族。迁入的佳阳乡最早是雷代一（大一）于明隆庆元年（1567），由浙江庆元龙宫迁福建长溪县十四都王家洋滨阳。

定居后，畲、汉杂居，频繁交往，相互影响。畲族人向汉族同胞学习农业耕作技术，由刀耕火种转向开山造田，提高水浇地面积，摆脱靠天吃饭困窘，农具也不断更新。播种作物由种旱禾为主转向种植小麦、稻谷为主，以传统的高粱、玉米、番薯、黍米、马铃薯等作物为辅。农田耕作大概经历四个演变阶段：第一个阶段为清末民初。绝大多数种的水田称之"铁秋"田，稻谷播种单季，冬季灌闲；第二阶段为民国时期，开始推行两熟制，即麦—稻或豆—稻；第三阶段为解放后，逐步发展成为三熟套种，即稻—稻（粳、糯）—麦或稻—稻—马铃薯（蔬菜），采取间作或轮耕作方式，提高水田种植率，政府农技部门供应杂交稻新品种，使畲族农民粮食产量大幅度增收；第四阶段，农村生产责任制实行后，强劳力外流务工，或从事二、三产业工作，留在家里的农民年龄普遍偏高，农田耕作套种三季体力不支。所以大部分畲族农民又恢复双季或单季耕作模式。有的干脆改种经济作物，如水果、茶叶，这样稻谷产量是减少了，但效益更好，最主要的是畲族这个时候温饱问题已经解决，再也不会为一日三餐而发愁。故外加外出务工或从事二、三产业的收入，家庭的总体经济收入水平大幅度提高。

佳阳渔业生产话昔今

🌱 陈相涛

佳阳畲族乡有山有海，人们习惯将12个行政村分成山区片、沿海片。山区片以农业为主，主要种植水稻、番薯、小麦、杂粮、蔬菜，外加茶、林、果以及蘑菇养殖。沿海片除经营山区片一样的农作物外，还向海里捕捞渔货，所以沿海片村民生活更富裕。渔业的生产应该历经两个阶段，第一阶段为20世纪80年代前，为传统渔业捕捞阶段，第二阶段为20世纪90年代开始至今，渔业生产转型，以人工养殖为主。昔日是讨海，今日靠养殖，讨海者对收获看不到，摸不着，全凭技术加运气，不投大的成本，只要足够功夫和时间。海产养殖须投大量资金，成本大收益好，但有很大风险。不过有许多人成功了，而随着技术的提高，网箱的改造，也越来越保险。

滩涂养殖（王贞干摄）

传统的渔业捕捞

传统的渔业捕捞，一般是以个体为主，或几人合作，采用各种有效办法，将渔货捕捉到手，多多益善，换取更多的钱来补贴家用。其办法有：

垂钓 在岸边将鱼钩装上饵料，抛入水中等待鱼儿咬钩，进行捕捕。

绳钓 用细小绳索，每间隔20厘米左右绑上一枚鱼钩，装上饵料，用石块等重物将其坠沉海底，不间断地收放查看，有鱼收鱼，没有重新坠放。这种捕鱼要几箩筐的绳索，成百上千枚鱼钩，操作时要两人，一人划船一人放绳收绳。

拖网 拖网用两只木船，一张长达几十米长网放入水中，两只船的人各抓网的一端，船老大奋力划船，船上人员连拖带拉，以达到捕鱼的目的。

粘渔网 是近几年使用的捕鱼网，用一只小木船，一人划桨一人将粘渔网放入水中，用木桨用力拍打水面激起浪花，鱼儿受惊吓撞上粘网就被粘住。

蜈蚣网 也叫九节网，每节安装漏斗形入口，放在岸边或港湾等待鱼儿光顾。

推七网 也叫犁七网，用两根竹交叉拴住，另一头装犁头式木头，将网安装在竹子上。操作者背着鱼篓，游在水中，然后将犁头网张开，奋力向滩涂推去，将鱼抓获。

照青蟹、照章鱼 用竹篾、黄麻骨、干烟杆、苎麻骨晒干，捆成火把，当海水涨潮时，捕捞者一手举火把一手拿勺子，看见青蟹和章鱼就进行捕抓。20世纪70年代开始用带有玻璃罩的手提煤油灯叫马灯取代火把，近几年又用矿灯取代马灯，腾出另一只手抓捕青蟹和章鱼更方便了。

此外，还有围跳跳鱼、青蟹罾、围网等，不一而足。20世纪70至80年代，沿海村都成立捕捞海鲜专业队，为生产队增加收入。当时蕉宕生产大队燕坵生产队，就成立专业捕捞队，下设4个捕捞组，陈相文、陈廷珍、黄希河、黄加妹分别担任组长，每组配2名组员。

海产品养殖

佳阳畲族乡海岸线长30.8千米，海域面积近10万亩，滩涂面积3000多亩，给当地群众提供了海产品养殖的先决条件。

海蛎养殖 俗称"种海蛎"，用较小整竹或竹片，约15至18米长，称蛎竹，插在滩涂上。先是集中在一起，叫合苗，一年之后再次分插，再经过一年多的海水潮起潮落冲刷，慢慢地海蛎长成。进入21世纪，养殖科技水平提高，人们还到深海处挂殖海蛎。

蛏、蚶养殖 将滩涂整成农田状，一丘一丘的，然后撒上蛏苗蚶苗，让其自然生长。1至2年，蛏、蚶长成，俗话说"脱赤体吃蛏，穿棉袄吃蚶"，意思是夏季蛏质量最好，冬季蚶质量最好。

围塘养殖　　有计划地将靠山边岸边溪边的滩涂围成池塘，养殖水产品。一是淡水养殖，养殖品种有南美洲对虾、大闸蟹（毛蟹）、奥龙（小龙虾），淡水养殖占比少。二是咸水养殖，是主要养殖形式，品种主要是青壳蟹、梭子蟹、黄花鱼、九节虾、对虾、弹涂鱼、土丁等产品。

海上养殖　　即网箱养殖，佳阳大力发展海上养殖业，从20世纪90年代即开始发展，鱼苗培育产业，至今仅育苗企业就有12家，包括李圣波育苗室，康太利水产养殖专业合作社，福鼎市瑞成养殖场，福鼎市良丰养殖有限公司（吉屿）、吉屿水产专业合作社、宁德市金富水产有限公司（窑脚）、聚新育苗室、石卓育苗室、福鼎市鹏飞园农专业合作社、呙前鸿苗育场、旭丰育苗室等。培育了大量黄花鱼、鲈鱼、对虾、九节虾种苗，供应乡内外养殖户。除此之外，还有一家"中国水产研究院东海水产研究所"进驻佳阳畲族乡罗唇村。

海产养殖是一项风险比较高、但利润颇丰的产业。20世纪90年代佳阳港湾网箱一度增至近5000口。网箱挨网箱，密度过大，水流不畅，造成海域污染，水质恶化，病害严重，养殖户造成很大损失。佳阳乡党委政府对网箱养殖重点整治，做到旧渔排"拆清楚"，对升级渔排"改清楚"，对大网箱位置"摆清楚"，对海域使用"管清楚"，通过整治海域面貌焕然一新。目前渔业养殖成为佳阳畲族乡沿海地区的重点产业。同时佳阳成为我市网箱养殖最多的乡镇，成为我市海上饵料交易中心、养殖鱼苗交易中心、成品鱼交易中心，也成为闽浙边界农村渔业商贸窗口。

佳阳传统粮食作物

🌿 蓝清盛

佳阳畲族乡传统粮食作物是水稻、番薯、小麦和杂粮，新中国成立前，产量普遍不高，很多群众收成很难维持一年365天口粮。解放后政府带领群众平整土地，改造农田，兴修水利，更新品种，粮食产量逐年稳步提高，特别是十一届三中全会以后，农村实行生产责任制，才彻底解决群众粮食问题。

水稻

佳阳人民对山场田园进行改造。有水源的土地开垦为水田，种植水稻。水田依山修建，大小不均，大的能有几分地，或更大一点，小的一件棕衣都能盖住，弯直随势，坎高坎低不限。

佳阳传统水稻品种有：籼稻，佳阳人叫食谷；粳稻，叫满谷；糯稻，叫糯谷。食谷用于三餐掺番薯丝煮饭吃，或有客来才煮，种植较多；满谷主要用于臼年糕、清明粿；糯谷是过年做年酒和五月节包粽子，多少种一些。以往谷种都自己留种，年复一年产量低，而且一年只种一季，稻谷交租后所剩无几，自己可支配的稻谷少之又少，如果有意外，甚至做种的种子都要先拿来用。这种情况，一直延续到20世纪50年代后期。后来农村组织互助组，初级社，高级社，直到人民公社化，土地归集体，分红凭工分，但品种没有多大改良，产量还是低，能分到农民手中的稻谷也是屈指可数。1957年开始进行品种改良，1958年推广"矮南特"，又从单季稻进行试种双季稻，1965后全面推广双季稻种植，先后引进"闽优1号""威优35、64""汕优63、64"等优质稻种。后来在山区推行中晚熟单季稻，低海拔地区推行种植连作双季稻。这时群众在三餐饮食大米已能占一定比例。佳阳农村群众真正三餐食用大米是在1983年农村实行生产责任制后。

麦子

麦子品种有三：一种是大麦，一种是小麦，还有一种叫黄麦。大麦质量比较差，加工后用来做禽畜饲料。小麦和黄麦可以当主粮食用，但佳阳种的不多，因为一土地有限，二面食不是很习惯，起不到主食的作用，只是加工后做条面、线面，劳作时做点心。

番薯

也叫甘薯、红薯，是一种块根植物，长期以来是佳阳群众的主粮。居住山区、半山区的佳阳群众，水田少旱地多，适合种植番薯。曾有一首民谣："辣椒当菜炒，火笼当棉袄，稻草当被盖，番薯丝吃到老。"20世纪50年代前，佳阳山区番薯品种单一，栽种是"赤番薯"，产量较低，但茹粉含量很高，刨成番薯丝后，放在楻桶洗一下，将番薯丝再拿去晾晒，水中留下淀粉就是番薯粉。

20世纪60年代末，陆续引进新品种，"六月白"是早熟品种，头大产量高；还有"新种花""河北白""红点""条薯"，有红皮的、白皮的，有白心的、红心的、黄心的，有早熟品种，有中晚熟品种，有含淀粉高的，有含淀粉低的，产量也逐步提高。

杂粮

主要有高粱、玉米、芋头、马铃薯以及蚕豆、黄豆、豌豆、豇豆、四季豆、回豆、红豆等豆类作物。

高粱、玉米多为套种。芋头利用田边地头杂边地种一些，多则二三十棵。黄豆种植面积不大，许多也是套种，大多利用水田田埂种植，所以黄豆也叫田埂豆。马铃薯，佳阳俗称"泰顺芋"，可能因泰顺（浙江省泰顺县）引进时间更早，佳阳又从泰顺引进，故叫"泰顺芋"。马铃薯与番薯一样，是一种块根作物，长在地下，生产周期不长，产量也可以，既能当菜，又能当饭。

佳阳传统经济作物

蓝清盛

佳阳畲族人口多，一些经济作物有明显的畲族印记，比如作为染料原材料的蓝，是畲族传统经济作物。

蓝

畲族种蓝历史悠久，传说太姥娘娘（蓝姑）就种蓝为业。畲族大多居住山区半山区，自己种苎麻，种棉花，自己纺线，织布，解决穿衣问题。但自种、自纺、自织的苎布和棉布是本色（白色的），不能直接做衣服，还要染，染的原料山区畲族也能自己解决，就是种蓝。蓝，是菘蓝、茶蓝、蓼蓝、马蓝等同类植物的统称，闽东、浙南畲族也称为"菁"，是一种可以提炼染料的一年生（蓼蓝）或二年生（菘蓝）草本植物，用叶汁做染料。蓝全草可以入药，如菘蓝的根入药称"板蓝根"，叶入药称"大青叶"。蓝草适应性较强，又耐寒，又喜温暖，畲族所居之地温度适宜，不难栽种。用这种蓝叶汁做染料，颜色经久不退。明末清初，随着闽、浙纺织业发展的需要，对漂染蓝靛的需求量也大幅度增加，蓝的价格不断攀高，清时每50公斤靛青值大米200公斤，故畲族当时种蓝是不错的选择。佳阳乡罗唇村就有两个"菁山村"，其地名就因古时候先人种蓝草而来。直到清末，在洋蓝靛的冲击下，种蓝业逐渐荒废。

苎、棉

俗话说"苎布来抵六月热，棉布来抵十月冷"，种苎、种棉，过去是佳阳畲族群众日常的经济活动，种好苎、种好棉是解决穿衣问题的关键。

习惯于自给自足的山区畲民，日常所用的纺织品中，苎麻布占有重要地位。世代相传种植苎麻，用来加工苎麻线，纺织苎麻布，可制作衣物和蚊帐等。立春后，苎农给苎麻松土，除草，浇肥，施粪，农历二月间，苎麻根茎开始抽出新苗，由于管理到位，苎麻长的又粗又壮，苎麻一年可收成两到三次。割下苎麻，去叶留杆，加工成干苎麻片（茎皮纤维）保存。加工制作方法：一只手拿着粗的一根，细的两根或三根苎麻杆，另一只手握住脱苎刀，大拇指套着苎刀管，把苎麻杆夹在苎刀和苎管之间，用手腕的力压断苎麻杆,顺势捋去苎骨,再将剥下的苎皮又捋一、两次,刮掉表皮,浸洗晒干即成雪白色苎麻片,畲民称呼这个加工过程为"做苎"。畲族妇女在农闲时,把干苎麻片浸湿后用指甲撕成细丝,晾干后捻成苎麻丝,再自己动手织成苎布,有的也雇人代织,染色后就可做衣服、布袋或者蚊帐。畲族男女夏装,大多是用苎麻布做的,苎麻布既坚韧而耐磨,又有很好的透气性,深受畲民喜爱。

种棉是春天播种秋后收成,与苎麻一样管理,棉花收回时,经过自制脱棉机将棉花与棉籽分开,就可纺纱织布了,再经过染色就可做衣服、被套了。畲族群众将脱棉机脱籽做成谜语:"脚踏踏,手招招,吃吃白髀(腿肉),屙屙羊屎。"形象生动俏皮。畲族所制麻苎麻布、棉布,以自用为主,如果有多余,可拿市场出售。苎麻(片)的销售对象主要是沿海渔民,他们买苎麻片织渔网,且用量多,价格相对也高。

茶

畲族种茶历史十分悠久,佳阳畲族也不例外,俗称"畲民无园不整茶"。传说太姥娘娘的原身是山下畲村姑娘,为百姓治病所使用青草药中,茶叶最常用,效果也很好。茶先是药用,后才是饮用(饮料)。蓝姑受老茶树自然脱落茶种子长出茶苗的启发,开始采摘茶籽育苗实施人工栽培,然后在畲族中推广开来。畲族虽然有种茶传统,但旧时没有如今这样的专业茶园,大多是间作茶园以及散株茶,主要是园头园尾栽种,多套种于畦沟、园沿和梯坝上,这种类似篱笆式种茶,佳阳畲族叫"鸡笼茶"。耕地对于定居后的畲族来说至关重要,十分珍贵,让一块地能生产出更多的农副产品,就成为畲民精于耕作的目标,为了实现目标,除精耕细作,合理施肥外,那就是多行套种和注重选种等措施。下面这首唱罗唇畲村劳动的歌谣就是表达畲族为了多收入一些,是如何在有限耕地上做文章的:"罗唇人仔没教调,三窟番薯两兜豆,中间栽兜黍(高粱),园头种胡椒,园尾种豇豆,锄番薯老母古那尔斗(不时地骂),冬天收成有料正有料(丰厚)。"畲族制作的茶叶是最早的白茶。当时制作方法非常简单,就是将采摘后的茶叶放在岩石上自然晒干,太姥山上有的是岩石,因当时的茶叶主要是药用,像其他青草药一样,晒干储存备用,这就是最古老的的白茶制作方法。"红茶"的制作工艺也不复杂,将茶青放到太阳底下暴晒至软,或在炒茶锅里杀青,然后进行揉捻,最原始的方法是把脚洗干净后用脚来踩捻,踩捻到一定程度(出汁为准),堆在簸箕里罩上布茶袋在太阳下"沤"几分钟,再打散晾干或烘焙至干即可。"绿茶"制作,茶叶在杀青后放在炒茶锅里分别以不同的手工技法制成。佳阳农户几乎家家种茶,特别是 2008 年后,茶厂迎合市场需求,从做红茶、绿茶改为做白茶,茶针价格更好,农户种植积极性更高,目前小户也能收入 3 至 5 万元,大户可收入 10 至 20 万元。

黄烟

现在人抽的烟是从店铺里买的,有卷烟,雪茄,品牌五花八门,价格千差万别。以前的人抽黄烟,也就是晒干的烟叶,因颜色黄黄的,故称,也叫"干烟"。烟具有二:一种是用一根小竹头留上几节,将竹头挖个烟窝,再将竹节打通,装上"干烟",点火抽;二是用竹做的水烟筒。抽烟时,主要目的是烟雾经过水过滤后才吸入口中。这种器具原来是抽水烟的,故叫水烟筒。水烟主要来自甘肃,水烟上印有字号,如"甘""肃""蘭""州"等字号。当时有钱人,水烟筒也有用铜做的,很精致。后来,有人抽"干烟",也用上了水烟筒。

干烟,未加工,叫烟叶,以前佳阳村民年年都种,供销社有收购,是村民经济收入来源之一。

棕、桐

佳阳民间有句谚语:"千棕万桐,子孙不穷。"佳阳多数村民居住山区半山区,除田园外,还有山场,这些地块既不能种稻谷又不能种番薯,但可以种棕和油桐。这两种树,一年栽多年或几十年收,经济效益不错。只要有闲置地,山石多的,土质差的,种不成粮食的杂边地都可以种。

种油桐没有听说有什么讲究,但种棕树可有讲究了。坑刨好之后,栽棕苗时先找两块小石头,将小石头夹着棕苗栽下,盖土夯实,这样小棕才能健康成长。传说棕树怕惊吓,没有胆量,两块小石头给它做(壮)胆。棕树是个特殊树种,农村人都知道,许多人做了实验,栽种多年,长成1至2米高,你不声不响走到它旁边,然后用棍子打击一棍,或打它一锄头柄,使棕树身和叶子有骚动,这棵棕树一星期之内绝对枯死。

"千棕万桐"只不过是个说法,农家没有一户能做到,没有那么多山场,栽上百八十棵棕,种上二三百棵桐,就不错了。当时棕片、桐籽供销社有收购。

黄栀子、油茶

佳阳大面积引种约20多年历史,是一次种植多年收益的经济树种,对土质要求也不那么高。目前基本替代了棕和桐的种植。黄栀子、油茶树冠越大,结的果子越多,种下时间越久,树冠就越大。特别是黄栀子连片栽种,开花时期满山花海,白茫茫的香气四溢。佳阳一部分村黄栀子、油茶两种都种些,有的就种单项,总体上黄栀子种得多,油茶种得少。以黄栀子为例,目前农户小户都收30至50担,100至200担农户有不少,还有更多产量的农户。黄栀子和油茶籽客商会上门收购。

水果

佳阳群众栽种水果品种比较杂，包括四季柚、红心柚、柑、桔、橙、东魁杨梅、水蜜桃、红心李和西瓜等。除了四季柚、东魁杨梅，其他种类水果种植面积少，形不成气候。20世纪90年代，佳阳乡村民大面积栽种四季柚和东魁杨梅，有的农户因此致富。如今交通通畅，什么鲜果都有，本地种水果无利可图，很多果农纷纷改种效益更好的茶、黄栀子、油茶等经济作物。

佳阳传统副业

🍃 蓝清盛

佳阳群众的传统副业主要有两类，一类是手艺活，带有技术性、个体性、传承性的；一类是体力活，较为普遍。

烧砖瓦

砖块、瓦片是建房材料。烧制砖、瓦首先有两个条件，一是有符合条件的土和场所，即有地点取土和建窑，有地点凉砖坯瓦坯场地；二是有足够供应烧窑的柴草。佳阳很多地方，完全具备两个条件，许多地方很早以前就烧制砖瓦，从目前遗留下来地名可以看出，如瓦窑、瓦窑园、瓦窑坪、瓦窑脚、瓦窑边。20世纪七八十年代，还是生产队一项不错的副业收入。佳阳畲族乡安仁村三萝壁自然村李氏畲族，直到近几年没有生意，才将砖瓦厂关闭。

烧蛎灰

佳阳居住在沿海的村民根据需要或亲戚朋友委托，经常烧蛎灰。蛎灰是一种建筑材料，相当于现今石灰，是建房用的。后来用的人多了，用量也多了，就有了烧蛎灰专门行业。以前所谓的寮，是草房，其隔间用料不是木板，更不是用砖，而是用茅茎编成，四面透风，不保暖。就用黄泥巴，把篱壁糊起来。泥巴黏性不够，遇太阳晒干了会脱落，遇雨水冲刷会溶化脱落，他们就地取材烧蛎灰代替石灰，掺和泥巴糊篱壁，效果挺好，不怕晒不怕雨。后来在建砖瓦房时用来勾缝，墙壁粉白盖面。蛎灰做建筑材料适应广泛，如"三合土"，以1∶2∶3比例，即1土箕沙、2土箕泥、3土箕蛎灰。以前没水泥，房屋铺地、做墓，蛎灰是不可缺的建筑材料。

烧蛎灰主要原料是蛎壳、蛤壳等贝类外壳，主要还是海蛎外壳，沿海人扦种海蛎，海蛎收成时，海蛎壳堆积如山，是烧灰好材料。因为烧的主要材料是蛎壳，所以叫"烧蛎灰"。

竹编

佳阳竹类资源非常丰富，有毛竹、马蹄竹、黄竹、笋丝竹、九重襄、石竹、来竹、花竹、淡竹、苦竹、水竹、里竹、斑竹、方竹、豁竹、绿竹、柔竹、尧竹、金竹、富竹等，竹编原材料很多。佳阳竹编历史悠久，一般都是个体零星加工，产品有：斗笠、火笼、鸡笼、竹椅、竹床、篾席、竹筧、竹箪、箩筐、土箕、竹筷、米筛、笊篱、筲箕等等。畲族师傅做一种斗笠是畲族妇女传统特殊装饰用品，这种斗笠美观、大方、轻巧、精细、结实，材料主要是竹篾，配桐油纸、桐油，做成后面层斗笠篾与篾之间间隔装不下一颗米粒，盖上适量桐油，又结实，又耐用，配上绸带串珠，又美观，又大方，可谓是畲族竹编精品。

刺绣

畲族妇女衣服的胸花、领口、袖口及花鞋鞋面都要刺绣。花纹主要有花木类：牡丹、梅花、茶花、菊花、兰花、松、竹、石榴等；动物类：十二生肖动物、吉祥动物龙、凤以及蝴蝶、鸳鸯、麒麟、狮子；人物类：有传说中的八仙等；以及山石、楼台亭阁、龙门等其他图案。并配S纹、卐字、壵字、云头、云勾、回纹等几何纹图案衬托，明快匀齐，层次分明，华美高贵。

畲族刺绣是做畲族服装的师傅要掌握的手艺，一针一线均用手工，做一件精品凤凰装要费工一两年，普通的也要四五个月。现在畲族妇女很少穿这种民族服装，因为造价太高穿不起，二来因为是盛装平时穿行动也不方便，三是真正能做这种衣服的师傅已经不多，数一数二，没法数三，又没人愿当学徒。如今有些场合我们能看到的畲族女装，那些纹样图案是贴钉的，绣的也是机绣。

畜、禽养殖

佳阳畲族乡村民传统饲养的家禽主要是鸡、鸭、鹅，以养鸡为主。日常生活中，鸡的用途最广泛，逢年过节用鸡，祭祀先祖用鸡，请神驱鬼用鸡，送庚祝寿用鸡，立冬滋补用鸡，礼貌待客用鸡，大事小事总离不开鸡，一年到头总会碰到几次要用鸡的事，所以一个农户家庭都会饲养十几二十只鸡。母鸡生蛋出售，公鸡养大换钱，多养几只也是一份收入。鸭有番鸭蛋鸭之分，番鸡又半番全番之别，番鸭不管全番半番，虽不难养，只要米糠拌青菜即可，但村民养的不多，因为它不生蛋，就养大吃肉，饲料吃的多不划算。鸭，农户要养一般会养蛋鸭，蛋鸭如果管理好，产蛋率会达百分之九十以上，是一宗不错的副业项目。鹅在佳阳只零星散户在养，且数量极少。

家畜主要是牛、羊、猪。牛属大型牲畜，在佳阳一个村子，也就一两户在养，主要用于农田耕作，其余的农户，犁田时向养牛户租用。羊和猪是佳阳村民家家户户都在养的传统副业，历史悠久。有农谚说："一种姜，二牧羊。"羊吃草，上午露水干之后（约10点钟左右）将羊赶出家门，赶往山中，到下午4点多羊自己就回来。牧羊时让半大不小小孩跟着不要让羊吃庄稼即可。在佳阳一个正常农户都会养一两头猪，以前农户养猪是积钱好办法，年终靠它积一笔数目较多的钱。佳阳民间流传一句谚语"富人没大仔，穷人没大猪"，意思就是有钱人儿子十五六岁就讨娶媳妇，没钱人没等猪养大就早早出售换钱用。所以看这户人家生活富裕不富裕，看他家养的猪壮不壮、大不大就知道。以前养猪吃猪草为主，品种又不佳，猪养一年也就80至100斤，食品站外调猪至少120斤，很多农户辛辛苦苦养一年总不达标，只能留在食品站待宰。

家禽也好家畜也好，本来是传统副业，随着形势发展，再传统也传不了，现在注重环境治理，在农村零星养家禽家畜一样会造成污染，因此能人办起养鸡场、养鸭场、奶牛场、养猪场，大部分人员另找工作，不再在养家禽家畜上费功夫。

食用菌种殖

佳阳畲族乡村民食用菌种殖20世纪60年代起，各生产队作为副业经营，普遍养殖，主要有蘑菇、香菇、白木耳。那时生产队几乎都种蘑菇，原材料以稻草为主，蘑菇废料回田对来年稻谷生产又增加肥力，对农业生产十分有利。白木耳是原木栽种，70年代初，罗唇大队柴岚内生产队种白木耳，专砍不带辛味的庆树为种殖材料，锯成1米长左右，凿成排排栽种孔，待白木耳苗培育成后，沾有种苗木粒一块一块塞进凿孔，然后用喷器定时浇水，保持原木湿润，慢慢地就长出白木耳。由于白木耳用无味树木为原料，又因原木材料稀缺，很难得到推广。香菇的栽培比白木耳较迟，技术方法有很大改变，将木材粉碎成锯末状，用机械装袋再高温杀菌，接种存放待种苗走透搬入菇棚，进行田间管理，不久可出菇了。生产责任制落实后，许多村民凭借生产队学习的蘑菇、香菇栽培技术，个体种起香菇或蘑菇，有的人坚持了十几二十年。食用菌种殖帮助很多村民脱了贫致了富。

讨小海：内海传统捕捞业

蓝清盛

沿海村民种种捕捞海货的办法，称为讨小海或叫赶小海。佳阳畲族乡有5个沿海村，俗话说"靠海吃海"，沿海村民知道什么季节捕抓什么，什么地点捕抓什么，还知道什么时候什么季节哪些海货最好吃。有谚语说"三月虾蛄四月鳗""脱赤体吃蛏，穿棉衣吃蚶"。乡民们利用大自然的馈赠，在内海捕捞海货，解决日常生活所需，多余海货可出售补贴家用。

靠山边的滩涂可以挖涂丁，岩石上可以打（挖）野生牡蛎、采笔架，乱石中可以挖青壳蟳，涨潮时可以吊石蟳、棒投鲫鱼；涨潮时被淹盖、退潮时裸露的软滩涂可以拾各种海螺，抓螃蜞、鳗仔，挖蛏，刨跳跳鱼（弹涂鱼），挖海蜈蚣，抓章鱼，吊跳跳鱼，摸蛤；深港中可以钩名贵海货，如海鳜鱼、黄瓜鱼、鲈鱼、红头狮、海鲫鱼、海鳗鱼，以及其他较大的鱼类。在港仔湾，可以摸摸鱼虾、摸鳖。

20世纪50年代海蜇爆发期，群众就在海边岸上等，就能等到海蜇随涨潮的海水漂来，一个成年人一次可以抓几十只，退潮时滩涂上堆满被红树林挡住留下来的海蜇。现在要吃一碗海蜇的血或肠是算高消费，那时应该是沿海百姓餐桌上一道普通菜肴。

下面是一些比较常见的捕捞等作业方法：

拔牵拖

拔牵拖是佳阳沿海群众在内海一种捕鱼劳作方式。首先要有一艘牵拖船，这是一种偏小的木帆船，船身长约5米，宽约1.8米，载重约2吨。有一口网，网长50米，中间10米宽，两端逐渐收缩，最后两尾成2米。操作人员5人，艄公（船老大）1人，负责捕鱼指挥，二桨1人协助艄公工作，放网1人、站涂2人负责拖网。操作时艄公划船，按滩涂走向慢慢往前划，二桨不断纠正线路，放网者熟练往海里放网，站涂先下1人抓住网的一端，待网快放完另1人抓住网的另一端。然后站涂2人将网收回交给船上的人，船上的放网者将网的两头拼命往船上拽，站涂2人协助拖网，直至50米网全部拉上。艄公一直划船，以保持船的平稳。另一种方法叫叠，操作基本相同，就是滩涂上只站1人，艄公划着船围着滩涂的人转一圈，二桨协助，放网照旧，就是网头网尾都在站涂1人手上，最后起网。两种做法都像大船在大海上围罾。

拔牵拖所捕鱼类，一年四季不同，有黄鱼、鲈鱼、鲫鱼、鲨鱼、对虾、红虾、虾蛄、青壳蟹等，很杂。鱼货分配，一潮水就是今天出一次海拔一次牵拖所收获分配。分配为三三制，即牵拖船一份，网一份，操作人员（4人或5人）一份，各得收获的三分之一。以前水域没污染，一潮水可获几担、十余担不等。

股份组成，主要是船和网，可以一人所有、二人所有、多人所有，村里自愿组成，根据个人经济能力自愿组合。有钱人投资多收入也多，没钱人只能做伙计。

艄公就是船老大，船主可以是船老大，也可以请他人做船老大。艄公职责，负责一年牵拖船管理和维修、网的蒸煮。年初第一次出海捕鱼，要办牲礼祭品到庙里祭请。每天出海前，要先上船向天地海面祈祷，船舱内必备足金银纸香烛，到特定滩涂还另烧香烧金银纸祭请。一年中要染、蒸网两次，年终将牵拖船拖回岸上，去掉船身上海藻贝壳并熏船，以备来年出海做准备。

不是想在哪撒网，就能在哪儿撒，跟山上田园一样，海域滩涂是有主的。茫茫海域滩涂，某处某滩涂，一个沿海村也只能分上一二口网，这个规矩不知哪朝哪代定下的，沿海渔民都非常自觉遵守规矩，从来没有听说有关滩涂纠纷打官司的事。A地有2口网，B地有3口网，X地有1口网，是属某村或某村的，其他村不能撒网。但某村自己有3条船，是可以某船先到先撒网，撒不撒网全凭船老大经验判断，他认为可撒网就撒网。一潮水里面，某地段滩涂可以撒1—2次网，后面收获不会比前面一网少，有无鱼货，船老大判断是关键。

舢板捕鱼

舢板船，村民叫舢板仔，体积小，长3米多一点，宽不足1米，连人带货载重不足千斤。结构简单，一看像是三块板组成，两边板加船底板，外加隔间。捕鱼时只一人操作，带上双桨，不用网，到捕鱼区，站好位置，或左或右，然后让舢板船半立，一边紧靠水面，一边翘起，一桨稳住船，一桨拍打水面，鱼儿惊慌往空中跳跃，落下时大部分的鱼落在舢板船舱内，达到捕鱼目的。这个过程讲究技巧。

撑港

撑港与下文要说到的撑岐原理上是一样的，都是根据涨潮时鱼会去岐头觅食，退潮时会随潮退而退。滩涂上有许许多多泉水眼，大大小小泉水眼形成大大小小的海港，大大小小的小海港，交汇形成更大的海港，渔民在海港设网捕鱼叫撑港。

撑岐

撑岐也叫岐头抓鱼，岐头就是靠山边的滩涂。俗话说"一潮海水一潮鱼"，涨潮时鱼会向岐头觅食，退潮时鱼会随潮退而退，渔民看好岐头，岐头走势从高往低，缓缓斜坡，在斜坡低处设网拦鱼，待潮水退尽，鱼被网拦下。设网时，不能太高，设高了鱼会拦在网外。要看潮涨情况设网，鱼从网上端进去，退潮时留在网内，岐头坡度，不理想可以人工筑就。这种捕鱼办法，省时省工省成本，也叫"定置网"。

笼蟳

佳阳沿海村民除了捕鱼外，还捕抓其他海产品，如蟳。抓蟳用笼，蟳笼用竹篾做成，长约60厘米，直径相当八磅热水瓶，一头用篾穿堵死，篾穿拿掉可张开，一头是敞开，但设有倒头鳍，蟳如果钻进笼子就出不来，收笼时拿开篾穿抓蟳。沿海滩涂有许多石头，靠岸边有坎，坎是石砌的墙，涨潮时蟳跟着潮水往岸边觅食，退潮时会随潮退而退，蟳觅食喜欢钻洞，吃小跳鱼、小鲫鱼等一些躲在洞里的小杂鱼，那些乱石堆墙坎石洞就是蟳理想觅食之所，而且蟳走过的地方总是留下一排排脚印，村民专门找这些有蟳脚印的乱石堆墙坎上的石洞下笼，一逮一个着。

挨罾排

在海岸边观察，有水草有涂泥又较平坦的地方，鱼儿喜欢光顾，就适应建罾排。建罾排，首先要建一个从岸边往海延伸的固定石墙，或用竹木打桩弄一个固定临时码头，长宽视架罾排方便为准，罾排就安装上面。然后要准备一张方方正正渔网，4×4米或5×5米，四角固定在4根毛竹尾巴上，毛竹另一头拢在一起绑牢固，上面再绑上一根长毛竹与岸上设施接连，岸上也就是石墙或码头上建一些固定设施与网上那根毛竹连接，操作时可将网放下提起。挨罾排是在涨潮时作业，鱼会在涨潮时往岸边觅食，隔上8—10分钟将罾排提起看是否有鱼，有鱼就用长柄鱼勺抓鱼，然后又将罾排放下，待到8—10分钟又提起，有鱼勺鱼，如此反复，这个过程就是挨罾排。潮水退，工作结束，网挂起，晒网。

流动罾排是一种移动的罾排，网安在船尾，船头空间较小做操作室，原理相同。

捧投鲫鱼

渔村妇女捕抓鲫鱼幼鱼叫捧投鲫鱼。捧为托起、端起之意，投为自投罗网之意。农历三四月鲫鱼回到港湾产卵，港湾处淡水咸水交汇，适应鲫鱼产卵，鲫鱼产卵量非常多，刚出生鲫鱼仔喜欢在靠滩涂岸边觅食。妇女们事先抓来蝻仔，准备好细米筛、水桶到岸边。先将米筛放进岸边水中，拿一只蝻仔放在嘴里嚼烂，然后吐在米筛内，鲫鱼仔争先恐后来米筛抢食，然后捧起米筛就可抓到鲫鱼仔。多时有大几十尾，少时也有十几尾，一拨又一拨，源源不断，一潮水下来，妇女们也可捧鲫鱼仔二三十斤。小鲫鱼可煎煮食用，量多可煎晒鱼干，可腌制，也可拿到市场上出售。

在佳阳茶厂做茶

<small>南农大</small>

20世纪70年代,各大队、生产队派出义务工,与下乡知青共同开荒种茶,开垦出近500亩的茶园,又靠双手一砖一瓦砌起一座佳阳茶厂。

李信利是佳阳茶厂老员工,他这样回忆他在佳阳茶厂工作的时光:

> 我是1991年3月入职佳阳茶厂,那时佳阳还没有分乡,隶属于前岐镇,茶厂属于镇办企业。2000年被私人承包,2008年由恒春源茶业公司承包,1919年佳阳引进泰美,茶厂现为泰美茶厂承包。我入职时还是老厂房70个职工,另有采茶工100人左右。茶厂有自己的435亩茶园,种茶收茶基本

佳阳茶厂旧照

自给自足，一些年份采收不够，才会从农户手中收茶叶。我清楚记得，最多的一年茶厂收茶就收了7300担，约36.5万千克。佳阳茶厂一开始是做绿茶的，如毛尖、炒绿等，白茶是从2008年才开始制作，并作为主要品种售卖。2008恒春源接手后，生产销售了一年炒绿，之后全部生产白茶中的"贡眉""寿眉"或者"白牡丹"。由七八十年代茶厂刚开办时候说是做红茶的。

  当时工作条件一般，我们下班后就住在职工宿舍里面。做茶，不像做其他工作可以定时定点上班下班，如果今天有许多茶青需要处理，就要做完才下班，有时候需要10多个小时。除了时间不定，我们的工作也不是固定的各司其职地流水线作业。我每天的工作都不一样，要按照茶叶制作的时间工序进行适当调整。不同茶叶制作工序不尽相同。白茶和绿茶做法工序不同，例如：毛尖需要通过杀青—揉捻—烘干，炒绿需要杀青—烘干—炒干，红茶则需要通过晒青—揉捻—发酵—烘干，现在主营的白茶则需要通过凉青—萎凋—堆集—烘干。这些程序之后还只是半成品，之后还需要挑拣其中的杂质，进行风选，风选之后再进行烘干才能算作成品。以前没有标准化机器进行操作，这些工序全部依赖职工的技术熟练程度。例如分选工作，即挑拣茶叶中的杂质，全部需要摊在桌子上进行人工挑选，所以有时候会容易忽略掉其中一些细小的肉眼忽略掉的杂质，这些都会影响到茶叶成品的品质好坏。现在全部采用机器进行色选，也可以选择条形，按照一定规格和颜色大小进行筛选。又比如毛尖杀青，杀青影响到成品的颜色和香气，水分要杀多少以前也全部需要看工人的手感，会根据当天的天气、温差、湿度、风向判断杀青的程度。现在的茶厂则全部都可以人工智能化地控制这些因素，保证茶叶生产的标准化、高质量。

  我现在还是会想起过去佳阳茶厂的工作经历，仿佛还在昨天，历历在目，它代表着我曾经的过去和佳阳乡的部分过去。

天湖山茶场

陈相涛

1976年，在全国掀起的"农业学大寨"高潮时刻，前岐公社工交联社职工在周山插队时开垦了20亩地种植地瓜。1978年周山、佳山、上庵三个大队联合又开垦280亩，加上原工交职工开垦的20亩，共300亩，全用来种茶。当时占股分别是上庵占20.5%、周山占40.5%、佳山占39%。1989年潘孝贵担任前岐镇镇长时开展村镇联办建1000亩茶园，村镇签订"镇村联办协议"，二一添作五，三个村出山坡地，前岐镇政府出开垦费用，再次开垦700亩，合计1000亩。由于镇财政困难，开垦茶园欠下债务，这些债务部分通过向县政府争取部分资金还债，剩余的债务由茶园产生收益后逐年偿还。1997年黄宗惠任前岐镇镇长，将"天湖山茶园"遗留问题予以处理，债务归镇偿还，每年付给上庵村、周山村、佳山村各5000元。2000年6月，佳阳从前岐镇析出佳阳等12个行政村设佳阳乡，天湖山茶场归属佳阳乡，遗留问题按照前岐镇所定执行，佳阳乡政府将天湖山茶园租赁给"恒春源"管理。

天湖山茶场

佳阳粗纸厂

陈相涛

20世纪70年代,佳阳还有十多家造纸作坊。

20世纪60年代,蕉宕村村民叶筛弟不辞辛苦前往浙江苍南县拜师学艺,学成归来开始造纸。叶筛弟就地取材生产的纸被叫作"粗纸",纸张的细腻光滑度较差。儿子叶礼布童年时就耳闻目染粗纸制作的全过程。到1974年14岁的叶礼布决定子承父业继承造纸的营生。

粗纸制作工艺繁琐。首先,要以稻草、石灰、水为原料,将稻草堆叠起来,而且需要堆一层稻草撒一层石灰并且泼水,让稻草在稳定的环境中发酵三至五天。等发酵结束后,将稻草放入石臼中用棒子将其用力地舂成草茸。然后装进布袋放进大池中浸泡冲洗,将杂质冲洗干干净净。接着,再放进大木桶里或小池中装满水与草茸,将其搅拌均匀。用事先准备好的方筛浸入大桶里或小池中,来回摇晃方筛使草茸均匀地平铺在方筛之上,放在阴凉处晾干,制成湿纸形状。定型后,将其放在竹匾上晒干,就成为粗纸了。其纸张的规格是46×46厘米,销售往全国各地。

改革开放后,造纸业也得到了"新生"。20世纪90年代,各种各样大小不一的塑料袋更替了这种手工制作粗纸的包装袋,因此粗纸生产最终退出了历史的舞台。

畲乡传统狩猎

蓝清盛

佳阳畲族乡有一半地处山区,这里荆棘丛生,野兽出没,狩猎也因此成为居民的一项重要营生。狩猎工具有弓弩和猎枪,猎枪佳阳山区群众人人都会使用,特别畲族群众尤为流行,畲民男子几乎人手一杆猎枪。畲族地区普遍盛行集体围猎,大规模围猎选择在一、二月和七、八月进行,此时农事较清闲。参加围猎人数10至100余人不等,大型围猎几乎全村出动,场面十分壮观。围猎时由一个射技较高的猎手带着猎狗负责指挥,其余男人参与猎捕,老人、妇女、儿童则在一旁呐喊助威,协助猎手驱赶兽群。获得猎物后,射中的猎手优先得一只腿或一个头,其余则不分男女老少平均分配。如打到猎物很少,分发给大家每人所得无几,就不分了煮了猎物大家共食。如果打到猎物较多,猎狗、鳏寡孤老、贺喜者也能得到一份猎物,即所谓"山上猎物,见者有份"。畲族狩猎这种传统一直保留下来。

后来政府对枪支进行管控,狩猎活动也就停止。加之人口在发展,社会在进步,狩猎已不适合现代社会发展实际。以前佳阳人出行要走簸箕岭、梅溪岭、打石岭、火钳岭,现今村村通公路,群众可以将车开进家门口,以前百姓种玉米、番薯,现今成片成片的山种茶叶、黄栀子、油茶和水果,天天人头晃动,已没有野兽藏身之地。

考究狩猎主要原因,不仅仅为人们增加肉食,最主要还是为了保护庄稼。以前山区农民水田少旱地多,所种粮食以番薯、玉米为主,这些是野兽喜欢的,猎手们开枪如不把野兽打死,吓跑了也就达到目的。所以狩猎是居住山区的农民生存所需,也是生活所迫。佳阳最后一位打猎人,是三丘田村三娘坑自然村畲民李学思,直到20世纪60年代还持猎枪打猎,那时就没有大宗野兽可打了,只是打些野兔、山鸡、斑鸠等一些小猎物,故人们都称他"打鸟思"。

畲乡羊贩

◎ 蓝清盛

佳阳羊贩子产生由来已久，因为佳阳所居地的自然条件属山区半山区，非常适合养羊，当地的汉族、畲族、回族群众都有养羊的传统。畲族新婚媳妇以"踏路羊"做私蓄，也可见养羊在佳阳畲族经济生活中的重要性。过去畲族家庭都养羊，每户养3至5只母羊很常见，少的也有1至2只母羊，羊一年生产二胎或两年生产三胎，每胎一般可产崽2只，多的3只，少的产1只，一户人家一般情况下一年出栏2至3次，这片山区几乎月月有羊出售。这样就很自然催生了羊贩子的产生。

佳阳一带村民的羊，羊贩子都赶往福州销售。羊贩子准备去一趟福州，首先要穿梭于乡村放羊户家庭，通知可出售羊只户，某月某日会来称羊，并讲好价钱，做好统计，估计一下这一趟可贩多少只羊。他们要算一趟可贩的数量，太少了不合算，大多难赶又难管理。羊贩最少要3人以上，多则5人。他们认为，时机差不多，天气差不多，时间差不多，就从远至近一路将羊收拢过来，先是几只，后是几十只，最后成几百只羊群，一路咩咩咩叫唤，很是壮观。

赶羊去福州一路步行，从罗唇渡或狭衕渡过海出发的羊贩要经过赛岐渡、飞鸾渡，路上有定点过夜场所，要租。以前靠腿走路，往返赶一趟要花时间1个月左右，去程20余天，回程5至6天。到了20世纪60年代末、70年代初羊贩就租动力大船一艘能载四五百只羊，各商贩凑上一船直驶福州，费用按羊只数量分摊。佳阳各渡口起航约24小时到福州。到福州后将羊赶到福州鼓山脚下租赁地等待出售，一般一船羊两到三天可售完，羊贩再乘班车回程。

佳阳羊贩贩羊，直至解放后很长一段时间都很活跃。自从104国道水泥硬化以后，羊贩的饭碗就砸了，被另一种卡车转运的羊贩取代。他们有双华村的雷德干、蓝春同，多年前已经去世，另有蓝成武还健在，现已经76岁高龄。

供销合作社

蓝清盛

佳阳乡村供销合作事业起步较晚，除了历史上羊贩商人赶羊去福州及其他一些个体商业行为外，没有像样的物资交流。解放后，政府商业部门在佳阳、罗唇、周佳山、三丘田等村建立购销站，在象阳、双华、蕉宕建立代销点，此后又在佳阳各村全面铺开。各村购销站、代销点群众称之供销社代销点，因为它真正起到又供又销的作用，也算是实至名归。1952年开始供销社、代销点认真按照"推销农户产品第一，供应生产资料第二，供应生活资料第三"的经营原则，始终把农副产品收购摆在首位，其收购品种有粮食、油菜籽、茶叶、烟叶、棕片、油桐籽、竹木、柴爿、松枝、木炭、苎黄麻、马铃薯、芋头、生猪、山羊、家禽、蛋品、兽皮、牛皮、羽毛、兔毛、蘑菇、木耳、青草药、中草药，就连牙膏壳也回收。以青草药为例，如草青、夏枯草、笔尾草、鱼腥草、龙牙草、金钱吊瓠芦等，青草药均是晒干才收购。中草药有射干、鸡内金、半夏、盘龙参、野菊花、三门冬、海金沙、苏麻籽等，收购时间延续几十年。在供应生产资料方面，有良种、化肥、农药、薄膜以及生产所需的农具、尿桶、尿瓢、喷雾器、脱谷机等。生活必需品方面，当时普遍实行物资限量供给制，给群众发放供给购物"簿子"，供给份额以人口为基数，群众凭"簿子"到供销社、代销点购当月供应的火柴、煤油、白糖、肥皂、水烟等生活用品，年节还有鱼货等物资供应。

节气与农事、民俗活动

蓝清盛

在佳阳人民的生活生产活动中，二十四节气与农事、民俗活动联系紧密，列表展示如下：

节气	主要农事、民俗活动
立春	过春节、插松、植杉、做客、攀亲、访友
雨水	种竹、祭祖（春祭）、罗唇"冥斋节"、筹备春耕
惊蛰	油菜田管、积肥、犁田、翻田、双华"二月二"会亲节
春分	茶施"催芽"肥、早稻浸种、育秧、甘薯育苗
清明	种芋头、种姜、翻田、家祭、墓祭、采头春茶
谷雨	做"三月三"、早稻插秧、割麦、收豆、收油菜、水果枇杷、梅、李成熟
立夏	整甘薯园、早稻田管、中晚稻育苗
小满	采"二春"茶、中晚稻犁耙田插秧、插甘薯
芒种	插甘薯、稻田管理、施茶肥、种田埂豆、水果桃成熟、做端午节
夏至	晚稻育秧、甘薯管理、后阳姊妹节、采"三春"茶、水果杨梅成熟
小暑	甘薯除草除虫、筹备双抢（收早稻、插晚稻）
大暑	早稻收割、晚稻抢播、过"尝新节"
立秋	梅溪七月初一、岩坑七月初五、晚稻除虫、田埂豆管理、七月半节
处暑	中晚稻田管、修补农器具、蘑菇备料、蕉宕七月廿五
白露	甘薯追肥、栽种菜、蘑菇堆料、充补农用器具
秋分	蘑菇翻料、祭祖（秋祭）、新扩改建房、"粥公节"活动
寒露	晚稻田管、积肥、种菜、蘑菇上架、开茶园
霜降	整剪茶树、施茶冬肥、晚稻开镰、粮食进仓
立冬	甘薯、田埂豆、油茶收成、柑、橘、柚水果成熟、做过年酒
小雪	种菜、种油菜、种小麦、收芋、栽茶、采蘑菇
大雪	冬耕作物施肥、添修农用器具、谈论婚嫁
冬至	冬耕作物田管、积肥、婚姻嫁娶、蘑菇管理
小寒	施油菜、小麦肥料、蔬菜田管、采收蘑菇
大寒	种马铃薯、施水果冬肥、水果枝叶修剪、购置年货

佳阳旅游

蓝清盛

佳阳乡全力打造畲乡旅游带，构建"一心三圈"格局，即以集镇为中心，打造三个乡村游主题圈，以周山村、佳山村为支点的"红色文化圈"，以双华村、罗唇村为支点的"民族风情圈"和以安仁村、蕉宕村为支点的"海湾休闲圈"，推进农旅、茶旅、渔旅融合发展。

红色文化圈

周山村坐落于闽浙交界的天湖山下，村落以周氏宗祠为核心，融合四周环境，渐渐形成了2000多米长的环村"书堂古巷"。周氏宗祠始建于明万历年间，扩建于清乾隆年间，是市级文物保护单位。宗祠建筑构件精刻细凿，技艺纯熟，悦人心目。据传为乾隆皇帝御赐的"牡丹"是周山人的一大骄傲，该村每年举办牡丹文化节。每逢三四月3000多株牡丹花开，芳姿艳质，吸引众多的来宾前来观看。漫步十休闲步行道，牡丹园、观光池、湖心亭三位一体的和谐景观映入眼帘。千年古村周山是鼎平革命发祥地，刘英、粟裕、叶飞等革命前辈曾在此战斗过，至今仍保留着大量革命遗存建筑，有中共鼎平县委旧址、光荣亭、红军洞。现已修建完成红军百步道。陈列馆是周山革命老区的标志性建筑，近处有中共鼎平县委旧址纪念碑亭，红色基地让游客前来这里缅怀追思、瞻仰观光。天湖山万亩有机茶园地处佳阳畲族乡周山村境内，与浙江交界，海拔近千米，山顶常年云雾缭绕，空气清新，气候宜人，景色秀美，更有飞来石、仙人迹、清云寺、母亲峰、杜鹃花海等"天湖山十景"。

还有国洋自然村，国洋历史悠久，村中一块石碑"国阳商贸小街旧址"，见证这里曾经有过繁华。昔日李家先辈重视教育，出过名医和官员，留下一些值得珍惜的旧物、宫庙和李氏宗祠，见证国阳李氏的昔日繁华和历史沧桑，以及在革命年代所做的贡献。一座仿土楼式的半椭圆形建筑赫然入目，映衬着巍巍青山，别有一番诗情画意。

民族风情圈

佳阳乡实施多种文化特色项目，打造畲族特色旅游产品。有双华村"二月二"会亲节，是福建省级非遗，还有罗唇村正月十五"冥斋节"、佳阳村八月十七"弼公节"，是宁德市级非遗，这些民族节庆活动进一步丰富了畲乡群众文化生活，推动包含畲族文化在内的福鼎地域特色文化交流与进步。

每逢"二月二"会亲节，双华村里人如潮歌如海，畲族民俗文化展览、民俗风情研讨、歌舞表演等活动轮番上演，充满了浓浓的节日氛围。亲朋好友、贵宾贵客尽情领略浓厚的畲族民族风情和民族文化氛围。该村至今仍保留有织裙带、打草鞋、舂糍粑、打尺寸、蹴球等畲族传统民俗活动。游客还可参观明朝辕门内古遗址和古民居，参观畲族文化馆130件珍贵畲族实物，品尝畲家美食醇酒。

农历正月十八，"冥斋节"活动在罗唇村里热热闹闹地开展。冥斋节前夕，村民们在马仙宫的正殿挂一盏宫灯式的八角形太平灯，正殿两旁挂四方形的子孙灯，灯下方桌上摆着各种果蔬、全鸡、全鱼和全猪头等供祭品。供祭品中最为显眼的是神像前摆放的三个大冥斋，每个200斤左右干粳米做成，高1.5米，贴上写有"国泰民安"的红纸。大冥斋下同时摆五个小冥斋和十个用白粿制成的"寿桃"。经过隆重的仪式，供奉两天两夜，祭祀完毕，大"冥斋"将会被分到每家每户，保佑幸福平安，祈求来年风调雨顺、五谷丰登。村民们祭拜马仙宫的"马氏真仙娘娘"，祈求国泰民安的传统祭祀节日，冥斋节至今已有500多年的历史。

"弼公节"是佳阳畲族群众为了纪念丹桥守正刚直、不畏强权的名士钟良弼而逐渐形成的一个节俗，是单桥钟氏宗祠农历八月十七秋祭节日。活动主要内容以男女对歌为主，并有一系列歌舞演出。节日期间吸引了福鼎、浙南周边众多畲族乡亲，热闹非凡。

海湾休闲圈

佳阳乡有30.8千米的优越海岸线资源，有300多亩红树林木本生物群落，生态是这里最亮丽的一张名片。佳阳乡选择向海放歌，打造以大网箱养殖、海上休闲旅游等为主的蓝色海洋产业带。

福鼎市海之梦休闲渔业有限公司的海上田园综合体项目坐落在沙埕湾跨海大桥下方，是一处集旅游休闲、文化体验、海洋垂钓等为一体的新型渔业休闲综合体，成为"安仁海湾休闲圈"的主要内容。地处南关岛、金屿等周边岛屿大陆侧的传统对渡点，安仁村海域内风浪少，水质佳，既可以避免台风侵袭，又适合水产养殖、海钓休闲。同时，依托环沙埕湾旅游规划，深入挖掘环沙埕湾"渔"文化，做大"休闲度假"产业。

往事钩沉

佳阳分乡和设畲族乡始末

蓝清盛

前岐镇是宁德地区人口大镇，号称"闽东第一镇"。原前岐镇共管辖有岐阳、福东2个居民委员会，和前岐、柯湾、彩澳、薛桥、双屿、照澜、大岳、小岳、西宅、龟岭、吴家溪、枫树岭、凤桐、武洋、薛家、桥亭、井头、熊岭、黄仁、佳阳、后阳、象阳、安仁、三坵田、蕉宕、上庵、周山、佳山、龙头湾、罗唇、双华31个村，人口69000余人。其中畲族人口万余人，占全县三分之一强，主要集中在佳阳片，有7个民族村，桥亭片也有2个民族村。前岐片的福东、岐阳、彩澳、薛桥、双屿、小岳、龟岭等村（居）历史上没有常住的畲族人口，但其他村几乎村村都有畲族。前岐也是我县回族主要聚居乡镇之一，主要聚居在佳阳片的佳阳村。

前岐镇位于福鼎市东北部，清时为福宁州劝儒乡育仁里二都和二十都。民国初期为前岐区，1940年设前岐镇、桥亭乡、佳阳乡。1949年11月将前岐镇、桥亭乡、佳阳乡并为第一区即前岐区，1950年为二区。1958年前岐又成为一镇两乡的建制，即前岐镇、桥亭乡、佳阳乡。1959年4月，前岐、桥亭、佳阳并为前岐公社，俗称大公社；20世纪60年代中期又将公社改为区，区下面设若干个公社，俗称小公社。后经几次区域变动，1971年前岐公社的双华、罗唇大队划归为沙埕公社管辖；1981年又将双华、罗唇划归为前岐公社管辖。1983年恢复区、乡（镇）建制，前岐公社为前岐区，各大队改为乡，福东、岐阳集镇并为区属小镇。1987年又进行建制改革，撤原有区为镇，前岐恢复镇的建制。各乡改为村民委员会，福东、岐阳改为居民委员会。

国务院曾两次发文，对建立民族乡工作做出指示。第一次是《国务院关于建立民族乡若干问题的指示》（国秘字〔1955〕249号），是以国务院总理周恩来名义颁布的。当时畲族族称尚未确定，当地汉族人管他们叫"畲客人"或"苗族人"，而畲族人叫自己为"山客人"。畲族族称是1956年12月由国务院颁布确定的。第二次是《国务院关于建立民族乡问题的通知》（国发〔1983〕201号）。通知共有8条，第一条规定：凡是相当于乡的少数民族聚居的地方，应当建立民族乡。民族乡可以在一个少数民族居住的地方建立，也可以在两个或几个少数民族居住的地方建立。第二条规定：建立民族乡，少数民族的人口在全乡总人口所占比例，一般以百分之三十左右为宜，个别情况特殊的，可以低于这个比例。这对佳阳设立民族乡提供了依据。佳阳畲族群众对通知精神反应强烈，认为佳阳设立畲族乡条件成熟，一是历史上佳阳就是乡的建置，二是少数民族人口比例达到百分之四十二点六，远远超过百分之三十左右的规定。

历次县（市）、镇人大召开会议之际，都有许多县（市）、镇人大代表提案，要求设立佳阳畲族乡。代表中有少数民族也有汉族，有普通群众也有国家干部。福鼎县第十一届一次人大会议上，张乃生等15名县人大代表提案；十二届一次县人大会议上，林友春、雷佑余等10名县人大代表提案；福鼎撤县设市后第一次人大会议（1996年）又有黄宗惠、夏朝续等10余名代表提案。关于佳阳设立畲族乡，本人支持，为此专门写了《关于乡镇建置构想》论文，先后刊在宁德地委宣传部主办的《闽东通讯》、民政部主办的《中国方域》杂志。1997年是个机遇。约在6月中旬国家民委散居处处长来到前岐，镇党委书记林时铭陪同去双华畲村调研。期间林书记汇报了佳阳畲族乡设立未成情况，处长说："关于民族乡问题，国务院从来没有关门过，就是成熟一个设立一个。像你所说情况，完全可以重新申报。"事后林书记在前岐邮政支局会议室主持召开镇领导班子会议，专题讨论分设佳阳畲族乡问题。会议认为：前岐镇人口多工作压力大；佳阳历史上曾经设过乡，畲族群众有强烈意愿，县（市）、镇两级人大代表不间断提案要求，国务院对设立民族乡有文件、有精神，今又遇国家民委散居处领导明确答复等等多方面情况，该是下决心的时候了。

为此前岐镇党委、政府召开班子会议，决定成立工作领导小组，林乃平（镇人大主席）任组长，蓝清盛（镇党委宣传委员）任常务副组长，尹富基（分管民政副镇长）、蓝春沛（调研员）任副组长，张为民（宣传干事）任办公室主任，抽调民政、民族、财政、统计、党政办等相关人员参与。会议决定：呈报文件由蓝清盛执笔。1997年7月5日，《关于恢复成立佳阳畲族乡的请示》（岐政【1997】123号）上报福鼎市人民政府，并抄报省民政厅、省民委，宁德地区民政局、民委，福鼎市市委刘建荣书记、市政府黄朝阳市长、市人大常委会叶荣云主任、分管民族民政工作的林珍源常务副市长。8月26日林珍源在文件上批示："请民政局、民委提出初步意见。"说明市人民政府没有反对佳阳设立畲族乡。这个时候福鼎市民政局工作人员非常忙，集中力量制定撤销桐山镇、桐城镇，建立桐山、桐城、山前办事处，待办事处工作忙完之后，已是1998年年底了。1999年1月份在市民政局同志的介入下，佳阳分乡事宜正式启动，并且成立了福鼎市佳阳分乡办公室，前岐镇派蓝清盛同志参加，办公室的任务主要负责市级申报材料的撰写。

在市民政局朱江萍副局长的配合下，前岐镇领导班子召开专题会议，也称分析会，分析解决佳阳分乡具体事宜。会议重点讨论以下几个问题：一是行署不同意设立民族乡，那如果是一般乡则分不分的问题；二是分乡后乡址问题；三是划界问题；四是分乡步骤问题；五是分乡后，一乡一镇财政能否支撑生存问题；六是分乡后佳阳是否太小，以后会不会重新合并问题。会议对第一个问题认为，地区不同意设民族乡，但同意分出一般乡，我们分两步走，先分出一般乡，适当时候再改民族乡。对第二个问题班子成员持两种意见，一乡址设佳阳，二乡址设罗唇。设佳阳有佳阳的好处，设罗唇有罗唇的优点，两处地方同处省道沙吕线，交通都方便，佳阳地处中心，但山区；罗唇地处沿海，但靠边一点，从便于管理考虑目前设在佳阳好，但考虑发展前景则设在罗唇好，代表山区意见认为应该设佳阳，代表沿海意见认为应该设在罗唇。支持设罗唇的意见还认为，宁德市设蕉城也是靠边，会影响九个县（市）管理吗？福鼎至沙埕总里程46个千米，福鼎至前岐15千米，至罗唇31千米，至沙埕46千米，其乡镇布局多么均匀合理。最后依据佳阳在历史上曾经设过乡镇，多数班子成员倾向乡址设佳阳。对划界问题，也有两种意见：一是以照澜溪为界，二是以大澜溪为界，如果以大澜溪为界，佳阳乡在现有12个村基础上再增加照澜、凤树岭、吴家溪三个村共为15个村。这个方案是少数个别意见，如果那样的话前岐镇不是失去"世界奇果四季柚"，所以这个方案不现实，也没有深入讨论。会议对分乡镇步骤问题做了详细讨论和部署，对后来工作中起了积极作用。会议对第五个问题，财政状况做预测认为：佳阳设乡后，前岐镇财政大部分稳定，仅农业税、特产税有所削减，财政收入500万左右，因辖区缩小，人员减少，管理费用、办公费用相应减少，仍可保持财政收支平衡。新设立的佳阳乡山海资源丰富，财税可稳中有增，预计可征海产养殖特产税130万元，茶叶特产税38万元，食用菌特产税26万元，水果特产税6万元，农业税29万元，预算外资金110万元（农业统筹款和乡办企业上缴利润），总计339万元，财政收支亦可保持平衡。对人们所担心的重新合并问题，也进行了分析，认为如果是民族乡百分之百不会合并；如果是普通乡也不容易合并。分乡镇后佳阳乡12个村，人口约21680人，面积69平方千米。设立佳阳乡后，前岐还有19个村，2个居委会，人口47450人，面积85平方千米，仍然是一个人口大镇。而设立后的佳阳乡也是一个中等乡镇。前岐镇按照分析会的部署，分别召开一场33个村（居）主干会议、一场33个村（居）群众代表会议、镇人大代表会议。在此期间市分乡办公室和镇分乡办公室紧密合作，科学分工，稳步操作，这个过程又过去了一年多。2000年3月20日，岐政【2000】31号文件《前岐镇人民政府关于要求划出佳阳等12个村委会设立佳阳乡的请示》上报福鼎市人民政府，2000年6月7日，鼎政【2000】119号《福鼎市人民政府关于从前岐镇析出佳阳等12个村设立佳阳乡的请示》上报宁德地区行政公署，2000年6月14日，宁署函【2000】28号《宁德地区行政公署关于要求从福鼎市前岐镇析出佳阳等12个村设立佳阳乡的函》上报福建省民政厅，2000年6月27日，闽民厅【2000】208号《福建省民政厅关于福鼎市前岐镇分设佳阳乡的批复》下达宁德地区行政公署然后逐级下发。2001年1月5日，佳阳乡举行了挂牌仪式，一个新的乡镇开始运作。佳阳乡成立8年后，于2009年1月15日，由福建省人民政府批准，福鼎市佳阳乡更名为福鼎市佳阳畲族乡，成为我省第18个畲族乡、全国第45个畲族乡。

有关生产队的记忆

蓝清盛

1958年开始县政府下一级叫人民公社或区，相当于今天的乡镇。这一级公社称为"大公社"，区一级下设若干公社，称"小公社"。"大公社"时，佳阳属前岐公社（前岐区），域内有罗唇公社、三丘田公社、佳阳公社、周佳山公社、大路公社5个"小公社"，11个大队，龙头湾属大路大队，后才分龙头湾、枫树岭、吴家溪3个大队。每个小公社都管辖几个大队，如罗唇公社有罗唇大队、梅溪大队、岩坑大队、华阳大队、华双大队、华中大队。

那时候的生产队以自然村为基础，与现行的村民小组相当。一个生产队20至30户不等，大村庄可分一队二队三队，较小村庄离较大村庄又比较远的，可另设10来户较小生产队。那时生产队就是我国最最基层的"政府"，体现在：管理人员配备齐全，生产队长也像"官"。记得20世纪70年代中期，看到一幅木刻画，场景、人物是我国北方农村：一个壮年汉子，坐在一条不高不矮的单坐板凳上，头上扎条白毛巾，右手拿着杆烟袋，神态奕奕，左手比画着什么，面对社员训话，活灵活现。画的下方写有解说词"十一品正堂"。

先说生产队的人员配备。每个生产队都由社员民主选举一个队委会，来管理生产队事务。队委组成人员：队长1人，较大生产队配副队长1人；排工员1人，记工员1人，仓管员1人，会计1人，出纳1人，6至7人组成，麻雀虽小，五脏俱全。队长负责全生产队全面工作，副队长协助队长工作，其他人员各负其责，排工员对当天农事进行人员分工，几人犁田，几人插秧，几人挑秧，几人拔秧，几人挑粪，如此等等。记工员晚上按时到固定地点等待记工分，社员都会准时来评工分。何为评公分？就某个人早就定好工分基数，如正劳力日为10个工分，当日如果做犁田，插秧技术活，或挑粪力气活，会适当加工分，如果是迟到早歇会适当扣工分，当日工分当日要记清。所以评工分时也会有一些争论和吵闹，记工员会按照多数社员意见记工分。仓管员负责仓储实物管理工作，当时每个生产队都建有仓库，一般3间，大的生产队建4、5间，没建专门仓库的利用村里的宫、庙做仓库，或借用社员富余房子做仓库。粮食收成时存放稻谷、茹米，分红后存放储备粮、余粮、种籽、农药、化肥以及脱谷机、风扇（木制扬谷机)、喷雾器等大宗农具。会计员一年至少要为生产队账目进行若干次结算，参与社员分红结算，多数生产队会计聘请外队人或由大队部派出，一个会计兼好几个生产队，本队有这种人才就由本队人做。出纳员每个生产队都有，主要管理生产队有限的现金，出纳最难选，家庭不是特困难，人要耿直，办事公道，有一定文化基础为最佳人选，一切都为了资金安全不被挪用，用钱时随时可以拿出来。生产队资金主要用途是购买化肥、农药以及农具更新。生产队队委没有工资，个别队有少量工分补贴，参与年终分红。

再说生产队长也是"官"。生产队长要领会上级政策精神，贯彻执行上级政策精神，全心全意做好本生产队工作，把粮食生产搞上去。那时的生产队长要参加各种的会议。每年的第一场会议是正月初的全县干部扩大会议，这是过年前早已布置好的。扩大到生产队长这种会议模式，坚持几十年雷打不动，主题是"抓革命，促生产""农业学大寨"等。可能是20世纪60年代初的全国大灾引起全国大饥荒的缘故，给各级政府留下不可磨灭的印记，工作有千万条，抓粮食生产是农村工作第一条。开完县里面的会议，各公社要组织传达，生产队长理所当然要参加，公社开完生产大队也要开，生产队队委、党员、共青团员、妇女代表、民兵骨干、积极分子都要参加，其场面架势也不小。三级扩大会开完，生产队长主持召开全体生产队社员大会，全劳力、半劳力者都要参加，请公社包队干部、大队书记、大队长讲话。除了大会，生产队长还要参加各类临时性、时节性、任务性会议，如抗洪救灾、流行病防治、夏粮入库、割资本主义尾巴、打击投机倒把，打击封建迷信等等，一年到晚生产队长够忙乎的了。生产队要调配劳力参加县、公社级工程建设，当时我县南溪水库建设，每个生产队都派1至2名青壮年社员参加，生产队记工分，参加年终分红。当时前岐公社搞"前岐围垦"，每个生产队都派10多位社员自带柴、米、油、盐参加建设，佳阳水库建设也是各生产队社员出工出力，工分记在生产队，生产队长做了大量工作。生产队长有一定权力，可以决定超支户钱还没交粮给不给，公粮什么时候挑，社员请假给不给假，还可以决定一个社员工分值，雨天歇不歇工，生产队储备粮留成多少，可以支配余粮等等。

随着1983年冬，农村全面实行生产责任制后，人民公社、生产大队、生产队这种管理模式退出历史舞台，取而代之的是乡(镇)政府、村民委员会和村民小组，"社员"称呼改为"村民"。

记"水稻四剑蝽象"虫灾

蓝清盛

1946年夏末，双华有7个畲、汉村民挑柴草到浙江马站换油盐，回家路过岱岭时，突遇倾盆大雨。他们只好就在路边抓起10多捆稻草，暂且盖头遮身挡风雨。雨停时，将稻草丢弃在小岭脚、东坑内，不料却给畲村带来了灾难，发生了可怕的虫害。此后，灾害迅速蔓延、逐年加重，造成大面积的水稻绝收，许多禽畜眼球腐烂，罹病而死。辕门蓝承尧在薅草时，眼睛突发剧痛致盲，众人惶惶不可终日。加上山洪暴发，泥石流毁屋、泥沙盖田，多灾并发，民不聊生。

这时候，谣言四起，说什么"政府做的坏，朝尾到了，该改朝换代了，上苍派天兵天将惩罚来了，连平民百姓都遭殃了""解救的办法是有钱出钱、无钱出人，设坛礼祭，求神保佑"等等。于是，家家户户要斋戒，男女老少都跪拜，并杀猪宰羊、全鸡全鸭及上好酒菜、瓜果等到马仙宫拜祭；大戏连演五日夜；又以石板宫抬出"五显大帝"及"千里眼、顺风耳"二将神像出巡游村，大闹一月有余。又是"做醮"又是"祝福"又是"祈祷"，使大家精疲力竭，倾家荡产，苦不堪言。

1958—1961年，虫灾又一次大暴发，灾害延及前岐全区，其中罗唇、黄仁、桥亭、佳阳等公社尤为严重，受害面积达28000多亩，年损失稻谷5万公斤以上。

对此，福鼎两任县委书记陈勉良和李天瑞都十分重视，立即从老区农场调出6台日本产机动弥雾机，指令农业局尽快派出植保干部前去防治。农技干部蔡煌于1961年冬进驻双华，艰苦奋斗三年半，指导群众抗疫，彻底消灭灾害。

经详细调查、反复鉴定、精心研究，终于查明"灾星"原来是一种国内罕见、福建省首次发现的属不完全变态的毁灭性大害虫。其学名名是"水稻四剑蝽象"，俗称"臭龟虫""臭皮虫""辣屁虫"。成虫大过蚕豆，前胸背板两侧向前突出，形似尖锐的四把利剑，故名。能用针状口喙刺吸植物液汁，使其枯萎死亡，造成作物绝收。一年繁殖4至5代，世代明显重叠。每头雌虫年繁殖2万多只幼虫，成虫和老龄虫若一受惊动，其尾部会立即射出极臭毒液以自卫还击。追根溯源，10多年前带进的10多捆稻草上附着千千万万的蝽象卵粒，是引起本地暴发成灾的主因。

通过连续的大田观察、室内饲养、野外跟踪、多年试点等，逐步摸清该害虫的生活习性、发展规律和为害程度等。蔡煌拟定了农业、生物、化学等相结合的综合防治方案。

在罗唇公社副社长、华阳党支部书记蓝清说的支持下，以及小学校长蓝清奎、少数民族文化站站长蓝振河等大力帮助下，蔡煌代表县农技站创办双华夜校，传授宣传科技知识，破除迷信，积极宣传灭灾方法。先后培训了华中、华双、华阳、岩坑、罗唇、梅溪各大队的110个生产队长和群众，尔后分头召开各自然村的群众大会，反复宣传共产党的好领导、破除迷信的重要性。并从县里请出电影队进村放映；文化站还成立文工队巡回演出，逐步把群众组织、发动起来。

在搞好科普宣传的同时，政府又从物质上大力支持，解决畲乡群众生活上的具体困难。在天寒地冻之际，政府发放大量棉袄、布鞋、卫生衣等；又赠送大米救济鳏寡孤独老人。岩坑大队1300多亩水稻受旱，政府除紧急动员兴修水利外，还到浙江省牛乾山的天湖水库借水灌溉，最终保住青苗，取得丰收，颇受广大农民赞扬。

蔡煌作为灭灾技术组长，言教更需身教。他每天背着30公斤的机械下田灭虫，夜间又要站在田里观察记载害虫产卵进度，一站就是三四个钟头，下雨时向农民借蓑衣和斗笠，自己唯一的用具是一把手电筒、一支铅笔和一本笔记簿。

为了便利畲民通行，蔡煌还组织修桥铺路，如枇杷坑至大丘田的500米石头路，全是蔡煌独自铺设的。有一次山洪暴发时，小麻洋一小孩姚宗山被大水卷走百来米。众人因不会泅水而紧张哭喊，刚好蔡煌路过，连鞋子也顾不上脱，纵身跳进漩涡把他救起。蔡煌的实际行动使当地群众更加拥护共产党派去的干部。生产自救的工作也便于开展了。6台机械带动了群众灭虫运动。大多数人不再参与迷信活动，开始相信科学、积极学习技术。但西安村生产队长雷子颜老汉却仍将信将疑，他认为政府送来的666、DDT、鱼藤精等农药，是杀不死那天上下降的天兵天将，要看看一段再说。经蔡煌耐心动员之后，让他一起做对比试验，他才相信科技力量。后来，雷子颜让儿子雷盛思天天参加灭虫。每逢连日大雨，交通断绝之时，都有许多畲民为蔡煌送油盐柴米、鸡蛋蔬菜等。

在1350多个日日夜夜的繁忙工作中，福鼎县副县长常怀文和农业局陈和颜、陈立华曾多次到场鼓励指导；省农业厅、福安专员公署也派出专家来实地检查、验收。1964年8月15日，向全省通报了该任务胜利完成。其间，福建日报特约记者张越曾驻双华一星期进行采访，以《畲汉团结战胜灾害》为题的报道文章在《热风》刊物上发表；蔡煌的《水稻四剑蝽象发生规律与防治技术》论文在1965年第五期中科院的《昆虫知识》季刊上发表。对这种虫害一次性根治，国内罕见、福建省首例。

记"桑美"台风

陈相涛

我家住蕉宕村，回忆起2006年的桑美"台风"，记忆依稀还在昨日，历历在目，刻骨铭心。

蕉宕是沿海地带，靠海吃海，几百年来我们世世代代出海打鱼为生。每次出海，基本上都能够鱼虾满仓，满载而归。海就像一位温暖慈祥的母亲，护佑着我们。

我是一名代课教师，除了教书之外，家中还有渔排以及虾塘养殖的营生。台风来之前的两三天，我还可以看到海上的渔船悠闲自在的来往于海洋和港口之间，怎么也没有想到会经历这么一场浩劫。8月9日，佳阳乡防汛办已经开始通知，10日早上福鼎市防汛办有专门人员被分工派遣到每一个村，并结合乡防汛办人员，通知渔排养殖人员迅速撤离，加固渔排。

10日早上，海面上还风平浪静，天气晴朗，没有一丝波澜起伏。有部分人员已经撤离，但还是可以看到有人在加固渔排，没有一丝前兆。

到下午4时，天色开始昏暗，风已经有两三级强度。5点风逐渐加强，尤其到6时，狂风呼啸，已经非常大了，好像一层黑烟一样笼罩下来，人已经无法出门，海上进内港船只数量开始迅速增加，回港避风，船只类型有运输船只、灯光船等等。但此时已经阴风怒号，浊浪排空，有些船只来不及进内港就已经被风吹到岸上或者渔排边。

我们家的养殖渔排在狭衕（或称霞弄），从上面看过去，有灯光船被风刮到渔排上，渔排当时就冲撞损坏了。我虾塘被海堤冲垮，我抢下闸门去修理加固围网，我老婆赶过来，责问我："你要命还是要鱼啊？"我说："命也要，鱼也要。"在岸上，我老婆被风一下子吹出去十几米，所幸抓住一棵树，才没有被吹得很远。她吓坏了，一边哭一边劝我："现在不是我们这一户受灾，这是天灾，其他人也是一样。"

于是我放弃补救，和老婆一起回家避险，路上得知一位好心人害怕我们房子会被风吹塌，让我哥哥和嫂子到安全的地方去避风。姊姊也跟去，父亲却没有跟着过去，他还在渡船那里弄船。我又急忙慌张地赶去，硬拖着父亲上来，这个时候我的渔排和虾塘已经全部被打烂，破败不堪、一片狼藉。我老婆带着儿女已经去安全的地方避验，路上经过一个小坑，已经被雨水灌满，无法跨过去，我赶去时，脚下穿的雨鞋已灌满了，雨水加上大风，步履维艰。突然一阵强风刮来，我被刮退了二十多米远，等我缓过来劲，手脚并用，才爬上坡来和老婆儿女汇合。路上没遮没拦，我们只能把草和树枝搬下来挡风雨，度过漫长一夜。

天逐渐暗下来时，我看到一条电筒灯光从上面照下来。晚上9点，风渐渐停下来，我听，看哥哥一直在呼喊嫂子的名字。

不知从哪传来的噩耗，说我的嫂子被水冲走了。哥哥说前一天晚上，他和嫂子和婶婶三人手拉手过那个小坑，三个人的手被风吹得不小心松开，哥嫂两人都冲到坑里，但哥哥抓住了坑边的一棵树得以死里逃生，但嫂子却没有那么幸运，不幸被水冲走了。

没有办法，我们只能决定先回家安顿下来。到家时候，发现门口有一个人在避难，询问才得知他们整个灯光船被掀翻，船上面人员不知去向，就剩下他一个人。我们家这个时候也早已被吹得就剩下空壳，屋顶瓦片全部都没有了，大门也没有了。我们就和那一个人一起在家里煮了一些面充饥。

第二天我们开始寻找嫂子，我们找了将近10天，我到岸边去找嫂子，海上尸体像是汤圆一样已经泡发了，灯光船、渔船有20多艘被掀翻。整个罗唇村，蕉宕村的渔排没有剩下一根排板。我哥哥除了妻子被风雨吹走，渔排就损失了几十万，我家渔排和鱼塘损失几十万，加起来一百多万，房子也被吹倒。

我们寻找了10天左右后，就决定和殡仪馆联系，描述了我嫂子的体貌特征和衣着物品，告知如果有相似的人，就电话通知我们进行辨认。到第12天，殡仪馆通知我侄女婿，说殡仪馆有一具尸体，体貌特征疑似我嫂子，兜里有两个手机，通知我们来殡仪馆进行辨认。到殡仪馆见到尸体照片时候，面部特征已经无法辨认，只能根据两个手机来源、手机里的号码进行确认。

台风肆虐过后，佳阳乡开始重建工作，给予渔排一口170块的补贴，作为生活补助。但台风过后，有70%的原本进行渔排养殖的农户，因为各种原因放弃继续进行渔排养殖，而我也选择北上内蒙古打工，重新开始。

罗唇溪畔杂忆

蓝清盛

罗唇溪的源头在闽浙山水相连的双华村东坑内自然村山涧，流经双华村和罗唇村20多个畲、汉大小村寨，在罗唇村柴岚内自然村对面的"杨府上圣宫"下端分成两股，分别由北岸的马渡头自然村和南岸的海尾自然村入海（沙埕港），全长8千米多。

溪的两岸是高高的山脉，翠翠的松涛。从入口处开始数，北岸有蝙蝠山、三埠尖、巫山，巫山与三埠尖之间有一个湖叫仙湖。南岸有猴子山、浙江省苍南县合掌岩（山）。合掌岩半山腰有大小两个天湖，靠在大天湖旁边的村庄叫湖乾，靠在小天湖旁边的村庄叫湖仔。中有铜屋山，铜屋山北靠巫山，南靠合掌岩，把两山连成一体，这样南北两岸多山相连形成峡谷，峡谷下面就是罗唇溪。铜屋山同时又是闽浙两省省际的分界线。

罗唇溪沿溪有多股水系汇入。北岸有山尾岭水系、簸箕岭水系、埠头水系、水斜斜（从仙湖流入）、九节岭水系、西安水系、桥仔头水系；南岸有六斗坑水系（从浙江湖仔小天湖流入）、枇杷坑水系（从浙江湖乾大天湖流入），东坑内水系、小岭水系（铜屋山脉流出）；以及一些知名和不知名大大小小溪流水沟，日复一日，年复一年源源不断流水，也就使罗唇溪长年流水不断。溪水清澈见底，溪中卵石可数，鱼虾活蹦乱跳，淡水鳗、鲈鱼、溪浦花、鲗鱼、鲤鱼、鳖、长臂虾、毛蟹……凡是适应淡水生长的鱼类、虾类、蟹类应有尽有。冬季下海，春季返回产卵的毛蟹、淡水鳗特多，可生活咸水又可生活淡水的鲈鱼更是比比皆是。罗唇溪溪不大，溪中生物不少。罗唇溪是双华、罗唇两村群众的母亲河，人们习惯叫上游双华流域一段为双华溪，下游罗唇流域一段为罗唇溪，这里统称罗唇溪。

目前的罗唇溪已失当年的风采，改变面貌主要原因是19世纪70年代前后时期。一是罗唇至合掌岩军用公路建筑，当时筑路不考虑生态，不考虑环保，把多余废渣直接往山下倒，往溪里倒，特别是上游双华段山高坡度陡峭石头多，连山羊也过不去的地方，倒下的泥石直冲河床，留下的一到雨季也还是往河里滑，留也留不住，年复一年山里碎石没有了，溪里河床逐年增高，往日清澈见底的溪水不见了，只见乱石滩。二是猴子山成了军事禁地，杨厝自然村移民，掏空猴子山石渣死死填满罗唇溪杨厝自然村入海口,使原本是双股入海溪水变为单股入海。三是驻军部队在罗唇溪下游打了多口深水井,使淡水减少,由于以上原因,罗唇溪以往的美丽情景一去不复返。

罗唇溪畔居民大部分是畲族村民,双华、罗唇均为民族村。千百年来,村民们经历了各种社会制度演变,经受了各种悲欢离合,在参与创造历史推动历史进程中,始终踏着时代步阀一步一个脚印向前进。在这里蕴存着许许多多鲜为人知的故事。

现在我们沿着老路走一走罗唇溪畔的村庄。罗唇溪畔许多"头"。"头"是指方位。某村某寨某一方位,这个地方是这个村寨村民休闲场所。茶前饭后人们不知不觉地都会来这里溜达玩耍,高谈阔论,扯皮嬉笑。久而久之,这个地方就成了新闻发布的场所。蓝家娶亲、雷家嫁女、李家添丁、某家孩子升学、某人高寿……无所不谈。年长日久,这里也就成了村里议事场所,村民们会在这里讨论决定村里面大小事情,诸如祠堂晋祖、族内修谱、祖墓祭祀、做醮做福、宫庙修建、筑路修桥、赈工捐款,无事不在此议定。这里也是小孩游嬉的场所,大人交流的场所,时常有"晚上××头见""明天××头见"的说法。

马渡"大埠头" 马渡原名叫渡头,百姓时常把海的对岸叫"过海",要过海必须用渡船,有渡船必须要有码头,民间也叫埠头。始发埠头就叫渡头,所以居住此地的村民叫自己的村为渡头村了。渡头是方便民间过海两岸村民路人交往出行场地。传说古时候有一支军队路经这里"过海",他们连人带马一起乘船渡海。后来人们就把渡头叫作"马渡"或"马渡头"了,意思是曾经有马在此过渡。马渡"大埠头"就是该村休闲场所。马渡头村为清一色李氏畲族,由于马渡头村成为军事用地,村民举村移民。原有马渡"大埠头"迁移到营房墙外侧。

宫口"店柜头" 宫口是目前罗唇村委会所在地,宫口意思是宫的门口,这里有一个"马氏真仙娘娘宫",宫口村就是因此得名。每年一度的畲汉传统民俗"正月十八冥斋节"就在这里举行。"冥斋节"为宁德市非物质文化遗产。宫口自然村是汉族村,祖居有郑、黄、沈、候、李、谢、林等和20世纪70年代从对面迁移过来的杨氏村民。宫口村有古道,从浙江省马站镇至福建省前岐镇。从福建省沙埕镇至浙江省矾山镇的古道在这里交叉,形成一个十字路的中心点。从罗唇出发到东面马站镇、西面前岐镇、南面沙埕镇、北面矾山镇两省四镇都是30华里左右。以往,上路的生意人都是挑着百八十斤担子,行走这四个乡镇,边走边卖,一天只不过走二三十里,宫口村就是他们生意途中朝发夜宿的地方。宫口村便有了商机,有的人因此开了店铺,有食杂店、药店、客栈等,这些店铺是宫口村民休闲的理想去处,久而久之宫口"店柜头"就形成了。南岸的杨厝自然村村落较小居民较少,村民为杨姓汉族,他们的生产生活几乎融入宫口村,到20世纪70年代因国防建设需要,举村移居宫口村,移民时有6户人家,

20余人。

柴岚内"踏臼头" 柴岚内，又名大寮内，原名叫鲈屯。该村周围都是森林和竹林，树木和竹子把村子团团围住，村子就在树木和竹子中了，故叫"柴岚内"。柴岚内树不仅多而且树龄高树冠大，许多树都有几百年上千年的树龄。1958年一次大台风刮倒了两棵枫树，树龄均有几百年，1970年前后老死一棵樟树和烧死一棵榕树，均有千余年的树龄，目前尚存一棵榕树，有近千年树龄。除了这棵榕树外，超百年树龄的树还有一些。古树减少主要原因是天灾，还有人祸。1958年"大跃进"时炼钢铁就砍了柴岚内许多树木，其中就有不少百余年以上树龄的大树。

叫"大寮内"意思是该村有一座大房子，在当时不仅罗唇溪两边找不到比这座房子更大的，就是沙埕港两岸边上也是很难找到。该房建于清朝嘉庆年间，是典型畲族建筑，路径为"三弯四曲"，建有门楼、花台，房为两进三天井，上落为双层明楼，还专门建了3间仓楼。畲歌唱："新起（建）瓦房两头翘，燕子衔泥来做巢，蜂子采花来做蜜，重重叠叠起（建）高楼。"这畲歌唱的是大寮内的大寮。

叫"柴岚内"也好，叫"大寮内"也罢，只不过是别名，而这个村的村名叫"罗唇"。"罗唇"原名叫"鲈屯"，意思是鲈鱼屯聚的地方。指的是罗唇对面的杨府上圣宫下面有个杨府爷潭，罗唇溪在杨府爷潭分成两股，分别由马渡自然村和海尾自然村入海。鲈鱼是咸水淡水都能生长的鱼类，以前杨府爷潭有许多鲈鱼年复一年聚集在那儿，鲈屯的村名就由此而来。那么"鲈屯"为什么又叫"罗唇"了呢？那是20世纪40年代中期，当时的国民党政府在乡镇行政区域下面实行保、甲制度，当地有个保长叫郑尔成，就把"鲈屯"改为"罗唇"了，至今不知是何意，只知道"鲈屯"改"罗唇"从甲升为保，升格了，而真正的罗唇就用别名柴岚内或大寮内了。解放后，不同时期罗唇行政区域名称出现过罗唇大队、罗唇乡、罗唇村、罗唇公社等。罗唇公社出现在20世纪60年代，俗称小公社，管辖罗唇村、梅溪村、岩坑村、华阳村、华双村、华中村，也就是现在的罗唇和双华两个建制村的区域，人口约5000人。罗唇村是清一色蓝姓畲族村，是一个风景秀丽、人类宜居的海滨村庄，先祖传下了这样几句话以予赞誉：

后山三个堡，左边沙帽石，右边金交椅，门前飘带水，一年四季笋，一天两头鲜。

后山三个堡，是指后门山的山势造型；左边沙帽石，是指半山中有一石头形状如旧制官员的乌纱帽；右边金交椅，也是指半山中有一石头如太师椅；门前飘带水，指的是杨府爷潭两股入海的溪水远远看去如旧制官员帽下面的一双飘带；一年四季笋，指的是罗唇村别名叫柴岚内，柴岚内被森林和竹子所包围，周围有许多各种竹子，一年四季都有鲜笋吃；一天两头鲜，罗唇靠海，海边渔民捕鱼，潮起潮落一天两次，鱼可是新鲜的哟！

从地理学上讲，罗唇这里也算是风水宝地，据说罗唇代代出过财主和读书人。罗唇"踏臼头"就建在三弯四曲处的第一个弯的拐弯处。臼是石制或木制的用来舂米或捣物的一种器具，石臼虽说都用来舂米，但石臼有三种，操作也有三种方法，一种用手操作叫舂臼，一种建在溪边引水来操作叫水臼，再一种比较罕见，就是罗唇踏臼，就是用脚操作。踏臼多人同时操作比较简单，大家同时放脚同时抬脚，如果单人操作可真有意思，这个人从右边上左边下，然后又从左边上右边下，像一名舞者，有节奏地舞动身躯，如此反复用双脚将一臼米踏白。

大岭脚"大路头"　　大岭脚是畲族钟氏村民居住的自然村，历史上村子不大，所以形不成什么"头"，要说有就是"大路头"。这里有一条岭，叫作簸箕岭，这个村子在簸箕岭的岭脚，故叫大岭脚。簸箕岭是沙埕经罗唇去浙江矾山的古道。现在的大岭脚自然村比原来的大，因溪对面的六斗坑和青山两个自然村搬来不少村民。

六斗坑"矴埠头"　　六斗坑是个汉族村，有20余户，大部分姓庄，少数姓洪和姓林。六斗坑属南山地，通公路之前，前岐、佳阳、梅溪、马渡、宫口、柴岚内和大脚岭的村民往青山、双华去浙江马站，六斗坑矴埠是必经之路。古时因围溪造田，罗唇溪六斗坑段开始筑大塘泔，直连罗唇到宫口。形成了小小的罗唇洋。"矴埠头"是六斗坑和大岭脚村民茶余饭后的一个好去处，夕阳西落红霞染山，大人在这里看着女人们卷着裤管在洗衣裳，吹着牛皮，讲着大话，小孩在这里玩耍嬉水，抓鱼摸虾，其乐融融。现在的六斗坑村子几乎废弃，一部分人搬到大岭脚，一部分人搬至宫口村，一部分人就搬到北岸田园上，还有一部分人往前岐、佳阳搬。

青山"榕树头"　　青山是罗唇溪罗唇段最西的一个村子，再往西就是罗唇溪双华段了。青山是汉族村，村民以叶姓为主，章姓、郭姓次之。靠六斗坑方向有一棵大榕树，榕树旁有一口水井，榕树下水井边是青山村民休闲玩耍的地方，俗称青山"榕树头"。跟六斗坑自然村一样，青山村村民都往外面搬，整个村子已经废弃。罗唇溪罗唇段南岸共有六个自然村：海尾、杨厝村、谢厝内、侯厝内、六斗坑村、青山村，实际名存实亡；北岸有四个村：马渡头、宫口、柴岚内、大岭脚，这四个村也有一部分居民外迁，但村还在，人口也不少，宫口村从附近搬来一部分居民，现在村子越来越大。

过了青山自然村就是双华界地，到了一个叫油坊的地方。油坊是引罗唇溪水建的。油坊不仅仅榨油，还能舂米、磨面（粉）。油坊旁边有一排矴埠过溪去北岸，过溪后的半山腰上有两个紧挨着的村子叫葛藤缝和石笋，两个小村子都住着畲族村民，葛藤缝钟姓，石笋蓝姓。油坊每年农历三四月间，油菜籽和麦子收成后这段时间，还有就是过年前，罗唇和双华村各自然村村民拿着油菜籽和麦子来这里加工。油菜籽榨成油存着全年食用。在没有洋油（煤油）时，菜油也用来点灯照明，这种灯叫菜油灯。菜油灯的灯芯就长在罗唇溪畔，名叫灯芯草。说起麦子，罗唇溪畔古时种植麦子品种有三：大麦、小麦和黄麦。大麦质量比较差，加工后用来养鸡养鸭养猪，作为禽畜食粮。小麦质量最好，加工后做条面、线面等，周边做面师傅长年到这里加工面粉，村民将小麦加工成面粉后，变着法儿吃，做面团疙瘩，煎面饼什么的。黄麦加工后，村民用来煮面糊糊，如果加些鲜肉鲜菜，面糊糊更是可口，它的质量也不亚小麦。煎面饼也是好材料，如果加上虾皮一起煎，吃起来又是一番风味。虽然油坊前不着村，后不着店，但有不少村民光顾，雨天打着雨伞，晴天戴着斗笠，有事没事都来此转转，虽然雨天一身泥，晴天一身汗，但其乐融融。油坊也算是罗唇溪畔一道风景线，成了罗唇、双华两大村村民传播信息重要场所之一，现在油坊没了，只留遗址。葛藤缝和石笋两个村村民都从原来的住地搬到了公路边，两村并一村，村子比原来大了许多，一部分村民还是从外村迁来的。

过了油坊再走二里路就到了小麻洋村，该村是双华与罗唇交界的村子，该村村民姓姚，村子对面山一个村子叫埠头，埠头往上约一里地的一个村子叫上宅，这两个村子村民都姓方，解放时两个村子只剩三四户人家，现在几户方姓村民已经外迁到崙山镇，两个村子已废。由于比较偏僻，土地革命时期，共产党曾在这里开展革命活动。后遭国民党当局报复，房子几乎被烧光。当时这两个村被誉为"上宅府，埠头县"，说明有许多地下党高级干部来此工作过，有许多地下党重要会议在此召开。解放后任浙江省委常委的林辉山同志就曾在此坚持革命工作。

枇杷坑"石壁头"　　过了小麻洋自然村，先到田寮村。田寮村很小，只几户人家，都是李姓畲族。靠近田寮村就是枇杷坑村，村民为钟姓，村子大，人口多。靠近枇杷村的另一个村子叫牛溜潭，也只不过上10户，是蓝姓畲族村。三个村紧挨，田园相接，鸡犬相闻，解放后入社时是同一个生产队。枇杷村村口有好几个大石壁，这三个村村民，一有空闲就在石壁头坐坐，这几个大石壁紧靠溪边。夏天溪中洗澡，石壁头纳凉，冬天一边在石壁头晒太阳，有的直接在石壁头上烧火烘火呢！这就是枇杷坑"石壁头"。

走过枇杷坑村，过了溪就到石板宫。石板宫是双华标志性建筑。所谓石板宫，就是整座宫庙不用一砖一木一瓦，全部用石头石条筑成，隔缝用石灰连接。

大门楼　　走过石板宫，向左边山脚走二华里路就到大门楼自然村。这个大门楼就是清朝期间双华始祖从浙江浦门甘溪迁来的第一站住处，寮大门楼大，没有另起名故就叫大门楼。大门楼右边一个自然村叫田角头，叫田角头是双华一坵最大的田，它就在田边上。大门楼左边一个自然村叫路下寮，三个自然村紧挨着，大门楼住的是蓝姓畲族，田角头和路下寮住的是雷氏畲族。

大门楼类似城门，只不过规模小，但以几十户农家，有如此建筑那可是大工程。

门楼墙厚四五尺，一端还直接依山而建，然后将山采平建房子，墙高丈余，是用乱石块砌成的。在冷兵器年代，只要将门一关可算是固若金汤，门楼外砌有好几米宽的石板路，靠门处两边摆上平展展石头，供人休息时坐，路边砌有五六十厘米高的小石墙，供人纳凉晒东西，也可就坐休息。这个大门楼就是大门楼村、田角头村、路下寮村村民的休闲去处。

在双华有十八个自然村分成三大片，名为华阳、华双、华中。在中心处有一妈祖宫以及解放后（1958）建的福鼎县少数民族文化站。20世纪70年代后期开始，这里是双华"二月二"会亲节活动中心，提线木偶、戏剧、电影、灯谜、晚会、展览会、民间武术表演、物资展销会，人头攒动，热闹非凡。1983年在县党政领导的主持下，有关部门还联合成立了"福鼎县畲族'二月二'节日活动办公室"，组织领导"二月二"节日活动的开展。中央、省、地区、县各级党、政、军各有关单位、艺术团体、院校、报社、电视台的领导、专家、学者、记者都专程来双华和闽浙两省畲族一起欢度"二月二"。"二月二"会亲节，2005年被列入福建省级首批非物质文化遗产名录。

辕门内　辕门内据说以前是九品衙门所在地，就是相当今时的边防哨所。从字义上讲辕门是指军营的门，又借指高官衙署。经查在双华周边乃至全市用"辕门"二字来做地名还是没有。

从时间上讲，在双华设九品衙门比当地居民来得更早，因为当时这个地方包括罗唇溪两岸均无人烟，到处是森林密布，鸟语花香。潮涨潮落，沙埕港海水直接影响罗唇溪水位。当时出入双华有可能用水路，故留下像水口、埠头这样的地名。后来多姓畲民先祖陆陆续续搬来这里开基、发展、繁衍，慢慢就有不少的人丁，不小村庄的畲民聚居地。当地的汉族村民来得更晚，所以只居在双华边边角角，主要有北坑头、东坑内、小麻洋三个自然村。

畲族传统体育项目"打尺寸"

蓝清盛

1981年春，福建省体育运动委员会、福建省民政局为迎接1982年9月在内蒙古自治区呼和浩特召开的全国首届（后称第二届，因在此之前全国曾在天津召开一次规模较小少数民族传统体育运动会）少数民族传统体育运动会，在全省少数民族地区采访收集整理少数民族传统体育项目，为参加全运会做准备。闽东是我国畲族聚居地区，占全国畲族人口四分之一，占我省畲族人口一半，福鼎在福安、霞浦之后排老三，是畲族人口重点县份，是省体委民政局重点调查对象。笔者当时在福鼎县少数民族文化站（双华）工作，福建省体委群体处的张希良同志与我县民政局蓝俊德同志一同来双华，他们传达了省、地、县挖掘畲族传统体育精神，准备项目参加全运会，希望我能予配合，搜集整理一些可以拿得出手的畲族传统体育项目来。

之后，我以双华为重点及周边罗唇、佳阳等畲族地区进行调查，写出了一些调查材料，如《双华民族传统体育情况》《关于金榜公乌龙公传说点滴》《走访蓝清妙老人》《畲族重点传统体育项目介绍》《别具一格畲乡体育项目——打尺寸》等。

在挖掘整理"打尺寸"这个传统体育项目过程中，我做了较大改动。"打尺寸"畲族民间叫作"打寸"，当时我想："打寸"这样叫法不能体现整个项目道具、活动全貌，叫法也不顺口。因为道具有两件，一短一长，短的一件叫"寸"，那么长的一件应该叫"尺"，连起来读就是"尺寸"，活动起来就叫"打尺寸"了。"打尺寸"这种叫法，即能体现道具和活动全貌，叫起来又顺口。

1981年8月材料上报后，10月张希良同志再次来到双华，他对我所整理材料表示肯定，同时表示谢意，并提出要求：是不是找几个人将"打尺寸"项目表演一下。当时我们立即组织几位群众进行表演，张希良同志看后，觉得此项目表演过程十分精彩，活跃热闹，值得推荐。回到福州后，他向群体处详细描述了"打尺寸"活动全过程，并极力推荐上全运会，但群体处的同志没有看到，光靠希良同志描述也不全理解，不放心。他保留自己意见，一定要推荐，同时给福鼎民政局、体委来电话，说明了自己观点，要求福鼎做好准备，迎接省体委派人进一步核定。1982年3月，张希良同志带着群体处处长等5人，第三次来双华观摩了"打尺寸"表演，这一次省体委同志看后心中有数，觉得值得推荐上全运会。但当时并没有表态，1982年4月省体委让县民政局、县体委转告我，已确定"打尺寸"参加全运会，让我弄清楚项目的比赛规则等细节工作，以便对参加运动员进行培训。6月，我与蓝俊德同志共同整理了《畲家"打尺寸"的由来》，使这个项目更加富有完整性、传奇性。7月组建全国少数民族运动会畲族代表队，队员由来自霞浦、福安、寿宁、宁德共11人组成，其中2名女队员，这些队员还肩负畲家拳、南拳、北拳的表演任务，"打尺寸"项目由7个男队员担负。历经2个月培训，8月底我们启程前往福州与高山族队会合。临行前地委书记汤金华亲自设宴辞行，并合影留念。到福州后与来自南平地区的高山族传统体育代表队合并，组成了参加首届全国少数民族传统体育运动会"福建省民族传统体育代表团"，代表团共27人，代表团团长由省体委副主任周凤才担任，副团长由省体委群体处处长缪祖基担任，工作人员有：省民政局林玉辉、省体委张希良、宁德地区体委王国柱，由我担任畲族队队长兼教练，林富中担任高山族队队长兼教练。同时成立代表团临时党支部，由周凤才任书记，成立临时团支部，由蓝清盛任书记。临行前省委程序副书记，省政府温副山副省长设宴辞行并合影留念。在前往北京途中的火车上，省委书记项南同志接见了代表团团长、副团长和各代表队队长，他对我们讲了鼓励的话、祝福的话。8月28日我们到了呼市，8月30日早参加了入场式彩排预演，8月30日下午、8月31日熟悉场地，9月2日参加开幕式。本次传统体育运动会不设对抗赛只设邀请赛，如摔跤、赛马，其他均为表演赛，福建代表团项目均为表演赛项目，9月3日、5日、7日，我省代表团在自治区体育馆呼市体育场进行表演赛，"打尺寸"安排5日上午在呼市体育场举行，《内蒙古日报》6日作了详细报道。运动会结束时叶剑英委员长等党和国家领导人接见合影。此后"打尺寸"体育项目被收入《中国体育大辞典》，从此这个项目在闽东各县畲区推广特别是各县民族中学中普遍展开。1986年，佳阳又派运动员蓝春景参加在新疆乌鲁木齐举办的全运会。尔后这个项目又参加了1990年广西南宁、1994年云南昆明全运会。

时隔10余年，1993年5月27日—30日，福建省"畲族与体育"研讨会在福鼎召开，本次会议开幕后，大会安排我第一位发言。我的论文题目是《从"打尺寸"论畲族传统体育的挖掘整理》。1993年6月《畲族与体育》论文集出版，共收论文18篇，"畲族与体育"论文研讨会会议纪要1篇，我的论文也在其中。

人物春秋

钟良弼告王万年阻考

钟奕仁

钟良弼名鸣云，生于清乾隆四十七年（1782），福鼎县前岐佳阳单桥村人。幼怀壮志，好学博闻，著有《凌云斋稿》，为人刚直，深得民众爱戴。嘉庆七年（1802）到福宁府应考，被当时县书王万年串通生监，诬指"五姓（蓝、雷、钟、吴、李）禽兽养"，把他赶出考场，不准与考。良弼不服，回家同姐姐遍告村族，激起畲民公愤，姐弟变卖家产，村族竞相赠银，资助良弼上告。幸遇李姓臬台公判，责打王万年三十大板，赶出衙门。良弼打赢官司，复考得中秀才。据清道光十年（1830）版《钟氏族谱》记载："嘉庆七年良弼、良材训闻诗书，矢志上进，廪生陈希尧保结在岳邑尊（查《福鼎县志》即岳廷元，山西徐沟人，进士出身，嘉庆五年至八年任福鼎知县）与考，八年科试，蒙恩师取进良弼府学生员第二十名。"

《福建通志》卷廿五《名宦传》记载：李殿图，字石渠，直隶高阳人，乾隆丙戌进士，六十年由甘肃巩秦阶道，擢福建按察使，嘉庆三年（升福建布政使，六年）迁皖抚，七年调抚闽。殿图嫉恶维严，治尚操切……福鼎童生钟良弼呈控县书串通生监，诬指畲民不准与试，殿图饬司道严讯详复，张示士林，其略曰："读书可以明理，而必明理，然后可以读书。以女妻犬，理所必无，事或有之，谁则实见其事？且审其姓氏于洪荒之世，而为之记载乎？……至以蓬首赤足指为异类，山居野处不相往来，更为不通之论。上古之世，穴居野处，饮血茹毛，所谓衣冠文物，原经数千百年以渐而开，非邃古以来，即黄帝之冠裳，周公之礼乐也！……方今我国家，天山南北扩地二万余里，其南路为回疆，北路为准噶尔地，即与畲民无异。今北路之巴里坤改为镇西府，乌鲁木齐为迪化州，业经兴学设教，诞敷文德，是未及版图者，无不收入版图，尔等将版图之内，曾经输粮纳税，并有入学年分确据者，以为不入版图，阻其向往之路，则又不知是何肺腑也！娼优隶卒，三世不习旧业，例尚准其应试，何独于畲民有意排击之？……本部历为世道人心风俗起见，不惮与尔等腼缕言之。"

畲族童生钟良弼告王万年阻考胜诉，畲族人民欢天喜地。为了教育后代，畲族歌手把良弼抗阻争考斗争过程，编成畲族小说歌五十多首，传唱至今。这是畲族人民在旧社会，反压迫和反歧视斗争的一大胜利。

修职郎李眉峰先生传

蓝清盛

先生名奇芝，讳克峻，字宏宇，号眉峰。心耕封翁之长令嗣也。先生生而颖异，长更淹通。秋月襟期，夙贮冰壶之望；春花藻思，冀承蓉镜之占。讵意潘陆才华，竟违科目；崔卢家世，颇患清贫。值束晰之艰辛，何心笔墨当挚，虞之沦薄，息意纷华。斯时也，先生既已法护为难兄，而封公犹仗长君为家督。爰弃书而学稼，春雨课农；遂终隐以奉亲，秋羹逮养。人如端木，时披货殖之篇；智拟子荆，室起美完之誉。乃先生惟守义中之取，实无分外之求。握算持筹，哂王戎之己陋；倾身鄣麓，嗤祖约之何愚。盖其性本端凝，心尤慈恻。善人在难，皆言缓急堪资；穷子知归，不以有无为解。修桐城之举，邑宰钦心；赈饥岁之民，妇孺颂德。而且解纷排难，郭翁伯居然闾里之雄；薄短推长，许子将自昔品评之当。以暨宽能逮下，王褒之僮约宁苛；和以与人，杨子之客嘲无怨。始也粟供廷阙，得观太学之碑；继则齿过兰陵，复进成均之籍。若斯之举，已觉其奇；又况家传忠厚，子训义方。颜峻清规，只崇勤俭；陆公旧德，惟事诗书。学克继夫延平，头头是道；儿仍称为子亚，济济克恭。万石君之门风，允堪刊为庭诰；陈太丘之家法，真觉肃若朝仪者矣。不特此也，尤可称焉！今夫慕鸿仪者，以匡时为念；而贻燕翼者，以济物为心。此活国当活人，陆宣公之确论；良医等良相，范文正所雅言。公也承百药之遗，因顾名而思丹灶；慕长桑之术，遂笃志以讲青囊。方本灵枢，生万人于垂死；泉分橘井，救一世不言功。盖公只存一片婆心，以养千秋厚德；而识者早兆驷门之必大，预觇凤卜之其昌矣。今者，公之福己集林壬，公之年复周花甲。而公精神矍铄，须发秀苍。等高侍中之聪强，几杖虚设；类裴晋公之风貌，海鹤同清。画阁风和，啸傲琴书之侧；疏林春霁，优游岩岫之旁。或含饴弄孙，或举杯酌友，或长日临太清之帖，或闲庭泻下若之醴。秋雨鸡豚，把桑麻而话旧；晴天松菊，负朝旭以钞书。噫！天上谪仙公真其裔矣。人间生佛，仆岂虚称哉！念英也，浙水鲰生，蒲川下士。十年辛苦，只知徒读父书；半世功名，仍未稍伸壮志。论文章，深惭邺架；语家世，抱愧膺门。去年金水桥头，始识李邕之面；今日碧霞笺上谬呈郑谷之词。极知卑不颂尊，愚难知圣。特以临淄交好，只说杨修。刘尹衷怀，惟思元度。敢以管窥之见，略陈梗概于生平；谱作家乘之光，用志揄扬于万一云尔。

时大清光绪壬午年桂月谷旦，浙平蒲门邑庠生晚生政三郑培英谨撰。

（本文原载《国洋李氏族谱》）

李乃算略传

李永耀

李乃算（1882.1—1958.3），字帝闻、号鹤鸣，福鼎县佳阳畲族乡国阳李村人。公生而颖异，少即歧嶷，甫八龄，就童子学，慎行持重，不苟言笑，每指点成诵，辄过目不忘。受业师誉为神童，乡人咸以大器目之。时清廷腐败列强侵略、军阀割据、烽烟四起、内忧外患、民不聊生。况公生于贫儒门第，不得已辍学，随父全家逃荒到浙江矶山谋生。唯公少怀大志，尝曰："文既不能安邦，武亦未尝不可定国。"又曰："大丈夫志在四方，胡区区以家为。"年未冠，乃束装弃家远出，辗转闽南泉州各地，入少林古刹，从法聪大师习武。及至安海，巧遇名师吕光春，向他习武兼习治伤整骨技术。公天资聪敏，勤学苦练，三年功夫技冠同侪，艺称精湛。承师指点到泉州近郡南安县洪濑镇，以整骨医伤悬壶疗疾。公秉性刚直，待人诚恳，平易近人，不卑不傲，心存济世救人，贫不收资，富亦少取。由于造诣渊博，果有药到病除，著手成春之效。对患者认真治疗，力求济世救人，以慰平生，故求治者络绎不绝。况公自奉俭约，虽收费微薄而尚有蓄积。及至而立年华思乡心切，束装返里，骤入故园。但见民生凋敝，满目疮痍，顿生恻隐，解囊相助，乡人闻之纷纷登门拜访，劝其相亲成家。公却辞而不纳，且曰："家乡穷困若此，吾何言立家？"在家居二年余，对乡人老死而无棺者，则购棺殡之，对贫病交加者，则救急之，对贫而难娶者，则资助娶之，对饥而无食者，以粮助济之，对寒而无衣者，以衣助之，对他乡之人流离我乡者以资遣之。另对乡村道路、学校亦捐资修建。是以人咸感德，乡人咸以小孟尝呼之。

岁越乙丑元月，忽一日闭门而去，逾半月得书始知仍到泉州重修医业，服医济世越四载，泉州刀匪蜂起，时陈国辉、卢兴邦相继为害，公复赍金递归，斯时乡人促其纳妻续嗣，未得首肯。旋有堂兄清庠生李乃光者，犯颜苦谏，并以曹丘自任，方娶前岐海尾望族林姓、清宿儒尚官夫子长令爱为妻。盖氏系出名门，少娴母训，故年逾及笄尚待字深闺。婚后，果治家有方，相夫有道、和睦邻里、孝敬公婆，邻里赞之，乡人感之。公生平不治家产，常云："儿孙自有儿孙福……贤者多财则坠其志，愚者多财则增其恶。"迨主馈有妇，内助有人，仍以仗义疏财，乐善好施为己任。先后独资修建国阳村通前岐道路五华里，兴建三井拱桥一座，东宅溪拱桥一座，更天堑为坦途，导山洪于通渠，行人称便，旅者感之。又闽浙交通孔道龙凤岭半山，岭长八华里四面荒山，没有村舍，为是岭乃鼎南往来必经要道，故行之者众，间之者稀，唯山高岭峻，行旅至此每遇暴风骤雨，苦无栖处。公见此情则捐献三百三十元大洋，屯工于斯，开山劈石，建纯青石条结构凉亭一座，作为行旅休憩之处，从而避免行人风雨之苦，无不感激公之恩泽。至今石凉亭犹屹立于山坡之半，名曰：龙凤岭亭。公不特广修道路，修建桥梁、凉亭，裨益行人，且于乡里修祠宇、整寺庙、凿水井、建公厕、补堤、植防风林、造风景林、修小学校及环境卫生等都立下不朽项绩。救人之危、助人之急亦是常事。岁在1930年间，公步行赴泉州，途中遇鼎邑药商江太元因途中遭匪洗劫，欲寻短见，公救起，问其缘由则解囊相助，未告真名。江返后，药业兴旺，到处寻找恩人未果，数年后及悉真名，江带全家儿女叩谢公救命之恩，并将药店资业一半酬答救命之恩。公拒之，后遂则以好友往来。1935年春革命风席卷我乡，有青年李永衣、李声崇离家参加红军，家里父母妻儿生活困难，公则慷慨长期负担生活资助，受当时郭区委表扬。公对子女教育甚严，从少即令背诵朱子家训，调强勤俭治家，克己济人，反对贪官污吏。抗日期内曾连续三年，每年在夏季青黄不接时候寄款购有小麦茹米三十担救济贫人，当时交代前岐亲戚林诗绍代为发放，被救者感激万分。公在闽南数十年中与弘一法师、妙月法师、广培法师、叶清眼居士等交往甚密，特别是妙月法师是少林寺师兄弟，经常练武、比武、宣传佛教、义药义医、普救众生，公信仰佛教，曾捐献黄金一斤多为洪濑雪峰寺塑三尊大佛和修塔。解放后儿媳在福建省人民政府任职，常函示儿媳要克己奉公为政清廉，为国为民尽忠尽责，并一再告诫："若有贪污文钱两米，永绝父子之情。"儿媳遵命廉洁奉公积极工作。1954年由泉州返梓，安度晚年，剩下微资继续修建山门城石堆及村邻道路。及至丙午秋，公因救人心切，出诊十五华里为一骨折者治病，回家时偶感头昏，不思饮食，遂卧床不起而卒，年享七十有八。公在病中一再不准电函告知在省工作的唯一男儿回家，曾病中亲写一信空留病故日期，待病故后半月方可填寄，半月后儿接家书，方悉家父病故，丧事由家母、姐妹从简料理完毕。兹公兰桂腾芳孙枝挺秀，门庭方兴未艾也。

李绍渊略传

> 李圣回

李绍渊（1890—1965），字贵山，畲族，福鼎市佳阳畲族乡罗唇村马渡头人，是闽浙边界颇有名望的一位畲族医师，祖传第五代的畲医传承人。解放后福鼎县卫生系统认定农村医生，是全县四位免考医生之一。他严格遵守行业准则，治病不分贫富贵贱，亲疏一视同仁。用药细心谨慎，不管白天黑夜，只要有患者，风雨无阻，不额外向患者索要酬金，并经常为贫困患者义务治疗。1950年8月间，浙江省平阳县马站（今属苍南）一华姓富裕人家，有小儿生锁蛾（系指喉咙肿胀饮食受阻），看了很多医生无效。小孩危在旦夕，全家人急哭了，李绍渊刚好出诊看病路过，问了病情，还到小孩跟前看病相，急忙在路边拔起一株马兰菜草捣成汁，往小孩鼻孔滴上几滴，真是药到病除，小孩立马喘气睁眼说话。华氏财主全家人感激不尽，又要煮点心，又要拿钱，都被李绍渊一一谢绝了，事后家人托人打听，才知道是马渡头李绍渊，让小孩拜李绍渊为义父。此事在闽浙边界一带广为流传，李绍渊也更到受到人们的尊重和敬佩。

李绍渊不但医术高超，还会武术。10岁那年，其父亲李学富把他送到浙江省平阳县钟廷赞处拳师学习武术。1934年，李绍渊学会了连环腿、徒手捉拿、金腰剪等武功，艺满回家。1944年，国难当头，民不聊生，矾山一带盗贼横行，附近村庄牛、羊被盗无数，百姓苦不堪言，政府无能，保、甲长出面筹资捐款，捉拿盗贼。当时有个贼子蒙，也有功夫，跑起来飞快，保甲长雇了很多拳师捉拿无果，最后雇请钟师傅。那时钟师傅年事已高，怕对付不了，就约大徒弟绍渊同往。打听好贼子蒙作案规律、行径，八月廿三日夜，天黑伸手不见五指，师徒二人藏身在必经之路石塘桥守候。五更过后，只见远处有一人晃动，说时迟那时快，绍渊立马扑了过去，一把抓住那人后领，想把贼人的手剪过来。扭斗中，惊动了石塘窟里的同伙，一下冲出28条杖棍。只听钟师父喊声："你'金腰剪'哪去？"贼子蒙一听"金腰剪"，全身瘫软，绍渊扳动贼子蒙双手，用千斤扣扣起。盗贼同伙刚赶到桥头，想抢回贼子蒙。这时贼子蒙发话："今天师父到，我跟他去，你们都回去吧。"师徒二人押着贼子蒙回到矾山，决不允许人们打他，经过以仁相待，贼子蒙表示从此金盆洗手，改邪归正。此后，矾山一带再无盗贼。

中医李声发

李传快

李声发，字祚赐，号仁山，生光绪壬辰年（1892）六月初四寅时，卒1976年正月二十三日午时，享年84岁。

先生秉承国洋李氏家族中医传统，聪颖好学善书，自幼勤学岐黄卢扁之术，精通《黄帝内经》《伤寒杂病论》《神农本草》《频湖脉诀》《医宗金鉴》《温病条辨》《温热经纬》《药性赋》《汤头歌诀》等中医著作。中年时即为名医，以"伤寒"见长，多用经方，临诊常一剂知，二剂愈，如鼓应桴，名闻遐迩。晚年闽浙一带热性传染病多发，先生则以温病辩证，力挽狂澜。时福鼎同辈齐名者有林怀席、汪济美、林上卿、上官庆全、甘政考、林时政等，均为省内名老中医。

先生共授六位门徒。第一位，罗唇董光德，解放前他就成为麻疹专家，挺胸阔步，玉树临风，一副旧医形象。20世纪70年代初期，与笔者在佳阳合作医疗卫协会相见时仍衣冠楚楚，风度翩翩。据说先生送他一套《康熙字典》和《小儿麻疹要诀》等医学专著。第二位李永竹，身患小儿麻痹症，但聪明好学，汤头、药性朗朗上口，成为中西结合的村医，曾就职于佳山、佳阳、种阳、双华等医疗站，为广大民众服务。第三位周义财，第四位李昌寿，第五位李传英，该三位均高小毕业，于"文化大革命"期间师从先生，后经县卫生局医训班培训结业，成为当地"赤脚医生"，曾在佳山、周山、外峦、龙头湾、佳阳、象阳、安仁等医疗站就职。第六位即笔者李传快。

先生是我的堂伯父，也是我的中医启蒙老师。在他的教诲下，我背诵了许多中医经典章句，是他把我带入了中医的神秘殿堂。我是1969年回乡知青，经县赤脚医生培训班学习结业以后，在周山大队医疗站师从先生临案。时先生年逾古稀，但求治者络绎不绝。

有一次，我随先生到照澜过海石村出诊，一男性患者五十岁左右，卧床不起，头昏厌食，身体困重，下床则步态蹒跚，已二日不能进食。先生察色按脉，处方二剂，若干医嘱后即返。逾三日，恰为端午，患者从照澜步行到周山医疗站复诊，并提粽子答谢。我愕然！三日前后，其人迥然。求师解惑，曰："湿温时疫，湿热并重。病在气分，宜利湿化浊，清热解毒。甘露消毒丹而已。"快哉！神哉！

甘宅村某患病重，某医施药三剂未愈，复诊于先生。先生在其原方上加麦冬三钱，知母三钱。二剂后，竟瘥。求师解惑，曰："前医辨证施治无误，唯甘宅、矾山地下贮存大量矾矿，地面干燥，居者均禀燥热之气，原方加二味，滋阴润燥，因地制宜，因人制宜也。"不佞听罢，茅塞顿开。

旧时求医，均以轿迎。医宿患家，望闻问切，亲自遣方煎药，文武火候，先煎后下，一丝不苟，根据病情随时增减方药剂量。医疗护理，全程监控，直至病痊。

随师临案，教诲谆谆，分析病案，丝丝入扣；炮制炙炒，权衡有度；切磋研磨，必遵古法；戥称配药，分厘不差。培养我对医药精益求精，一丝不苟的品质，终身受益。

先生离去四十余年，每忆从师时光，先生癯瘦睿智，双目有神，举止优雅，一副儒医形象，永远铭刻在我的脑海中。先生亲自手抄《汤头歌诀》《青草验方》及处方一沓送我，我视之若宝，永远珍藏。

光阴荏苒，快近古稀，能为先生立传，感谢先师哺育之恩，以慰先师在天之灵。快之幸矣！

蓝清改简介

> 蓝清盛

蓝清改（1900—1936），又名蓝清楷，福鼎市佳阳畲族乡双华村华阳人。1934年参加中国共产党，任福鼎县双华乡党支部成员、福鼎县下南区苏维埃政府财政委员。1936年，由于叛徒出卖而被捕，关押于浙江省平阳蒲门城门监狱。国民党当局软硬兼施，百般利诱，要他供出党的秘密，但他守口如瓶，坚不吐实，终被押赴刑场，挖出心脏，砍下头颅挂在城墙上"示众"。他在临刑时大声呼喊："杀我一个蓝清改，将有更多的人替蓝清改报仇。"时年仅36岁。

（本文选自1999年版《福鼎畲族志》）

周钦明略传

蓝清盛

周钦明（1903—1937），原名刘祖文、均民、祖擦，福鼎县前岐镇后洋半山壁村（现属佳阳畲族乡）人，生于清光绪二十九年（1903）。家贫，早年丧父，少时在乡塾念书。1933年9月参加革命。次年底在周家山上东区苏维埃政府工作，协助中共鼎平县委进行革命宣传。这期间，曾化装山货商抵浙江省泰顺彭溪、峰文一带活动，为开辟鼎泰区打下基础。1935年11月，随闽东工农红军独立团征战于（福）鼎泰（顺）交界的金山、大湖、二湖、富阳、彭溪等地，旋即在福鼎茗洋牛栏岗加入中国共产党，任中共鼎泰区委委员。

1936年6月，中共闽浙边临时省委决定成立中共泰顺县委，周钦明任书记。同时成立泰顺县人民革命委员会，他兼任主席。他带领县委成员，深入山区农村进行革命宣传，发展中共党员，开辟革命根据地。在他的领导下，泰顺县革命根据地由泰东北区扩大到南区、筱村区及文成县珊溪的西南部。他还领导当地群众打土豪、分粮食、分青苗的斗争，为创建泰顺革命根据地作出了贡献。

1936年11月，周钦明领导泰顺根据地军民，进行了艰苦的反"围剿"斗争。12月，他带领县肃反队烧毁包阳敌碉堡。翌年2月，配合谢文清率领的中国工农红军挺进师一部攻打翁山乡反动据点，接着又摧毁横坑上潭村3个敌碉堡。随即带领县委工作人员赶到东瓜坪村，救护在峰文大战中的伤员，发动当地群众烧水送饭供应前方战士。之后，随粟裕撤到莒溪岭湾头村一带，他奉命去寻找失散的战士，在抵叶坑村时，凭着对地形的熟悉，潜入敌阵，带领70余名战士冲出包围圈，在泰东北与瑞安交界处，与粟裕部队会合。

粟裕率部转移后，周钦明带领5名干部来到泰顺东北南山头村，因房东告密，当晚遭受30多个敌人包围袭击而被捕。次日被押往平阳县，惨遭严刑审讯，始终坚贞不屈。1937年4月5日，他被押赴刑场时，向民众高呼："我们千千万万的共产党人，都是为着人民的解放而斗争，死了我周钦明一个算得了什么！"随即从容就义。时年34岁。

（本文摘自2003年版《福鼎县志》）

周建生略传

◎ 蓝清盛

周建生（1906—1943），名介夫，又名金环，学名毕竞，福鼎县前岐镇（现为佳阳畲族乡）周家山村人。清光绪三十二年（1906）生于贫苦农家。1917年入村塾读书，1923年因父病故而辍学。次年到前岐梅树湾村塾任教，薪金微薄，无以养家，又到前岐当店员。

1932年，建生受共产党人王宏文等宣传革命的影响，接受马列主义，开始从事革命活动。1934年7月，在前岐加入中国共产党，9月任中共上东区区委文书。1935年6月，任中共鼎平县委委员兼上东区区委书记。8月，任中共鼎平中心县委委员，参与领导抗租、抗税和抗捐斗争。10月，建生随闽东红军独立团征战（福）鼎平（阳）泰（顺）边缘区域，不久被任命为中共瑞（安）平（阳）泰（顺）县委书记兼泰平区委书记。

1936年6月，中共闽浙边临时省委在福鼎排头村召开扩大会议，对各县干部进行调整，建生奉调任中共平阳县委书记。8月参加中共闽浙边临时省委在福鼎李家山召开的第十次扩大会议。他坚持对敌斗争与发展苏区生产一起抓的原则，派遣陈有端等一批干部开辟新区。11月，国民党八十师及当地反共势力残酷"围剿"闽浙边区，建生部署中共平阳县委干部分散隐蔽，在周家山、埔平等地坚持斗争，保存了革命的有生力量。

1937年，抗日战争爆发后，中共闽浙边临时省委调建生任中共浙西南特委委员兼秘书，在浙江省云和县等地领导开展抗日救亡运动。次年5月，中共浙西南特委改称中共处属特委，他改任处属特委委员兼秘书。同年秋，受特委派遣，到云和县巡视指导，深入农村抓建党工作。1939年，中共处属特委先后举办两期农村党员干部训练班，他任训练班副主任和主课教师。1940年初，受中共处属特委派遣，组建并领导中共景宁县工作委员会，发动群众，开展抗日救亡运动和"二五"减租斗争，恢复了东坑至泰顺的地下交通线，开辟中共处属特委与浙南特委的秘密联络网点。6月，建生调任中共云和县委书记。他不畏艰险，经过秘密活动，培养了一批地方干部，恢复和发展了基层党组织。

1941年1月"皖南事变"爆发，时局急剧道转。建生坚持领导反"清乡"运动。次年夏，中共处属特委执行"隐蔽精干"政策，他转移到云和县山锦和岗头庵发动群众，协助特委解决干部生活问题，并在下寮坑筹建革命武装。1943年，他因长期积劳成疾，卒于云和县横坑山寨里（今云坛乡沈庄），时年37岁。

（本文摘自2003年版《福鼎县志》）

李永耀的传奇人生

李传快

族人嘱我写一写李永耀事迹，我迟迟未敢动笔。俗云"盖棺定论"，他已经离开我们 21 年了，我仍无法用一个简单的词汇来评价他。他一生充满传奇。他受过良好的家庭教育，是个书法家、文学家、民俗专家、镇长、教师、诗人、地下革命工作者、起义人员、族长、地主、逃犯、劳改犯、四类分子、农民、农民工、县政协委员……十数种角色集于一身。临死前，他知大限将至，为自己用白纸写了"李永耀灵堂"五个大字以及数幅挽联，用于灵堂布置。小小的国洋里，一个平凡的小乡村，却有这样一位不平凡的充满传奇的人物，确有必要为他留下一些文字。

普通人李永耀

李永耀是福鼎县前岐镇佳山村国洋里自然村（今属佳阳乡）人。生于 1914 年 8 月 13 日，卒于 1995 年 8 月 23 日，享年 82 岁。

李永耀和村里普通人一样，死后被记入家谱，据载："乃光公之子永耀，字锡馨，号应要。福建省霞浦中学毕业。解放前任秦屿区员，溪尾、前岐镇长。在任期间为地方做了不少好事，营救不少地下党革命同志。解放后曾任多届市政协委员。"

书香弟子李永耀

李永耀父亲李乃光是晚清庠生、秀才。据宗谱《李公斗南传》："少聪颖，善读书，博闻强记，彻悟不忘。凡诗文辞赋，俱臻优美……精研岐黄，而慈善好施，不取人资，故乞活者，户履满焉……长于断讼，是非分明，遇有纷难，秉公排解……"

李乃光是个文人、名医，又是纠纷调解员。广交良朋，乐善好施，热心公益，独资重修宗祠、家谱。"闾里中推若泰斗焉。"其家藏非常丰富，专门建有藏书楼，书画收藏汗牛充栋。李永耀就是在这书的海洋里长大的，幼承庭训，耳濡目染，"谈笑有鸿儒，往来无白丁"，造就了李永耀人生深厚的文学功底。遗憾的是这些线装书、名家字画，在土改时作为封建糟粕，焚烧了三天三夜。在暗仓中私藏的《康熙字典》及《黄帝内经》《伤寒论》等经典，亦在"破四旧"时付之一炬。

进步青年李永耀

李永耀不但家学渊源，而且家境殷实。及长，翻过福宁府岭，到霞浦接受民国国民正统教育。"九一八"事变时，他是个气血方刚的青年，积极投入抗日救国宣传活动。

老家国洋里在历史上曾遭日本倭寇血洗，在李永耀心中，从小埋下恨日的种子。"九一八"事变后，他的家仇国恨一起喷发，广泛联络同学、朋友，写标语，演讲，开展抗日救亡活动。后来这些同学、朋友，大都参加共产党，进行地下革命活动。解放前、后成为闽浙地区革命干部，鼎平县领导人。

人民教师李永耀

李永耀中学毕业后曾在店下小学、秦屿小学、前岐小学、彩澳小学当过教员。"文革"后期曾受迫害，此时已晚年。平反后曾在国洋里民办小学、种洋民办小学当过民办教师，当时拿工分补贴。前岐学区召开民办教师大会，他是全公社年龄最大、教龄最短、文化水平最高的新教师。

李永耀当民办教师，除了教授学区规定的教材，还教学生打算盘、写毛笔字、写信。我看过他的学生作业，毛笔字正楷方寸，有板有眼。书信作业中有什么"敬启者""台鉴""足下"之类的文言词汇。他当民办教师期间，在当地群众中，留下很好的口碑。从解放前到解放后，认识他的人都称他"永耀先生"。

镇长李永耀

1946年，国民党实行乡镇长竞选。当时李永耀30岁出头，正是风流倜傥、踌躇满志的年龄。他教师出身，斯文雅尔，满腹经纶，为人谦和，平易近人。他的好友郑衍宗时任中共鼎平县委书记，积极动员他为革命参加竞选，在许多地下党同学的支持、鼓励下，他当选为镇长。先在店下溪美、后在前岐镇当镇长。他是国民党时期前岐最后一任镇长，1949年带民团携械起义。前岐镇不发一枪一弹，和平解放。

白皮红心的李永耀

李永耀在当教员期间正值国共内战，他目睹国民党的腐败统治，在进步教员、同学的影响下，化名"吴醒"（寓意"我醒了"）参加共产党地下活动，曾成功营救过共产党领导人林永中（解放后曾任福鼎县县长、县委书记）等数十位革命同志。抗日期间，他力荐好友谢鸣銮参加新四军，谢鸣銮后来在新四军军部工作，不幸在皖南事变中牺牲。

李永耀在溪尾当镇长期间，放走过五位革命同志。当时周山村田中央当民团的周招县、佳山村小溪洋的蔡福仁都认识这五位同志。

李永耀在前岐当镇长期间，与地下党更是频繁往来。经常带地下革命同志如张德海、蔡承志等到老家国洋里召开秘密会议，地点设在李声汤（号祚铭）家里。一则李声汤是保队副，有"灯下黑"的安全感；二则他家在新厝里的后面，到他家要经过很长的一段村路，还要通过一个大厅，即使有外人来，也容易疏散。

李永耀收集国民党大量政治、军事情报。由镇公所雇员、地下党员蔡思交，办事员李永恩交给鼎平县委地下党交通员郑开珠，转给鼎平县地下党，使地下党革命活动更加安全。解放前夕，鼎平县委指示他负责组织粮食等军需物资，支持游击队；准备犒军物资，迎接解放军南下。他为支援前线、迎接解放做了大量工作。当时浙南游击队领导人郑丹甫、任曼君、王烈评、郑衍宗、林永中高度赞扬李永耀，感谢他为革命做出重大贡献。

商人李永耀

李永耀频繁与有"共党嫌疑"的同学密切往来，积极动员好友谢鸣銮参加抗日，惹怒了国民党，搜查队要追捕他。他放弃教员生涯，到处躲藏。形势稍缓以后，他与周山的周春如合伙，在前岐海尾开起矾馆，维持生计，摇身一变成为商人，做起生意。

闽浙交界的矾山镇，地下明矾矿藏非常丰富，而且纯度很高。从明朝、清朝直至民国，生产明矾供应大半个中国，号称"中国矾都"。但地处覆鼎山脉之巅，没有铁路、公路，交通十分不便，所有开采的矿石，冶炼用的燃料，成品商品明矾，出入吞吐全靠肩挑背扛。水路出口最为便捷，而前岐港是离矾山最近的一个港口。李永耀在前岐开矾馆，收购矾山明矾，从海路运向台湾及大陆沿海各港口。

该矾馆一直开到解放后，土改时被共产党没收。解放初期，周春如被枪毙，李永耀遁逃。

四君子之一的李永耀

李永耀在前岐当教员、镇长期间，年轻有为，意气风发，以文人自居，惺惺相惜。曾与厦门大学毕业的林时勉，福建省师范学校（福师大前身）毕业的黄汝政（字士箴，当过前岐小学校长，医院院长），牛栏岗的钟乞臣（谐音，书画家），经常在一起吟诗作对，切磋字画，讨论人生，憧憬未来。人称他们为"前岐四君子"。另三位"君子"都是中共地下党员。

起义人员李永耀

1949年，在共产党领导下，中国北方革命形势大好，取得节节胜利，解放军准备渡江南下。当时，浙南游击队领导人郑丹甫、王烈评约谈镇长李永耀，要他顺应历史潮流，以实际行动迎接解放军南下。事后，中共鼎平县委派张德海、吴荣弟等约李永耀于1949年5月1日在黄汝政，家里召开秘密会议，布置前岐镇起义事宜。

身为前岐镇长兼武装分队队长的李永耀，经过一个多月的筹备，摸清镇公所内部人员的思想状况，于1949年5月28日凌晨，当机立断，鸣哨集合所有武装队员，控制个别顽固分子，带领武装队员及13支步枪等器械，送到西宅古岭脚与游击队汇合。次日，宣布前岐和平解放。

前岐和平解放以后，李永耀到矾山受到中共鼎平县委的热情接待，县委领导郑衍宗、陈百舟、张炯明等人与李永耀、李永恩在矾山中共支部书记卢兴设家开会，研究解放福鼎城关事宜。

1949年6月11日，福鼎城关解放，并成立县人民政府筹委会，认定李永耀为"起义人员"，发给证书。

三次遁逃的李永耀

前二次被国民党追捕，后一次被共产党追捕。

第一次，在抗日期间，公开参加抗日救亡活动，私下参加地下党革命活动，并力荐好友谢鸣銮参加新四军，惹怒国民党，遭反动派武装搜铺。李永耀放弃教员职业，东躲西藏，失业多年。

第二次，李永耀在前岐镇携械起义，福鼎县国民党当局大为震惊，派搜剿队长、杀人魔头林德铭带警察局武装队员到前岐搜捕他，并扬言要杀他全家。李永耀闻声携眷冒险逃脱。林德铭咆哮如雷，砸毁他的房屋及店铺，财物洗劫一空。

解放巽城镇时，林德铭负隅顽抗，被解放军击毙。

第三次，被共产党追捕。1951年土改运动，镇压反革命，清查国民党的残渣余孽。身为国民党镇长的李永耀当然列为清查对象。当时不少国民党职员被枪毙。李永耀再次闻风而逃，三十六计走为上。前岐区公所定为畏罪潜逃"反革命"罪，没收其店面一间、矾矿二间半及其他个人财产。

被二次判刑的李永耀

第一次判刑，在解放初期。

解放初期土改、镇反，李永耀东躲西藏，如过街老鼠。但他时时关注共产党的政策，到处托人找旧报纸。1952年冬，党的镇反政策趋于理性化，他于12月3日自动投案，经福鼎县人民法院判刑2年。在福州、漳州等地服刑。服刑期间，在劳改建筑队劳动，因表现积极，还被评为"先进"。刑满释放后，他多次申诉，并得到郑衍宗、王烈评等被他营救过的地下党同志的证明。解放前他白皮红心，参加地下党工作，只是秘密进行，只有少数领导同志知道，表面上还是国民党的镇长。1957年7月15日，人民法院正式下文，撤销原判，给予平反。

第二次判刑，在"文革"期间。

李永耀既是"地主分子"，又是"反革命分子"。每次戴高帽挂牌游村，他都站在最前面。参加不完的"黑五类"学习班，写不完的认罪书，批斗不完的场次，干不完的大队义务劳动……乌山尾开茶园、佳阳修水库、彩岙围海造田，"农业学大寨"，"敢教日月换新天"，他都要自带粮食、被子、草席走在最前面。他被开除出民办教师队伍，继续批斗、关押半年，最后被福鼎县人民法院判管制五年。

直至1975年12月13日，福鼎县人民法院再次撤销原判，重申他是"起义人员"的身份，否定"文革"中对他攻击污蔑的不实之词，再次平反。

农民与农民工的李永耀

李永耀第一次劳改刑满释放回老家，为了生计只好当农民，参加"大跃进"、人民公社、大炼钢铁运动。他脱下穿了数十年的袜子，赤足下田参加生产队劳动，与农民同工不同酬。他个头小，体力差，政治污点多，工分总是很低。他就在房前屋后，山坡闲地，种植瓜果蔬菜，后来割资本主义尾巴，也就不准种了。

20世纪60年代初中期，部分农民工挂靠县建筑队、工程队外出打工，当时叫"盲流"。李永耀也参加了盲流大军。他手无缚鸡之力，写字的手怎耐得了体力重活？他就在工程队里当后勤、买菜、煮饭、记账、当会计。晚上或下雨天，他就给盲流们讲《三国演义》《水浒传》《七侠五义》《隋唐英雄传》等等，当时讲这些属于"宣传封资修"。当甲方代表或工程队领导来时，就马上改成读报纸。领导一走就又进入说书者角色，绘声绘形。在那文化荒漠的时代，盲流们都称他为"永耀先生"。

政协委员李永耀

粉碎"四人帮"以后，党政军许多老干部回到领导岗位，中央军委对起义人员重新颁发证书。李永耀第三次拿到"起义人员证书"。每月发给生活补助费，并退还被没收的店面、矾馆用房。

中共福鼎县委根据统战政策，李永耀被选为"政协委员"，县里每年召开政协大会，李永耀以其饱经风霜的经历，侃侃而谈，参政议政。古稀的他还满腔热情地写了许多关于发展福鼎、前岐的规划、提案，建议念好"山海经"，为家乡的建设出谋献策。

书法家李永耀

称李永耀为"书法家"，一点也不过分。他从小受到家庭的严格训练，练得一手好字。他儿子结婚时，他写了许多中堂、对联、横批，贴在老家大厅门柱上。他擅长隶书，飘逸娟秀，行书龙飞凤舞。农村盖房上梁、新婚、做寿，都请他写对联、条幅、中堂等，有的还亲自裱褙。在前岐当镇长时，书法名闻遐迩，人们称他为"前岐港第一支笔"。我爱好书法，就是从小受他启蒙。

诗人李永耀

李永耀一生写了许多诗词，在"前岐四君子"时，以诗言志，附庸风雅。

改革开放初期，南方某沿海城市建了一座楼，称"望海楼"，门前一副楹联，上联是"楼望海海望楼"，在某小报上征集下联，他看了以后马上对"台盼陆陆盼台"。他有许多同学、朋友在解放前夕到台湾、香港，他触景生情作对。这封信是托我用八分钱的邮票寄出去的。后来报社回信，表扬他对得工、对得巧，很有政治意义。

1972年底，我作为工农兵学员被厦门卫校录取。我是解放后村里第三名外出读书的人（第一名李声忠福安农校，第二名李传炳福安师范）。我临行前，他非常兴奋地为我写了一首七律送行。当时不知珍惜，原稿已遗失，现在只记得第一句"雏鹰振翮欲图南"。那是我第一次接触"翮"字，不知道什么意思。我当时只是初二肄业的回乡青年，青葱一根，不谙世事。后来读书，才知道"鲲鹏展翅，以遂图南之志"。他把我比成雏鹰，希望我展开双翅，腾空万里，长成鲲鹏，以遂图南之志。他用词准确，运用典故，寓意深远，让我陶醉。遗憾的是其他七句，无处寻得鸿爪雪泥。

1990年，前岐福东桥扩建，主建单位向前岐各界征集诗联。在数百对应征诗联中，唯独李永耀应征稿独占鳌头，被选中并刻在福东桥上。桥头榕树如伞遮阴，桥下流水潺潺，潮起潮落。许多老人总爱坐在桥头树下纳凉消遣，谈古论今。李永耀的征联是"不雨桥上润，无云树下荫"。真不愧是前岐镇的老镇长，对这里风土人情了解如此深刻，用心灵写就这应时应景的不朽之句！

文人李永耀

李永耀少年时代，生活在书山学海之中。少颖异，过目不忘，父老咸以大器目之。

民国初年，乡村只有私塾蒙馆，无数理化及洋文，课以四书五经，诸子百家，唐诗宋词，人物传记，练习书法，家教严格。永耀自幼研习中国传统文化，文史哲功底非常深厚。及长，讲春秋战国，历史典故如数家珍。第一次劳改释放回老家当农民，务农将近十年中，他经常白天劳动，晚上说书，应农民要求，一连讲两个多月。我听过他讲过"锦毛鼠大闹东京"。他最熟悉的是《隋唐英雄传》及《七侠五义》。

凡农村婚嫁庆吊、红白喜事、祭祀治禳、礼仪文书，他均能措置裕如。民间契约、合同协议、诉讼公文、书信往来，他经常替人代笔，以收微薄笔资补贴家用。凡弄璋弄瓦之喜，求永耀先生赐名，至今还有"立群""来仪""少尘""含章""怀瑾"……十分高雅，均有典故出处，可惜阳春白雪，高山流水，曲高和寡。"文革"中期，他进"黑五类学习班"，所写"认罪书"，也是文采洋溢，喷珠溅玉。

现存有他的两篇完整文章，在家谱中用蝇头小楷亲笔书写。今录数行以示之：

旧宅庵志

旧宅为庵始自大元元统初年盖十七世祖洪一公所舍也其庵左为祠宇以祀先人拨田十八石供香灯佛事可见规模之盛也自明清以迄民国虽屡经鼎革而庵僧之众香火之盛仍然如昔民国中叶邑成立佛教会该庵赐名为泰国禅寺并列为县十二中……

国洋李氏第八次修谱序言

吾族国阳地处东海之滨位居福鼎东隅襟蒲马而接矾都控岐阳而引沙镇物阜土肥姥峰秀气钟祥峰回地坦护岱瑞云长荫既景物之宜人复耕读以课世宜代出英贤方兴未艾固地灵人杰亦祖德宗功之厚也……

以上仅存遗珠，似金秋一叶耳。

李永耀后人

李永耀之子声远1935年出生，声和1940年出生，时值国共内战，卢沟桥事变，国运不昌，父辈奢有永"远""和"平之望！他们二人天资有禀，家教笃殷，彬彬有礼，写得一手好字。受教育的黄金年龄在解放前夕，风云变幻，时局动荡，哪能放下一张平静的书桌！

解放后二人又是"反革命后代"，破帽遮颜，矮人一等，苟且偷生，能好好当个农民，保住性命已是不易。第三代默默无闻，第四代唯有李声和外甥女郑怀瑾聪颖异常，考入了北京第二外国语学院英语专业，现留学菲律宾攻读博士。真是虎逝山林静，涛息海面平！

李永耀与我

　　李永耀是我叔公，我是他的侄孙，住他家隔壁。我初懂事时，恰是他劳改期满释放，回乡务农期间，二人生命轨迹的并行段。

　　我小时候看到闽浙边界方圆数十里的人经常来找他写这写那，都唤他"永耀先生"。

　　我学龄前，他不光教我背诵《三字经》，还从三皇五帝讲到孟母三迁、孔融让梨等故事，我都聚精会神地听，似懂非懂地点头。每当我在他的面前，从"人之初，性本善"一口气背到"戒之哉，宜勉力"时，他脸上都露出发自内心的笑容。后来又教我背诵《古今贤文》《笠翁对韵》《五言杂字》等，他讲了许多对联的幽默故事，讲了乾隆、纪昀、解缙等人诸多俏皮的典故。记得有一次他说，有个私塾老师中午要午睡，小朋友在学堂里捉迷藏，上蹿下跳，闹的老师不能睡，老师就出了一个上联"画眉笼关画眉，小画眉跳上跳下"叫学生对下联，一句二跳三画眉，真有难度，同学们顿时安静。老师睡醒，问同学对出来了吗，大家无语。老师又睡，醒后再问。如此三四次，一同学突然答"乌龟被盖乌龟，老乌龟钻进钻出"，气得老师睡意全无。工对工对，真是名师出高徒！

　　我十分欣赏老先生的书法，他枕腕蝇头小楷，悬腕则泼墨挥毫。我一悬腕，手就发抖。乡亲们说我小时候吃了鸡爪才抖，吓得我十几年不敢吃鸡爪。从小学到初中，他经常写毛笔字，让我临摹。他劳动回来，经过我家门口，就放下锄头为我题字头，写得最多的是"最高指示"："下定决心，不怕牺牲，排除万难，去争取胜利。"如今记忆犹新。什么怀素、柳公权、颜真卿、黄庭坚、张迁碑、曹全碑都是第一次从他嘴里听到。严格地说，他是我真正的启蒙老师。

　　上初中，家里为我做了一张十一堵大眠床。油漆前请他写字。他赶墟回来，放下担子，手都没有洗就提笔，在床壁上用行草体写毛主席诗词："飒爽英姿五尺枪，曙光初照演兵场，中华儿女多奇志，不爱红装爱武装。"还在床后壁的花草图案上题字"好鸟枝头亦朋友，落花水面皆文章"。至今尚存。

　　后来，我到厦门读书，家母经常请他代笔写信，虽然都是嘱咐饥饱寒温的生活细节，但经他笔下流淌出来的文字，总让我有"家书抵万金"的感觉。

　　再后来，听说他晚年被醉汉打伤，中风，过世了。

　　李永耀留下了什么？

　　李永耀满腹经纶，一介书生。他当过小学老师，任劳任怨，认真教学。凭他的文史综合水平，为高校本科生上课也绰绰有余。他当过国民党的镇长，保一方平安；为地下党做了那么多工作，为前岐和平解放，携械起义，避免了流血牺牲，立下汗马功劳。

他没有留下多少文化遗产，也没有留下物质财富，却给子女留下许多无法挽回的痛楚。有人说他是个生不逢时的倒霉蛋。但生既逢时又如何呢？一代文豪苏东坡为大宋江山施展才华，留下苏堤，却客死琼涯；一代廉吏林则徐为国禁烟，却消逝在发配边疆的路上……

　　大江东去，浪淘尽、千古风流人物。俱往矣，数风流人物，还看今朝。

郑嘉顺：温州解放和改革的先行者

🍃 郑晓群

父亲的生命停止在了 2022 年 4 月 18 日 23 时 36 分，离他自己定下的百岁目标还相差一年。这时正是大地春光盎然万物复苏的人间四月天，此时离去也不能不说是一个好的选择。

说实话，父亲的离去，并没让我感有多大的悲伤，因为他像半个植物人已在医院躺了 12 年，其生命力之顽强大大超出了我们的预料。

战火纷飞的年代，他在龙跃和刘英身边工作

父亲出生在福鼎市佳阳乡佳阳村一户贫穷的郭氏人家，1 岁不久即被过继给了一户海边的郑姓船工家，两家为朋友，养父为其取名嘉顺。

膝下无儿女的郑家家境尚好，视抱来的父亲为掌上明珠，4 岁送私塾，8 岁进镇中心小学读书。该校的校长和一位老师是中共地下党员，父亲聪慧，学习成绩优秀，深得校长器重，遂将父亲引上了革命道路。1936 年 3 月，父亲加入共产主义青年团，留校做了助教。1938 年 8 月，父亲加入了中国共产党，离开家乡入伍位于泰顺县的中共浙南特委游击队，一直到新中国成立都没有回家。

父亲是一位有着 84 年党龄的中共党员。他先后在中共浙南特委机关、中共浙江省委秘书处、中共青（田）景（宁）云（和）县委、中共浙南特委派往中共浙东区党委和华中分局、中共瑞安县委等地工作，参加过浙江省第一次党代会。自 1948 年 3 月起，历任中共瑞安县委书记，中共温州地委常委、农工部部长，温州市市长，中共浙江省长广煤矿公司党委书记，中共温州地委书记兼行署专员，温州地市合并后任中共温州市委书记、代市长，浙江省六届、七届人大常委会委员等职。1993 年 12 月离职休养。

他年轻时喜欢舞文弄笔，曾用笔名远帆写了《小向导》《与赤色群众在一起》《把中央指示带回来》等革命故事，被浙江省人民出版社收入革命历史丛书出版，还创作了一部电影剧本《饮水思源》。但是，自 1959 年底调往浙江长广煤矿公司任党委书记后，不知何故就再没有拿起笔。奇怪的是，父亲从来没有对我们讲述过自己的革命斗争故事，他的那些革命经历我是从他写的三本革命故事中了解的。

《把中央指示带回来》是父亲在艰苦的浙南革命斗争中最引以为荣的一段经历。他在纪念龙跃的《运筹帷幄擘托浙南》一文中也较详细地叙述了这段经历。当时,因地处偏远交通不便,浙南是以一个独立的战略地区而进行艰苦的革命斗争的。它远离党中央,同上级领导的联系时断时续,特别是1942年2月中共浙江省委机关遭破坏之后,就完全失去了同上级党组织的联系。1945年3月中共浙南特委书记龙跃把父亲从青(田)景(宁)云(和)特区调到特委机关担任政治交通员,负责寻找联系上级党组织,带回中央的指示。到1946年底的两年时间里,父亲先后四次去宁波浙东区党委,两次去福州找福建省委。在新四军浙东游击纵队北上后,他两次长途跋涉历经千难万险,在苏北淮安找到华中分局,见到了张鼎丞、曾山、粟裕、谭震林等领导,带回了中央具体指导浙南革命斗争的指示。第二次去苏北华中分局还带回了电报员和电台,与中央建立起稳固的联系。父亲所做的政治交通员工作令龙跃十分满意,他对父亲说:"毛主席、党中央像我们的母亲一样,联系上了就有了光明,我们就不会瞎摸。保持了与上级的联系就等于有了我们的生命线。"第二年,父亲被提拔为中共瑞安县委组织部部长。

　　父亲还有一段在中共浙江省委书记刘英身边工作的经历。这是我在2009年陪同年事已高的父亲参加中共浙江省第一次党代会召开60周年纪念活动时听说的。那年他已是唯一亲历"省一大"还健在的人,成为媒体争相采访的对象。当时在浙南特委游击队中,读过几年私塾和小学的父亲也算是知识分子。1939年7月,省委决定在平阳县北港召开中国共产党浙江省第一次代表大会,他被调到大会秘书处,负责写简报、刻钢板、油印、分发大会文件等工作,还担任了刘英与各代表团之间的联络员。那年他才16岁。几天下来,刘英书记见父亲年纪虽小,但聪明灵动,字也写得不错,甚是喜爱。大会闭幕时,他亲切地对父亲说:"小郑,你别再回浙南特委了,就跟着我吧。"大会闭幕后不久,中共浙江省委迁往丽水。刘英在县城里开了一家杂货店,公开身份是店掌柜,父亲是伙计。杂货店其实是省委机关的总联络站,父亲负责保管抄写机密文件,并担任刘英书记的联络员与各常委、特委之间的联系,一干就是三年。皖南事变后,刘英将省委迁回平阳,父亲也重新回到浙南特委。不久,因叛徒出卖,刘英在温州市区被国民党逮捕,后在永康英勇就义。长期危险艰苦的革命斗争,铸就了父亲坚强不屈的意志、性格,在后来的政治风波中,他虽然饱受屈辱和折磨,还是顽强地挺过去了。

百废待兴的时期，他坚定地选择了温州

父亲于1938年8月离开家乡来到泰顺县投身革命队伍，直到1959年底调离温州，履新位于浙江与安徽两省交界处的长广煤矿公司，在这整整二十一年里，前有解放浙南夺取政权的浴血奋战，后有热火朝天的建设社会主义，使他把温州视为自己的故乡而深深地热爱。

1978年10月，当他得知省委想要调他回温州工作时，曾激动得彻夜难眠。父亲辞世后，一位他的老部下给我讲述了当年的一个小插曲。当时省委有两个方案供父亲选择，一个是去温州，一个是去嘉兴。但李丰平省长给父亲打电话希望父亲去温州，他说："你是温州出来的干部，有基础，便于开展工作。"出于对温州的特殊情感，父亲坚定地选择了温州。父亲在主政温州地区工作的三年时间里，贯彻执行党的十一届三中全会精神，先后主持和支持了多次思想解放活动，扫除了当时严重阻碍改革的陈旧观念和极"左"思潮，有力并有效地推动了温州农村的各项改革。其中最具影响力的是指导支持浙南日报开展"苦恼问题的讨论"。那是1980年9月，父亲看到浙南日报报送的刊登平阳城西公社党委副书记陈敬练的一封诉说心中"苦恼"来信的内参，深感这是一个相当重大的问题，当即打电话给报社，指示抓住这封来信，做一篇解放思想的大文章，由此引发《浙南日报》做了"《一个农村基层干部的苦恼》的大讨论"。整个讨论持续了4个多月，围绕"怎样看待'乱'的形势""如何理解放宽政策""如何看待包产到户""要不要发展农村工副业及如何发展农村工副业"和"干部如何跟上改革形势"等问题，共组织刊登了34期稿件，发表了147篇文章。

父亲在拨乱反正、解放思想的基础之上，大胆改革，领导温州全区比全省早两年在农村实行了联产承包制，将农村大批的劳动力从土地上解放出来发展家庭工业。到1981年8月温州地市合并时，农村家庭作坊已经遍布浙南大地。乐清出现了被坊间称为"八大王"的发展家庭工业的杰出个体户。苍南的金乡、宜山，永嘉桥头，乐清的柳市和平阳的水头等地分别形成了印刷、纺织、纽扣、低压电器和兔毛等专业市场的雏形。我曾经在1981年底到过金乡，夜晚整个镇上灯火通明，手工土制印刷机的咔咔声此起彼伏，家家户户都在印制由供销员接来的全国各地单位食堂的饭票、车船票和景区门票等等，景象颇为壮观。

1981年8月温州地市合并，新一届的市领导班子中，市委第一书记是袁芳烈，第二书记是董炳宇，父亲是市委书记、代市长。从省委组建市委班子设立第二书记和随后派出以省委常委、省公安厅厅长为组长的打击经济犯罪工作组抓捕了"乐清八大王"，乐清县委书记孙宝经、县长林克已被免去领导职务。

1983年3月，父亲被调离温州去了省人大。父亲带着些许的伤感和依依不舍的心境，黯然离开了他为之工作奋斗了25年的温州。

因一些复杂的原因，父亲在中国改革开放初期对于温州改革和温州模式形成所做的大量工作，鲜有人提起。三年前，原《温州晚报》总编、高级记者胡方松的一篇《郑嘉顺与温州模式》长文打破了沉寂。文章客观详细地记述了父亲在温州地区三年的主要改革足迹，资料权威，分析客观公正。他认为："记述这段历史是必要的，否则被人遗忘，就对不起温州模式的形成历史，也对不起温州改革的先驱者。"他评价："在当时那个极为复杂极为困难的岁月，他遵照党的十一届三中全会精神，坚持以'实践是检验真理的唯一标准'为出发点，解放思想，唯实而行，敢于担当，带领和团结地委一班人，为推进温州农村改革，为发展温州农村商品经济，为温州模式的萌发形成，做了大量难能可贵的工作。如果用一句话来概括就是：郑嘉顺是温州模式的重要孕育者，是萌发温州模式的首功之人。"在父亲主政温州期间，胡方松正好供职于《浙南日报》。

虽然此时病榻上的父亲早已丧失了阅读能力，连我们给他读他也无法听到，但是，冥冥之中我总觉得父亲已经知晓，他一定非常的感激与欣慰。

温和慈祥，对家事撒手"不管"父亲

父亲为人和善，脾气之好颇有口碑。他曾经的警卫员、秘书、司机和部下都对我说过："你父亲真的非常和蔼可亲，总是笑呵呵的，基本不发脾气。"父亲在家里也一样，非常温和。父母养育了我们六个子女，三男三女，我是老五。从小到大，我从未见过他板起脸呵斥过我们中的哪一位。在饭桌上，儿女们常常会与他开玩笑，即便有时玩笑开过了头，他也不恼。

我小时调皮且脾气也坏，在三年级的一天，课间与班主任老师起了争执，我觉得受了委屈，起身掀翻了她的桌子。校方打电话叫来了我母亲，吓得我逃到学校后面的农村里，一直挨到晚上才垂头丧气地回到家。第二天，妈妈让我脱下裤子趴在地下，用鸡毛掸狠抽了我一顿。那几天父亲正好去了省城开会，回来后，妈妈告诉他我犯下的大错，不料父亲竟没加训斥，只是微笑着对我说下次可不能再这样了啊。

从我记事起就感到父亲非常忙，几乎将全部的时间和精力都投入到了工作上，不是下基层就是出差开会，从不过问我们在学校的学习表现情况，更没有带我们一起玩耍过。我看到爸爸有只漂亮的美式左轮手枪和一个军用望远镜，知道他很小就参加了革命，非常渴望围坐在他膝下，听他讲述自己革命斗争的故事。但是令我十分失望，这样的情景一次也没有发生。

印象中，我与父亲比较亲密的接触只有一次。那是1975年11月，我在高中毕业待业一年又下放农场劳动一年后，终于迎来了招工。但当时长广煤矿公司党委决定我们这批高中毕业生中的男性要补充到生产一线，也就是下井挖煤。在公司担任主要领导职务的父亲与我谈了一次话。他深知井下挖煤工作的艰辛与危险，他说："我知道当年因为我让你遭受了不公正的对待，否则5年前就可参加工作而不用下井。但是即使这样这次也不能搞特殊，你作为领导干部的子女还要带个好头，爸爸对不起你。"参加工作后不久，父亲可能出于对我这个"井下工人"的歉疚吧，在一个周末特地拿上相机带我去了郊外游玩，教我如何使用那台他心爱的相机，而之前他是从没有让我碰过的。那一次应该是他与我唯一的"亲子时光"。

父亲的撒手"不管"，倒也造就了我的自由成长。在人生遇到重大选择时，比如当兵、出国留学和考记者，我都自做决定而不与他商量。当然，我的选择也都得到了他的尊重。在我俩长达六十多年的父子关系中几乎没有起过冲突。

父亲辞世后，根据他一贯生活简朴和厌热闹、喜静处的性格，以及杭州正处疫情的严防严控时期，我们子女一致决定丧事从简，不发讣告，静悄悄地送走父亲。令我们万万没有想到，温州市委在获知消息后不只是送花圈，还发来唁电并派出市委常委、组织部部长张健赴杭慰问，令我们万分感动。

特别令我们亲属惊喜的是唁电高度肯定赞扬了父亲为温州所做的工作："在战火纷飞的革命战争年代，郑嘉顺同志不怕牺牲、英勇斗争，积极投身浙南革命事业；在社会主义建设时期，郑嘉顺同志实事求是、勇于探路，推广永嘉包产到户改革试点；在改革开放初期主政温州地区期间，郑嘉顺同志解放思想、大胆改革，为开创'温州模式'作出了积极贡献。"

父亲，你可以安息了，你瞧，最终的一切是那么的美好！

李永恩略传

◎ 李声国

李永恩（1923.8—2006.12），福鼎市佳阳乡国洋村人，福建省政府办公厅离休干部。幼即舍离温暖，独自跋山涉水赴前岐，寄读于亲戚家。因颖悟加勤勉，深得老师厚爱，树其为同侪之榜样。感念师恩而倍加努力，五年学业连跳二级而超前读完小学课程，提前毕业。后入浙江温州瓯海中学读书，一年后转读于福鼎北岭中学（福鼎一中前身）。仍葆勤勉致学之力，假期中，日时帮母亲操劳，夜晚则挑灯苦读，及至高中毕业。

中学毕业后，便和几位好友先是到莆田税务局工作，半年后，感时局弊闷而离开。1944年秋，经前岐地下党介绍到前岐中心小学，担任美术教师。平日里在白墙上画一些宣传抗日的画作，校方及县党部官员视察时，斥责李永恩有通共乱教之嫌，责学校严加管束。1946年春，国民党反动派悍然发动内战，地方当局此时也实行白色恐怖统治，在各学校增派亲信监控政治活动，严防地下党渗透。前岐中心小学增派王相钦等多名反动教师，王本人曾参加远征军负过伤，后派到前岐中心小学任教体育兼高小常识。4月13日，王相钦回答学生邓德孝问题因理屈词穷恼羞成怒而毒打学生致伤（即"4·13"事件）。当晚李永恩、陈敬仪组织陈计堂、李振钦等多名学生在文昌阁秘密开会，拟在4月14日惩处反动教师王相钦，4月15日全校总罢课。决定既出分头实施，14日由李振钦、陈计堂组织各班同学几百人痛打王相钦，打得他躲进厕所，从厕所后矮墙逃出。之后学校对李振钦和陈计堂予开除学籍的处理，更激起广大学生怒火，在李永恩等几位教师引导指挥下，总罢课声势汹涌，引起了县党部与教育局的恐慌，急忙派出教学科刘科长等七人到前岐与李振钦、陈计堂、林招权等学生代表谈判，学生们提出"恢复李振钦和陈计堂学籍，严惩打人凶手王相钦，开除王相钦及反动老师李步香、叶民得、陈中美等五个反动教师，赔付受伤学生邓德孝治疗费用，严禁教师任意打骂学生，保证学生言论自由"等五项条件，否则决不复课。历时一天两夜谈判交涉，当局终于完全答应学生提出的要求，二位学生学籍得以恢复，几个恶教师被开除回家。罢课学潮胜利了，全校同学在胜利欢呼声中全面复课。

二次罢课学潮发生于1947年秋季，反动教师朱绶依仗权势作恶多端，执教高小语文课布置学生作文时，因学生实话实说评价蒋介石是朝令夕改的独裁者而大发雷霆，不但斥责打骂学生，还罚跪大厅蒋介石像前两小时，其他老师劝其别过分，他却嚣张地还要把学生送县城警察局。当晚小学党支部组织开会，由李永恩、陈敬仪等召集李振钦、陈计堂、林招权等学生再次发动罢课，历时三天，通过对话，取得胜利，朱绶被开除回家，学生重新复课。在前岐中心小学任教期间，李永恩时常为浙南游击队递送情报。为防范危险，李永恩经地下党指示离开前岐中心小学，改名李华雄前往平阳县马站镇芦尾教学，在那里李永恩依然以赤诚之心，循循善诱教诲学生。经他教导的学生有杨守晃、张宝华、陈翠华等，均积极投身到革命洪流中，成为新中国的骨干人才，为地方稳定繁荣做出贡献。

1948年秋，李永恩接到地下党通知到浙南根据地工作，参加浙南地委干部培训班学习。当时李永恩正准备前往南京中国人民大学学习，恰好遇见老首长郑丹甫和任曼君二人，老首长语重心长地对李永恩说："全国形势非常好，马上就要解放温州城了，接着要解放瑞安、平阳，还有我们的家乡福鼎，现在我们的干部很缺乏，特别是像你这样有文化的干部，希望留下来为家乡的解放出力。"老首长的一番话让李永恩留了下来，参加到解放温州、平阳和福鼎的工作中。1949年6月10日，浙南游击纵队正式解放福鼎县城。李永恩等一批原籍福鼎的同志又回到了曾经生养过他们的故土。这时的他已经由县民运队干事成长为领航队副队长、桐山区副区长，领导和参加桐山区阮洋陈村、玉塘村的土改工作，后又抽调到管阳大山村、金钗溪村开展土改工作。他工作雷厉风行，积极努力，运用政策精当，深得老百姓的赞扬和上级领导的赞赏。

1952年春，全省九个地区选拔优秀干部，李永恩调到福建省人民政府政策调研室工作，又先后跟随张鼎臣、叶飞、陈绍宽等首长，担任安全秘书工作。其爱人卓月蝉也于1953年10月调到福建省人民政府机要处工作。李永恩夫妇俩在省政府工作时被称作"夫妻监印"，丈夫掌管张鼎臣、叶飞、魏金水、贺敏学、陈绍宽等许多省政府首长的印鉴，其爱人则掌管省政府大印。夫妻俩掌管大印的时间，据卓月蝉回忆，自1954年初起到1956年10月儿子出生才转由他人接替。远在泉州洪濑的父亲知道消息打心里高兴，特意写信嘱咐他们要克己为公、严于律己，信中警句"倘若贪污文钱斗米，誓断父子之情"，在党员民主生活会上成为教育党员干部的活教材，深得上级领导的表扬。建设福州五一路时，在协调各方面的工作中，李永恩以高度的政治热情，配合国防建设，严守国家机密，最后顺利完成任务。带领办公厅同志赴中央苏区宁化社会劳动调研时，老首长陈绍宽特意题写了"发扬革命传统，争取更大光荣"字幅勉励李永恩等相关同志。宁化社会劳动归来成果颇丰，受到领导的表彰。古田溪水库建设在1946年6月开始勘察，延至1951年才正式动工。为了争取早日竣工，省政府决定派一批人到新安江水电站建设工地学习，由李永恩带队前往。顺利取得真经回到福建,用于指导古田溪水库建设,为福建的水利建设发展积累了宝贵经验。

李永恩赤胆忠心,曾揭发某干部违纪劣行,1960年秋该干部怀私报复,给李永恩扣上阶级异己分子帽子,开除公职遣送回乡改造,并逼李妻卓月蝉与李离婚划清界限。李妻坚定拒绝"规劝",亦回到福鼎被遣往分水关劳动改造,后遇桐山区委书记周义务,向周陈述相关情况,在老首长郑丹甫、任曼君的关心过问下,得以平反。

李永恩遭遇冤屈,身心俱损,母亲妻儿皆为所累,自己和两个孩子压缩为农村户口。他回到家乡国洋,团结老游击队员、老地下党员、老红军,首先治理三年自然灾害留下的重创,带领大伙上山植树造林二百多亩,兴办福鼎第一个林场、苗圃,开拓荒山种粮;发动村里青年兴办福鼎第一个农民俱乐部,组织学习文化,宣传党的农业政策。同时李永恩还跟随母亲大胆从事骨伤临床实践,整理父亲李乃算骨伤诊疗经验,为十里八乡老百姓疗伤。后来为整理其父李乃算几十年的正骨疗伤经验还专门与其父的高足戴振忠一起苦熬数月,编写了上、下两册《中医骨伤诊疗经验》。

李永恩在1965年10月得以平反复职。1966年春又回到了省人委办公厅工作。

就在恢复工作没几个月,"文革"开始了。李永恩杳无音信持续了三年,直到1969年的冬天,还被监视的妻子卓月蝉才收到了李永恩从福建省建设兵团一师一团(漳平县的潘洛铁矿)寄来被拆封查阅过的家书。当慈母知晓儿子平安的消息,久卧病榻的她脸上露出了喜悦的笑容,历经风霜而久病缠身的老母亲还是带着无法弥补的遗憾,安详地离开了人世。而作为儿子的李永恩也因为家山远隔,没能最后送一程自己的老母亲,留下了无法弥补的遗憾。

时间推移又过了五年,为了家庭的团圆和安宁,李永恩动员妻子卓月蝉带着儿女,举家于1974年冬天迁到位于深山老林里的福建省建设兵团一师一团潘洛铁矿生活。山里的生活相对单调,孩子们也逐步成长,他们有的到知青农场劳动,有的当上了工人,有的上了大学读书。一家子过得还挺宽心,只是远离了家乡和故友。

到了1981年,在郑丹甫、任曼君等老领导的帮助下,李永恩终于又回到了省政府办公厅,担任财政处领导工作。离休后的他又步入福建省老年大学国画系暨诗词书法专业就读,且圆满毕业,其书画技巧得到了沈锡纯、赵玉林、杨启舆等大家的指导,日益精进,成为福建省诗词学会常务理事。在福州市书画院成功举办百幅书画展览,正式出版《李永恩中国画集》和《李永恩诗集三百首》。1995年由国家文化部特批由他和女儿、女婿、外甥组成的家庭书画展览赴美国曼哈顿、纽约等地进行长达半年的巡回展览,为增进和密切中美友谊做出贡献。耄耋之年他勤于公益,为家乡道路、文化、宗族和谐出钱出力。

佳阳三名党员

朱江萍

佳阳是闽浙边区的重要革命老区和鼎平革命的发源地。在革命战争年代，一批前岐佳阳英杰，为追求崇高的理想，紧跟共产党浴血奋战，为闽浙边区革命斗争和中国人民解放事业立下不朽功勋。他们是佳阳人民的革命先驱和榜样，是老区人民的杰出代表和荣光。以下简略补述三人：

甘士杰

甘士杰（1911.11—2002.1），福鼎市佳阳乡罗唇村人。1933年5月加入共产党，先后任赤卫队长，肃反队队长。1935年6月鼎平独立团成立时任团长，1937年2月调任红军挺进师新兵队队长，1938年3月编入新四军北上抗日。之后，历任新四军连长、营长、教导团大队长、28团参谋长、浙江省军区第48军分区警备团团长。新中国成立后，任浙江省公安厅边防局副局长、浙江省第一监狱监狱长。1966年5月离休。

谢鸣銮

谢鸣銮（1915.12—1941.1），又名谢作悟，福鼎市佳阳乡佳山村人。1931年考入霞浦省立第三中学，1934年毕业后应王宏文聘请在岐阳小学任教并从事革命活动。1939年12月加入中国共产党。1940年春经组织介绍到新四军军部学习，后任新四军军部指导员，1941年1月在皖南事变中牺牲。

陈新民

陈新民（1916.9—1978.6），福鼎市佳阳乡三丘田村人。1934年9月参加闽东游击队。1935年加入中国共产党。1938年编入新四军3支队6团北上日。历任苏北三分区独立团参谋长、中国人民解放军2纵6师48团副团长，1纵1师8四团长。新中国成立后任海军青岛航空预备学校副校长。1958年转业后任浙江绍兴铜矿副矿长、里渚铁矿副矿长、平水铜矿矿长、党委书记。

文物古迹

古遗址

> 南农大

此文收集古遗址主要有两类：较早的古人类活动遗址，近代人类活动遗址。

佳阳单桥山遗址

佳阳单桥山遗址位于佳阳畲族乡佳阳村东约100米。长形独立山包，山顶隆起，呈东西走向，面积4000平方米，相对高度30米。1987年第二次全国文物普查时在东北面山坡采集到大量印纹陶片及少量石器，未发现文化层堆积。2008年10月复查时发现少量石片，采集物主要集中在东北坡，未发现有文化层堆积。从采集的石锛观察，与店下洋中马栏山石器制造场石器基本类同，证明青铜时代，人类在此生存活动过，对研究青铜时代古人类活动情况有一定的研究价值。

佳阳水尾山遗址

水尾山遗址位于佳阳畲族乡佳阳村西500米，呈南北走向，面积600平方米，相对高度60米。1987年第二次普查时发现大量石锛和石料散布于地表，主要集中于山顶最高点，但未发现文化层堆积。2008年10月复查时发现少量石片，未发现文化层堆积。从采集的石器观察，与马栏山石器制造场石器基本类同，证明青铜时代人类在此生存活动过，对研究青铜时代当地古人类活动情况有一定的研究价值。

佳阳炮台山遗址

佳阳炮台山遗址位于佳阳乡佳阳村炮台山上，山呈东西走向，东坡低凹处与大山相连。面积大概600平方米，相对高度30米。1987年4月调查，未发现文化层堆积，在山顶周围地表采集到素面灰陶1片、石锛6件、石簇1件、残石簇4件、断面三角形石锛1件。2008年10月普查时发现少量石片和石锛残件1件，未发现有文化层堆积。从采集的石器观察，它与马栏山石器制造场石器基本类同，证明青铜时代有人类在此生存活动过。炮台山遗址对研究青铜时代当地古人类活动情况有一定的研究价值。

宫口碉堡遗址

宫口碉堡位于佳阳畲族乡罗唇村宫口自然村猴子山上。宫口碉堡建于1934年,当时国共两党关系紧张,宫口碉堡是国民党为抵御共产党部队的进攻而建的。碉堡坐东北向西南,由花岗岩石块砌成,东西两面墙长6.1米,南北两面长5.3米,面积为32.33平方米。内口宽0.65米,高0.55米,墙残高2.3米,四面各开两个机枪眼。宫口碉堡的发现对研究福鼎近代革命历史提供了重要的线索。

周山古水渠

在佳阳畲族乡周山行政村有两条古老的水渠,这两大古代水渠发源于雨量充沛的天湖山,起点均在天湖山"仙人足迹"景点附近的内湖。始建于周山开村之后,有经过扩修,已近千年,均为人工开凿,渠宽0.6米,深0.5米,渠岸由石块垒砌。一渠绕母亲峰,经柯头坪小水库流入周山村部,润泽周山村部、水碓、大家坪自然村一带,全长4050米,灌溉面积500多亩。二渠经隔山头畲族自然村流入房岙一带,全长2630米,灌溉面积300多亩。这份珍贵的遗产,是周山先人勤劳和智慧的结晶,至今仍发挥着重要的排涝和灌溉作用。

蕉宕古围垦遗址

蕉宕村旧海堤于清康熙四年(1665)建成。蕉宕村位于福鼎东北部沙埕港湾内,福鼎至沙埕水路中段,有七座小山包,四座常年裸露在海水之上,三座退潮时才可见真容,排列好似北斗七星之状,有"七星拱月之称"。"七星"指的是七个山包,"拱月"则指残留的海堤基座。海水因海堤塌陷灌引入围垦地中,虽然不是照澜与三井里的水,却也解决了围垦用水的困难。

双华古城堡

双华城堡位于佳阳畲族乡双华村南侧,当地群众称"辕门"。建于明代,为抗击倭寇而筑。依山而建,平面呈横线形,东西走向,南面开两门。古城墙由花岗岩石块砌成,总长约300米,城址面积13000平方米。村口南城门顶为半圆形,门宽1.7米、高2.3米,上部厚2米、下厚1.5米,城墙高2.8米。村尾南城门宽1.9米,墙高2.8米,底厚1.3米,跑马道宽70厘米。城门前由花岗岩石块铺成的小路环绕城墙。堡内有数栋石块砌成的古厝残墙。

古交通设施

南农大

半岭碇步

坐落在周山村，共有31齿，全长20米。

高境碇步

坐落在龙头湾的高境自然村，共有57齿，全长38米。

万八岭路亭

坐落在象洋万八岭，属于双间式结构。1857年至1862年由象阳游姓村民建成，1985年又重新修建。

照澜岭路亭

亭建在前岐往照澜至佳阳一条石径路的中段，古称半岭亭。始建时间无从考证，据村民钟光秩口述是照澜施姓大户人家所建。亭的四墙采用粗石砌，宽5.2米，长6.2米，前后两拱形门，门宽1.6米，外侧墙有个窗户80×100厘米，可通风、望山景；内侧墙有一土地神龛，40×60厘米。亭内四根木质柱子支撑梁和椽，斜顶青瓦，柱与柱之间有根横木为椅，供来往行客乘凉休歇之用。

由于年久失修，梁椽柱腐蚀朽烂坍塌。20世纪80年代，照澜半岭谢秉任和佳阳田中钟学记发动村民修复，保持原砌石墙，

照澜岭路亭（陈相涛 摄）

而四柱平顶用混凝土浇灌。

蕉宕桥

坐落在蕉宕斗门，全长6.5米，由四块各为0.6米厚的石板架成，建于1875年到1908年期间，由黄、钟、赖三姓富户募建。

佳阳拱桥仔古桥

拱桥仔古桥位于佳阳派出所、信用社下方，佳阳畲族乡设立后因集镇建设，将原河面拓宽，故将古桥拆除，保证洪水畅通。

桥呈虾蛄状，中间没有桥墩，两壁出檐，桥面铺青石板。桥长约3米，宽约1.2米，由5条青石板铺就。

该桥建于清嘉庆三年（1799），据传由佳阳钟姓先祖与郭姓先祖用修建佳阳华光大帝宫的余资修建而成。石板桥上方刻有"嘉庆三年造"字样。

罗唇海边古桥

桥长11.6米、宽1.42米，三节三孔，每节用五根青石板，中间一根桥板宽0.36米，其余四根均0.265米。中间两个桥墩，八根青石柱，桥内侧一米处用两根分流石板采用榫卯结构建造。古桥于清朝年间由杨乃余建造。

渡口

罗唇渡 位于佳阳畲族乡罗唇村马渡，位于沙埕港内，对岸为店下江南狭衕（下垅）村，渡口建有简易埠头一座，有数艘挂机渡船往返于马渡之间狭衕。

安仁渡 位于佳阳畲族乡安仁村竹甲鼻。渡口配有5匹马力挂机渡船5艘，往返于安仁、城区、巽城、鲎屿间。

蕉宕渡 位于佳阳畲族乡蕉宕村，有6匹马力挂机渡船1艘，往返于蕉宕、城关间。

狭衕古渡 狭衕又称狭弄、霞弄，与店下镇江南村狭弄隔港相望。狭衕古渡既是历史上的海防要地，又是陆上交通要道。处

狭衕古渡遗址（陈相涛 摄）

于福鼎至沙埕港湾的中段，同时也是最狭窄的地段，故古时称"下衕"。狭衕古渡的水位很深，接近百米。此处水流较为湍急，尤其是夏天，每年夏天沿海一带常常会遭遇风暴或者台风，没经验的艄公，可能连人带船都会被倾覆，造成船毁人亡的惨剧。早在清末民初此处就曾设立过哨卡，经商船只出入都需要征收关税。

狭衕古渡曾经是红色渡口，福鼎早期党的负责人黄淑宗及鼎平县委同志曾在此渡口频频活动南下北上，在当地村民引导下，曾通过这一水路隐藏了行踪，在店下江南建立了下东区革命根据地和佳山双华一带的上东区革命根据地。

狭衕古渡曾经是辉煌的交通要道，抗击过倭寇，做过通商哨卡、红色渡口。经历了岁月的洗礼，直至2006年"桑美"台风，狭衕古渡已经完全停运。现在古渡只保留了一个灯塔，作为曾经辉煌的印记。

古戏台和古宗祠

南农大

周山地主宫戏台

周山地主宫戏台位于佳阳畲族乡周山村地主宫内。戏台坐东向西,面阔四间10.5米,进深四柱减中柱带前檐6.8米,面积为80平方米,抬梁式悬山顶。上铺八角藻井,梁架上雕刻有人物、花鸟、竹、鱼、龙、凤等图案,建筑较为精致。始建于明万历癸酉年(1573),至今已有430多年历史。地主宫整个建筑群占地1500多平方米,主要由主戏台、东西两侧观戏楼台(现又俗称雅座、包厢)、主戏台正对面的土地宫所组成,中间围成一个天井,光线通透,空间宽敞。过去,戏台常有演出,民间流传着这样一句话:"锣鼓响,脚底痒。"说的是每当演出锣鼓响起,总会吸引十里八乡的人们来这里观看,热闹非凡。

周山地主宫

周山周氏宗祠

周山周氏宗祠位于佳阳畲族乡周山村,根据周山《周氏宗谱》记载始建于明万历年(1573),清乾隆年间扩建(1736—1795),民国时期整修,新中国成立后多次重修。宗祠整体坐东向西,属一进合院式砖木结构。通面阔21.5米,通进深40.8米,建筑面积877.2平方米,中轴建筑由大门、天井、太子亭、正厅组成。大门宽3米;天井宽10米、长12.5米;太子亭面阔5米、进深5米;正厅面阔三间,宽19.5米,进深5柱,每柱高10.5米,穿斗式硬山顶。祠堂由120支木柱和精雕的大梁组成,规模宏大,华丽气派。周氏宗祠建筑构件颇有讲究,诸如木雕、石雕、砖雕等作品,精刻细凿,各自的表现手法因建筑部位的不同而相异。砖雕可见于宗祠门额,石雕多见于柱础、抱鼓石,木雕多见于梁枋、雀替、门板、窗棂。宗祠整体为三进五级布局,统一规整,墙连瓦望,蔚为壮观。木雕均,既有朴素的原木纹理,又有精美的雕刻图案,相得益彰,格外典雅。均技艺纯熟,悦人心目,让人叹服。宗祠保存有明、清名人匾额,其中重要的有清乾隆皇帝御赐的"圣旨"匾;乾隆五十年(1785)文华殿大学士兼吏部尚书蔡新题"绳泽式茂"匾等。

周氏宗祠的建造是古代建筑思想和建筑技艺的缩影。基于中国南方多雨潮湿,宗祠外围为砖墙瓦顶,便于挡雨排水;宗祠内围设四个"四水归堂"的内天井,方便采光、通风、排水。

周山山环水绕,锦峰簇拥,从高处看,周山村落四围山峦连绵重叠,整体形似开放的莲花,而周氏宗祠就坐落在"莲花心"上。村落总体规划以周氏宗祠为核心,结合周围自然环境,并按照"阴阳五行"学说定好村落的布局,并渐渐形成了2600米长的环村"书堂古巷"。这样的选址,体现出周氏祖先非同一般的营造思想,使村落的建设达到天人合一的境界,为外人营建出一个世外桃源般的审美空间。

周氏宗祠不仅见证着周族的荣光,同时也生动地展现了周氏生生不息的文脉。周山周姓族人向来崇尚读书,"以读为进,学以教化,优则为仕",诸多的先贤光耀周族史册。设有"私塾",至今还有"内书堂""外书堂"的地号。周氏祠堂左向600米外"四落里"又名"内书堂",为四进式建筑规模宏大,20世纪30年代被烧毁,现遗址尚存,正前方用于彰扬功名的"旗杆石"仍在。族谱记载,清代周氏出了周国镗等4名进士,贡生、太学生、庠生等更多。

周氏祠堂现存匾额八块,乾隆皇帝御赐的牡丹一株,精巧的"三雕"以及明清时期的书画、栏杆,这些文物都有重要的历史价值。

周氏宗祠内景（周义肖 供图）

1. 匾额

周氏宗祠现存八块匾额分别是：乾隆皇帝御赐"圣旨"匾、清乾隆朝大学士兼吏部尚书蔡新题匾、刑部尚书孙希旦题匾、四库全书编撰陈科捷题匾堂号"四德堂"、翰林院侍读学士阿肃题匾、大理寺卿蓝应元题匾、温州知府张慎和题匾、福宁府知府李拔题匾。

2. 乾隆皇帝御赐"牡丹"

为了嘉奖周山先贤，清乾隆皇帝"圣旨"在送达周山时，也为周山送来了御赐的"牡丹"和"芍药"，它们分别被种植于宗祠一二进之间的左右花坛上。御赐的"牡丹"花为粉红色，花型硕大，直径达22厘米。历经民国二十五年、"文革"等数次劫难。经精心培育，分别于1962年和1995年开花，远近慕名前来观瞻者无不称奇、称羡。

3. 精巧的"三雕"

周氏宗祠建筑构件颇有讲究，诸多"木雕、石雕、砖雕"等"三雕"作品。周氏宗祠中"木雕"作品主要有三种类型：

（1）单面雕。比如在宗祠第二进大厅的隔板上，就有整齐排列的单面木雕作品，每副木雕图案都取于《三国演义》或者《水浒传》的故事片段。比较容易识别的有三顾茅庐、桃园三结义、空城计等，凹凸分明的片段图案，富有文化气息和趣味性。

（2）双面雕。在宗祠第二进大厅左右屏风上都有明清的"双面雕"作品。屏风门板厚度不大，但是前后两面都有精细的雕刻，图案多是代表吉祥富贵的花草鸟兽，刀法一流，构图精美，让人叫绝。

（3）立体雕。宗祠内的木柱雀替和部分木梁，多为立体雕，作品有龙头、松鼠、葡萄等，形象生动、逼真。其中的立体雀替雕，不仅有承重作用，还有装饰美化效果。

4. 明清"书法、诗词、绘画"

周氏宗祠内，除了有清代重臣名儒的题词匾额，在正堂的三十六扇窗门上，还书刻着王锡龄、梅灵主人等许多明清文人墨客所遗诗词和赠言。如梅灵主人为周氏宗祠赠诗："牡丹开五福，芍药报三春。"

在每一进的木柱上，都有体现家族文化的长句楹联，如："继先贤启汝南子孝孙恩典范，携俊秀承歧北宗亲祖德遗风""名山育名人名祠出名花名驰四海，圣前昭圣意圣地香圣迹圣史千秋"。

周氏宗祠雕栏画栋，在"太子亭"的藻井和正堂的天花板上，是形态各异的彩绘。题材涉及传统戏曲、民间故事以及渔樵耕读、宴饮、乐舞等生活场景，文化气息浓厚，给人于视觉的冲击和艺术的享受。

5. 清代石狮栏杆

清代石狮栏杆，整排石构，全长近10米，位于周氏宗祠大门外2米处，是周氏宗祠建筑群的重要组成部分。据《周氏宗谱》记载，这一排栏杆是清乾隆年间扩建宗祠时安设的，有近300年的历史。栏杆的特色之处就是上面的2头石狮子，它们的造型精致灵巧，活灵活现。左边的石狮子特别可爱，它张着嘴，嘴里头还含着一个可以滚动、但不会掉出的圆石珠。石狮子是一种深受人们喜爱的瑞兽，乃护卫和辟邪的象征。

国洋李氏宗祠

李氏宗祠位于佳阳畲族乡佳山村国洋李自然村。据李氏家谱记载：宗祠始建于明万历乙巳年（1605），清光绪十五年（1889）、1913年两度重建，2003年再重修。宗祠整体坐西向东，属一进合院式砖木结构，通面阔24.6米，通进深33米，祠占地面积1066平方米，建筑面积812平方米，中轴建筑由大门、天井、前厅、戏台、天井、正厅组成。大门宽1.67米，门额书"李氏宗祠"，两旁挂有一副对联，上联为"祖肇衫洋枝分赤岸"，下联为"祠临麟趾派衍陇西"。一进天井宽23.4米、长7.75米，前厅面阔三间10.6米，进深四柱8.2米，戏台为抬梁式悬山顶，梁上铭文"大中华民国二年岁次癸丑桂月榖旦重建"等字样。二进天井宽11.1米、长8米，正厅面阔五间20.7米、进深五柱减中柱11.4米，抬梁式悬山顶，月梁、斗拱、雀替上刻有花、凤凰、狮子、龙等雕刻精美、栩栩如生。国洋李氏宗祠于1997年被公布为福鼎市第二批文物保护单位。

古民居

> 南农大

如今在佳阳畲族乡比较完整保留下来的古民居不多，最早的为清末建筑。兹列如下：

东樟丁氏民居

东樟丁氏民居位于佳阳畲族乡佳阳村东樟38号，根据梁架结构与平面布局判断建于清代，坐北向南，合院式木构建筑，穿斗式悬山顶。通面阔28.3米，通进深23米，面积650.9平方米。由大门、天井、正厅组成。大门宽1.65米、高2.45米；天井宽10米、长10.65米；正厅面阔三间5.2米、进深七柱带前廊12.3米。古民居雕刻较为简单，窗户上刻有花卉、金钱等图案。

象洋游氏民居

游氏民居位于佳阳畲族乡象阳村上洋自然村上洋36号。建于清末，坐东向西，属一进合院式木结构穿斗式悬山顶。通面阔31.9米，通进深30.5米，面积为972.95平方米。中轴建筑由大门、天井、正厅组成。大门宽1.75米；天井宽14.9米，长16.25米；正厅面阔三间5.15米，进深七柱9.7米。两旁厢房各四间，面阔12.45米，进深9.7米。游氏民居整个建筑古朴大方，斗拱、梁柱等精雕细镂，雕刻有凤凰、花卉等，造型奇特，形象生动，具有很高的艺术欣赏价值。

三丘田周氏民居

三丘田周氏民居位于佳阳畲族乡三丘田村三田自然村48号。根据梁架结构与平面布局判断建于清代。民居坐东南向西北，属一进合院式砖木结构。通面阔31.2米，通进深27.8米，面积为867.36平方米，中轴建筑由大门、天井、正厅组成。大门宽1.6米；天井宽11米，长9.95米；正厅面阔三间4.7米，进深7柱8.7米；穿斗式硬山顶。两旁各四间厢房，面阔10.1米，进深8.95米。民居建筑规模宏大，屋内梁架、斗拱、雀替精雕细镂，门窗镂空，雕刻蝙蝠、花卉等，造型奇特，形象生动，具有较高的艺术欣赏价值。

石龟何氏民居

石龟何氏民居位于佳阳畲族乡安仁村石龟自然村石龟8号。根据梁架结构与平面布局判断建于清代，坐东北向西南，属一进合院式砖木结构。通面阔34.5米，通进深25.1米，面积为865.95平方米，中轴建筑由大门、天井、大厅组成。大门2006年被"桑美"台风摧毁，天井宽15.2米，长8.5米；大厅面阔三间4.45米，

石龟何氏民居

进深七柱10.6米；穿斗式重檐硬山顶；两旁厢房各五间，面阔15米，进深10.6米。何氏民居规模宏大，屋内斗拱、梁柱雕刻麒麟、花卉等，造型奇特，形象生动、古朴大方，梁柱上镶嵌着蓝色琉璃珠子，具有较高的艺术欣赏价值，地板全用三合土夯实。

绣锦庭院

周山村原有较多的明清民宅，除了已经被烧毁的周氏民宅"内书堂"外，如今，保持较好的明清民宅是周氏宗祠围墙右边外的民宅院落。民宅有8间一大厅，一字摆开，占地1000多平方米。民宅庭院建有门楼，上配有寄托着族人人文气息的门楣题词，院内有花有草，居屋一般装有格子门窗，四季花卉、博古图案或吉祥鸟兽雕刻其间。大多家庭还保存着明、清、民国至改革开放前使用的特色生活和生产用具。但不幸的是，这处民宅曾遭受2006年"桑美"超强台风的破坏，目前已经在原有的基础上进行重建，在院落遗留的东西厢房依稀可以窥探周氏民居往日的辉煌。

蕉宕赖氏、沈氏民居

蕉宕村保存较为完整的古代建筑是坐落于九斗坵的"赖氏三级院"和"沈家院"。这两座古民居均建于清乾隆年间，院落整体背山而建，坐北朝南，周围有松、竹环抱。旁边的古枫树已经有上百年的历史，根深叶茂，苍劲挺拔。

"赖氏三级院"从第一层的大门进入，左右各三间房，经过天井台阶进入第二层，第二层和第三层的布局相通，最大的差异在于第三层是正厅所在之处，在正厅的正梁

上雕刻着民居建造的时间，同时正厅中间摆放着一个较为别致的神龛，供奉着赖氏的列祖列宗。

"沈家院"位于"赖氏三级院"的左上方50米处，民居的墙体由青砖砌成，正门的门口用一块完整的青石板作为门栏。进入正门，左右两侧各有五间房。经过中间的院子，正对面就是正房，穹顶为拱形，回廊式结构。这两座古民居都是木雕艺术的集大成之作，随处可见的龙飞凤舞、双龙戏珠，斗拱或是花窗上有的是麒麟喷泉，有的是双狮抱球，还有的是八仙过海，很是生动形象。虽然两座古民居已经历经了数次自然灾害，全貌已经不甚清晰，但是依旧可以从这些细枝末节之中想象出当年民居的规模与繁华。

古墓葬

盛国涛

佳阳乡现存古墓葬主要为清代、民国时期，唯有蕉宕姬氏古墓为明代末年古墓。

姬氏古墓

蕉宕燕坵姬氏古墓，建于明崇祯十年（1637）正月。

附近有疑似明朝物件：石臼一个，50×50厘米，呈凹形；柱磉石30个，花岗岩2根，花岗岩石磨一副。

蓝氏古墓

佳阳畲族乡蓝氏古墓建于清道光元年（1821）。古墓镶有代表畲族图腾之一的"凤凰图"，这种古墓装饰风格罕有所见。

李眉峰墓

该墓位于佳阳乡佳山村国洋自然村，建于清同治八年（1869），建造历时15年。

李眉峰（1820—1888），名学俊，字宏宇，太学生，例授修职郎，司职医师。该墓占地面积172平方米，建筑面积132平方米，坐北向南，呈"风"字形，青石结构，由栏杆、挡风墙、望柱、登台、墓碑、封土堆、围领等组成。墓丘前有神道碑、碑刻"后清例授修职郎号眉峰李公之墓，同治癸酉年六月，男痒封建英勒石"。有石刻狮子、石猴、名人题刻、鱼书圹志等。工艺精湛，雕刻精

李眉峰墓（李声国 供图）

美传神。2000年福建省古建筑研究所一行人考察后,认为其价值"代表了明清时期闽浙边界的墓葬文化",2002年7月公布为县级文物保护单位。

墓道碑刻

南农大

本文所收集的古碑刻主要是清朝的墓道碑刻。

蕉宕"国子监陈公墓道"碑

蕉宕"国子监陈公墓道"碑位于佳阳畲族乡蕉宕村。据碑文记载刻于清乾隆二年（1737），坐东向西，属倭角方体青石质地，碑厚 0.11 米、高 1.55 米、宽 0.68 米。碑文书"清国子监冠带耆宾陈公墓道"。后款书"旨乾隆岁次丁巳一阳月日男亦壁、泽、坚、腾、谨立"。上还刻有太阳、花卉等图文。碑底座长 6 米、宽 3.2 米、高 5.8 米，碑底属花岗岩质地。

墓道碑（江绍海 摄）

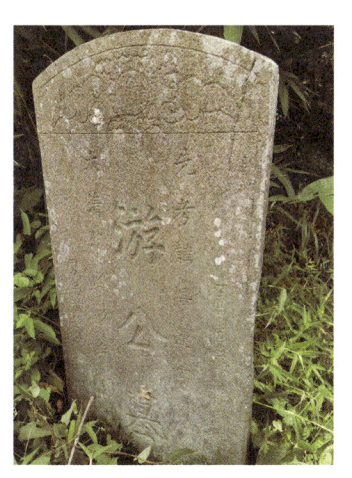

蕉宕"游公墓道"碑

蕉宕游公墓道碑

蕉宕"游公墓道"碑位于佳阳畲族乡蕉宕村，据碑文记载刻于清乾隆九年（1744）桐月（农历三月）。坐西北向东南，圆角方体，青石质地。碑厚 0.09 米、宽 0.55 米、高 1.45 米，面积 0.8 平方米。碑上刻有"祭田三箩八碑坐落廿都蕉宕三箩洋。先考讳景远字尔逢妣汪氏游公墓道，大清乾隆玖年桐月旦"等字样。

蕉宕"沈兆发公墓道"碑

蕉宕"沈兆发公墓道"碑位于佳阳畲族乡蕉宕村，据碑文记载立于清道光六年（1826），坐西向东，倭角方体，青石质地，墓道碑厚 0.1 米、宽 0.6 米、高 1.8 米，面积 1.08 平方米。碑上刻有花纹。底座宽 2.2 米、长 4.5 米、高 2 米，底座为花岗岩石质地。墓道碑上刻有"吴兴郡，本山在二十都蕉宕土名王狮堂，坐辛向乙，上自岗

沈兆发墓道碑（陈相涛 摄）　　　　双华蓝公墓道碑（蓝嘉雨 摄）

头风水，下自田，左至合石直上岗顶，右至灰水为界。大清道光六年十一月吉旦，富贵两房曾孙，道、仲、乃、思恭暨元孙瑞鹏、润、枝、群、全、录"。

双华蓝公墓道碑

蓝公之墓道石碑刻，刻于清乾隆四十四年（1779）二月，高1.16米，宽0.46米，厚0.11米，位于双华村马仙宫30米处。该碑由于道路拓宽，至少迁移二次以上。

宫庙庵堂

佳阳华光大帝宫

华光大帝又称灵官马元帅、三眼灵光、华光天王、马天君等。相传华光大帝姓马名灵耀，因生有三只眼，故民间又称"马王爷三只眼"。

佳阳华光大帝清宫始建于清乾隆十六年（1738）。据传嘉庆三年（1796），十邑九灾风雨连绵，但二十都佳阳却风调雨顺、农桑无忧。在科学尚不发达的封建年代，人们多把好年景归功于神灵庇佑，于是华光大帝宫由原来的一榴扩建成三榴神殿。当年修建神殿余资用来造桥，即拱桥仔，石板桥上尚刻有"嘉庆三年造"之字样。佳阳建乡后实施新村改造，桥被填埋。

清光绪年间，大帝宫信众已由原来钟郭两姓扩至邻村徐、倪、雷、王诸姓，香火日增。光绪三十二年（1906），钟郭两姓族人倡议各出资一半，及邻村各姓乡贤热心资助，华光大帝宫得以大规模重建。重建工程前后历时三年，神殿由原来三榴建成五榴，加建两边厢廊及头进八卦顶戏台，并塑神像供于正殿香案之上。处处雕梁画栋，喷漆图彩，有八仙过海、百鸟朝凤等图案，秀色四时不凋。可惜在"破四旧"期间，神像文物俱遭破坏。1982年，在各村热心人士的大力倡议下，华光大帝宫正殿及两边厢廊得于重修并重塑神像。

每年正月十五元宵节，又是佳阳的"孝星节""开春祈福日"。这一天，华光大帝宫前旌旗挺立、到处车水马龙热闹异常，信众祈求华光大帝保佑风调雨顺、国泰民安、无灾无难、五谷丰登。传统祈福节目有"迎佛""提灯"等，村民又筹资请来戏班上演三天大戏，正月十五元宵当天，设宴席30多桌，并从300多户村民中推选出最具孝敬父母公婆代表10名，评为"孝星"颁发奖品以资鼓励。

蕉宕齐天大圣宫

蕉宕七月二十五齐天大圣圣诞活动，人山人海，好不热闹。

蕉宕齐天大圣宫位于佳阳乡蕉宕村塘沽堤头，始建于清朝康熙二十六年（1687）

齐天大圣宫

　　八月，1993、2008 年重修。大圣宫背山而建，前临塘堤，宫左前方 30 米处有一棵巨大的古榕树，数百年来一直苍劲挺拔，根深叶茂。

　　据说当年蕉宕等地瘟疫横行，村民黄尔协从秦屿潋城齐天大圣宫请来香火，安于焦宕塘堤头大岩石下，瘟疫很快得到消除，村民感于齐天大圣显圣施恩，便在大岩石所在位置建一座砖木结构小庙，并立匾"威灵显赫""德徧群黎"二块，宫门书对联以及"灵神圣誉承此地，广大弟子焚香迎"。逢初一、十五，周边居民来客焚香参拜祈求福佑。后来设定每年农历七月二十五为圣诞日。至 1945 年，焦宕、沙埕、南镇等地再次流行霍乱，各地群众纷纷前来齐天大圣宫祈福消灾。

　　"文革"期间，田楼生产队将齐天大圣宫当作存粮仓库使用。因久经风雨，建筑腐朽损废。1993 年，各地信众捐资扩建，新宫焕然一新，占地面积 300 多平方米。2006 年，"桑美"台风正面袭击福鼎宫宇、围墙、山门受损，2008 年信众又集资重修。山门改为钢混结构，高 3.6 米，重檐歇山顶，檐顶覆以红琉璃瓦，门柱书对联"一村清泰蒙神佑，四序康宁托圣扶"。

　　宫宇坐北朝南，为砖木结构，面阔五间，檐顶塑有双龙戏珠。大门两边对联为"往西天取真经千卷，回东土护国安万民"，门额牌匾曰"德徧群黎"。门上方绘有几幅水墨壁画，皆与齐天大圣故事题材相关，富有趣味，其线条流畅，油墨简省，趋于写意，虽不是名家大作，但也形象生动，画工稔熟。难得的是，这些画作是村民业余画家江里开所作。

宫中诸神列位，正堂为齐天大圣、猪八戒、沙僧、牧牛大王、福德正神。村民视齐天大圣为境主，管辖全境的一切事务，成为本境的守护神。齐天大圣塑像手持金箍棒，冠戴紧箍咒，插上两条羽装饰，形象逼真。

信众每年农历七月二十五日的大圣宫庙会，四方善男信女皆慕名而来，焚香祭祀，祈求心愿。并筹办饮福酒席50余桌，演戏三日。焦宕村结合齐天大帝宫传统庙会活动，农历七月二十五定为村民俗文化节，将举办民俗文化传承创新活动。

青云寺

该寺位于周山村天湖山顶，建于1980年。佛殿为青石砌成，面积18平方米。厨房、宿舍13平方米，寺有菜地四分、茶园一亩。

青云寺（陈湘涛 摄）

泰国寺

该寺又名旧宅庵、高利庵，位于佳山村国洋自然村，建于清康熙八年（1669），现存清乾隆三十一年（1766）的石香炉、清同治八年（1869）的碑记。1958年遭雷电摧毁，1980年在废墟上重建，大殿90平方米，厨房宿舍60平方米。该寺解放前是全县十二中寺之一。寺产现有水田二亩、田地二亩、菜地三分、茶园五分。该寺自从佳阳、前岐分乡后，主体建筑在佳阳地界内，出了大门便是前岐地界了。

泰国寺（蓝嘉雨 摄）

安乐寺

该寺位于佳阳乡罗唇村四斗田伏里，建于宋初，毁于宋末。1985年在原废基上重建。殿占地114平方米，宿舍、厨房36.36平方米。寺有水田1.2亩，菜地五分。此寺始建时间为佳阳乡最早。

济堂寺

该寺位于三丘田大园自然村，建于清康熙五十七年（1718），1979年7月重建大殿38.8平方米，宿舍、厨房117.37平方米。寺有水田1亩，农地2亩，茶园3亩，菜地4分。

济堂寺（陈湘涛 摄）

安龙寺

该寺坐落于安仁村仓头，建于清光绪十三年（1887），1930年修葺，1938年重修，1989年再修。殿占地103.89平方米，宿舍、厨房273.62平方米，寺有茶园3亩。

安龙寺（陈相涛 摄）

革命纪念场所

> 南农大

周山是"中共鼎平县委"诞生地,革命遗迹、遗址众多,现建有周山革命纪念馆。

上东区苏维埃政府遗址

上东区苏维埃政府旧址位于佳阳畲族乡周山村。1935年6月闽东特委在周山成立上东区苏维埃政府,在周欣明住处悬挂上东区苏维埃政府之徽;成立中共福鼎上东区区委,周建生担任委员。后被国民党反动派派兵焚毁。1995年10月,中共福鼎县委员会,福鼎县人民政府在周山村上东区苏维埃政府旧址立碑纪念。碑身坐北向南,倭角方体,青石质地,基座为混凝土。碑高1.22米、宽0.69米、厚0.055米,碑座上宽0.89米、下宽0.99米;上厚0.30米、下厚0.38米;碑座高0.35米。碑后即为周欣明住处。

上东区遗址

革命纪念碑亭

该纪念碑亭距离周山革命陈列馆后侧，是浙江苍南、福建福鼎两县市人民政府在1995年纪念"中共鼎平县委"在周山成立60周年时共同出资建成，纪念亭的中间是"中共鼎平县委"纪念碑，碑题"中共鼎平县委员会旧址"，由叶飞同志亲笔题写。1935年6月，"中共鼎平县委"在周山成立时，叶飞时任中共闽东特委书记，在周山留下过足迹。新中国成立后，被授予上将军衔，曾任中共福建省委第一书记、海军司令员、全国人大常委会副委员长等职。在纪念亭内还有王烈评、陈辉两位革命老同志的题词，分别是："优良作风世代传，革命传统需继承"；"看今朝周山老区春光无限前程似锦，忆当年鼎平革命艰苦卓绝红旗如画"，寄托着革命老同志的勉励和关爱。为了更好地发挥周山革命传统教育基地作用，目前拟对"中共鼎平县委旧址纪念亭"所在山岗进行统一规划，扩建成"周山历史文化主题公园"，丰富周山历史文化内涵。

革命纪念碑亭

周山革命陈列馆

该陈列馆是周山革命老区的标志性建筑，面阔三间，高三层，建筑面积400多平方米，宽敞气派，于2005年建成开馆，2023年改建。内有丰富的图片、文字以及实物等资料。这些珍贵的史料是村干部跑遍8个省10多个市县，走访很多老红军、老干部以及党史专家、学者，搜集、整理而成。此外，中国改革与发展研究院研究员周文明、福建省政协原副主席陈增光、福建省老区建设促进会会长蔡学仁、原郑州大学党委副书记李资平（老红军）、老红军战士张文碧（开国少将）和郑昭等人，为周山革命陈列馆题词。该陈列馆是重要的教育和参观的场所，每年都有不少党员干部、教师学生、外地游客来这里缅怀追思、瞻仰观光。

周山纪念馆（陈相涛 摄）

红军练兵场旧址

位于周山村柯头坪，距周氏宗祠 2000 米。此处是一块山中平地，面积约 1000 平方米，是比较隐蔽的革命据点，原有 4 间民宅，已被国民党烧毁，现遗址周围是茶园。

红军洞旧址

位于周山村西坑自然村上首半山腰，洞内可藏八九人。在反国民党"围剿"的艰苦日子里，不少红军战士藏匿于此，当地群众冒着生命危险送水、送饭、送情报。此外，还有龙跃、郑丹甫等人办公旧址（西坑）、红军泉、红军岭（千年古道）、红军殉难处（丰门台千年古树下）、周建生烈士故居等革命遗迹，现保存均比较完好。佳山村内还有一座战时中共联络点。

文教卫生

福鼎市少数民族文化站

蓝清盛

福鼎市少数民族文化站创办于1958年，站址设于畲族人口聚居最多的前岐镇双华村（现属佳阳畲族乡），建筑面积134平方米。该站主要开展畲族文化活动。1960年至1976年关闭。1976年12月恢复正常活动。该站内有300多册图书。10多种报纸杂志和象棋、乒乓球以供活动。1980年起，创办《二月二》文艺刊物，收集登载畲族民歌、民间故事传说。协助象洋、大路民族村办起畲族木偶剧团、京剧团。每年农历"二月二"县内各畲村男女歌手云集双华，在少数民族文化站内彻夜对歌。同时畲族木偶剧团、京剧团也前来公演。1983年"二月二"最隆重，文化站组织赛歌、迎灯、焰火、武术、歌舞表演和畲族民俗文物展览、拔河比赛、演戏等各种活动。县内及浙江畲族歌手上百名前来参赛，其场面热闹非凡，博得中央、省、地、县前来参观的画家、音乐家、记者及观众的热烈赞赏。文化站坚持办好每年"二月二"活动外，还协助组织罗唇畲村的"正月十八"、浮柳和佳阳畲村的"三月三"活动。1990年，该站被省文化厅定为全省"芳草计划"示范点中的畲族节俗文化点。1995年农历"四月初八"，在瑞云畲村举办来自上海、安徽、浙江、福建、江西、江苏等七省一市的120多名代表参加的少数民族传统体育表演观摩会，观众达5000多人。

（本文选自2003年版《福鼎县志》）

福鼎首支畲女文艺演出队

蔡 煌

1961年，福鼎县文化馆根据工作计划，要大量增加位于前岐区双华（现属佳阳乡）的福鼎县少数民族文化站的工作任务，其中一项就是要培养当地的文艺骨干，活跃畲族群众文化生活，动员组织群众抗灾夺粮生产自救等工作。文化站坐落在闽浙边界的大岭山脚下，在古马仙宫旁边。文化站老站长蓝振河经过深思熟虑，决定以畲家拥护共产党、歌颂毛主席为主题，结合破除封建迷信、崇尚科学、发展生产等内容，组建一支畲家文艺宣传队。他与双华小学老师、驻村工作组配合，就招收文艺宣传队人员进行多次探讨，前后历经大半年时间。

1962年春，蓝振河陆续从佳阳、山兜、桥亭、宫口等社队选调队员，最终调齐16位女演员。开始，有些家长对女孩被招来学唱戏曲并不支持。有个队员工作组花了2个多月15次登门拜访其父母，反复劝解，还帮助其母亲治病。女孩的父母深受感动，最后才答应让她学唱畲曲。工作组对学员提供一切便利，免费培训技艺，还发给务工补贴。女孩们初步学习和掌握了敲锣、打鼓、吹唢呐、吹箫、弹琴、拉二胡等技能。一切准备就绪后，蓝振河到县越剧团聘请老师来教授，又邀请中国音乐家协会会员方永成老师来文化站对畲族民歌的六种曲调进行整理，再谱新曲，补充新词，并指导文艺宣传队乐器弹奏。双华小学校长蓝清魁负责管理、协调文艺宣传队工作。

1963年，双华传统佳节"二月二"畲族会亲节期间，文艺队登台演出，受到群众的热烈欢迎。其中《织裙带》剧目表现特别突出，观众赞不绝口。蓝振河站长又根据畲族家家户户女孩学刺绣纺织的情况，把"共产党万岁"与"毛主席万岁"画成各种图案，让畲女绣在演出服装的胸前或腰带上，演出时收到很好的舞台效果。县文艺调演时，这个剧目被前岐区政府指定为调演节目，参加福鼎县人民剧院6场演出，在多地引起巨大反响。从此，"文艺宣传队"正式命名为"福鼎畲女文艺演出队"。

后来，福鼎畲女文艺演出队接到上级通知到省里参加汇演，蓝赛英、蓝承某、雷美珠、雷碧珠、雷春英、钟开花、李春英等十几位畲族姑娘第一次坐上汽车从偏远山村双华来到省城福州参加表演。她们的表演非常精彩，富有民族特色，受到时任福建省委第一书记兼军区司令员叶飞的亲切接见。1964年2月18日，全体演职员还晋京参加国家级调演，这也是闽东最早的一支畲女文艺演出队参与最高规格的演出。

大路业余京剧团

蓝清盛

前岐大路村（现为佳阳乡龙头湾村）于1982年元月组织一个业余京剧团，团长钟光好，龙头湾村坑门内自然村人，全团38人，演职员全是畲族群众。农忙务农，农闲演出，深入闽浙边界的农村特别是畲村演出。剧目有《仁宗登基》《打龙袍》《小红袍》《斩黄袍》《曹操逼宫》《投军别窑》《打銮驾》《界牌关》等20多个传统戏。该团参加1983年畲村"二月二"活动的"欢乐舞"和演出，曾被福建电视台录像播放，并编入《太姥山下的歌声》中。

（本文选自《福鼎文史·前岐专辑》）

双华畲族电影放映队

◇ 蓝清盛

双华畲族电影放映队，是20世纪80年初期组建的，负责人蓝承钗，登记证号：鼎影登字91号。有16毫米、35毫米两用机可放映16毫米，也可放映35毫米影片。放映群众喜爱的战争片、戏剧片，外加时事的纪录片、新闻片、科技片。放映队服务区域包括佳阳乡周山、佳山等农村，还有店下的江南、西岙等农村。当时交通不便，农村不通电，他们自带汽油机、放映机跋山涉水为群众放映电影。该电影队后来受到国家民委、林业部、农牧渔业部、文化部、广播电视部、科学技术委员会、技术协会等九个部委联合表彰。

（本文选自1999年版《福鼎畲族志》）

福鼎县少数民族文化站木偶剧团

钟昌敢

佳阳畲族提线木偶表演技艺于1813年从漳州漳浦县由石椅木偶艺人蓝谢年传入，至今已有200多年的历史。据说由佳阳畲民钟庭福、钟友义传承下来，组团演出一直到民国三十三年（1944）。那一年剧团成员钟大富、钟大源等人在霞浦演出，由于国民党抓壮丁，所以迫使剧团无奈被解散了。解放后，原班人马重新返回剧团，将剧团又重新组织起来。后由于"破四旧，立四新"，剧团再次停演解散。再次组织剧团已经是十年后了，1979年，钟显绩、钟显左、李先修等7人又一次筹备重组剧团，由于资金短缺，行头破旧，无法更新。1982年，剧团困难情况引起了福鼎县民政局雷朝山、蓝俊德、蓝春发的关注，他们根据木偶剧团实际困难为木偶剧团拨款4800元，让剧团破旧的行头整装一新。为便于对口管理，建议木偶剧团挂靠福鼎县少数民族文化站，时任站长蓝清盛负责整顿申报，县文化局正式下文发证，正式组建了"福鼎县少数民族文化站木偶剧团"。我当时还是个小平青，被吸收入团学习，几年间基本掌握演出提线技巧、木偶制作技艺以及唱腔口才等一系列演出技能，得到老一辈在团老师的一致好评。

1993年起，由我接任"福鼎县少数民族文化站木偶剧团"总导演兼任团长。2013年向福鼎市文体局提出申请注册的请求，得到了福鼎市民宗局、佳阳畲族乡人民政府等单位的大力支持，同年6月，将"福鼎县少数民族文化站木偶剧团"更名为"福鼎市畲族提线木偶剧团"。剧团办公地点设在佳阳畲族乡双华行政村的畲族文化馆。

"福鼎市畲族提线木偶剧团"成立以来，以畲族传统文化为题材，创造出以《畲妹子茶艺》《磨房》《畲家纺织乐》等代表性作品。这些作品参加了"中国微演艺"、畲族传统节日、东莞国际茶博会、北京茶博会的演出活动，并多次参与省、地、市电视台节目录制。

吹打音乐

◇ 蓝清盛

"吹班"一般5至8人，以唢呐为主的"吹班"，生存在佳阳畲族乡各个角落，历史上民间就有"柴岚内一班吹"的美称。目前有佳阳、双华、安仁、后洋、龙头湾、象洋、三坵田等十几个畲族"吹班"。吹班与吹班之间可以调配人员，互相支持。各吹班配有大唢呐两把，小唢呐一把，锣大小各一面，钹大小各一对，还有板、铃、二胡、笛子、鼓等乐器。主要曲目有《柳瑶经》《八仙庆寿》《朱家墓》《龙凤呈祥》《徐策跑城》《桃水令》《将军令》《什锦》《乌龙吊孝》《大过场》（也叫纸花）等等。原来都是采用古老曲牌工字谱。

为了适应发展，经畲族艺人改造成符合现代乐理的曲牌G（5—2）等卫宫调，以便于传授、普及。

畲族"吹班"班规严谨，开始时一般要吹《八仙庆寿》，散场时吹《大过场》，丧事吹奏《朱家墓》《徐策跑城》《将军令》《乌龙吊孝》，喜事则吹奏《龙凤呈祥》及相关曲目。丧事喜事兼用的曲目有《柳瑶经》《什锦》。接新娘时"吹班"走在前面，送葬出殡上坟"吹班"走在后面。

佳阳畲族民间歌谣及其分类

蓝清盛

畲族称自己语言为"山客话",称自己歌谣为"山客歌"或"山客歌言",如歌词"山客歌言几千年""歌言好唱不好回"。畲族人告诫自己,作为山客人就要讲山客话,要唱山客歌。畲族歌谣在民族学、人类学、历史学、语言学、考古学、社会学、文艺学、民俗学、美学等学科都具有非常重要的科学价值、研究价值和认识价值。佳阳畲族乡目前有蓝、雷、钟、李氏畲族1万余人,占福鼎市畲族人口三分之一,他们的歌谣非常具有代表性和特殊性,其内容之丰富、题材之广泛、歌会歌墟之稳定、歌手参与之众多、活动规模之盛大、盘歌俗规之严谨、传承渠道之自然,以及假声唱法之独特、"双音""多声部"盘唱之和谐、"过海调"(也称"福鼎调")音调之优美,都显见其奥妙、典型、殊丽、卓著之处。畲族歌谣就是一部无字的天书,口传心授,传给畲民族一代又一代后人,后人又进行了不断创新、发展、再传承,形成了如今群众性最广、生命力最强、分量也最重的民俗文化活动。在民族文化遗产中,畲族歌谣无疑是极为珍贵的瑰宝,现就佳阳民间歌谣相关情况做个梳理。

畲族歌谣

畲族是一个有本民族语言,没有本民族文字的民族,畲族歌谣记述着畲民族诞生、迁徙、劳动、生存等经历,所以说畲族歌谣是一部口传的畲民族历史。畲族歌谣题材涉及天文、地理、人物、政治、经济、历史、文化到日常生产、生活应有尽有,真是寥寥数语聊天下,一首畲歌论古今。

在民间文学三集成抢救、收集、整理之前,畲族对歌谣有几种叫法,如山客歌、山客歌言等,演唱时叫唱歌,对唱时叫盘歌。1984年5月28日,国家文化部、国家民委、中国民间文艺家协会联合通知,统一了叫法,如属某个民族的歌谣,即加个族称。畲族歌谣有歌词又有歌调,演唱时歌词和歌调一并发出。从歌词上讲是属于畲族民间文学范畴,从歌调上说是属于畲族民间音乐范畴。因此,畲族歌谣是畲族民间文学与民间音乐的结合体,或者说融合体。畲族对歌谣也是分开的,"歌"通常畲族自称"歌言",都用本民族语言歌调清唱,不管用哪种歌调,"福鼎调"还是"福宁调",只要是唱的就是歌。"谣"通常像仪式歌中歌俗歌《闹房歌》，仪式歌中尪裢道场、裢公道场、阴阳先生墓葬系列白祭、喝山、红祭都是以谣为主唱，以及"收惊咒语"等等，这些应都是"谣"。唯畲族童谣，虽为谣，有念讲的亦有畲族歌调清唱的。儿歌《踏下东，踏下西》："踏下东、踏下西、踏着石古碾过界，蝼蚁过坑不过水，河蟹过坑不带泥"这是念的。像《在母家堂没学歌》："兔子上山吃嫩菜，潭底鲤鱼住石垒，在母家堂没学歌，怎么叫我唱的来？"这是唱的。有些歌可以唱也可以念，而且效果都很好，儿歌《鸡娘生蛋咕答声》："鸡娘生蛋咕答声，鸡公跳跳过来仰，鸡公讲蛋是伊蛋，鸡娘又讲是伊生。"又如儿歌《日头落山寮里黄》："日头落山寮里黄，牛娘带仔走岭上，牛娘四奶带一仔，鸡娘没奶仔成行。"《鸡公上岭尾拖拖》："鸡公上岭尾拖拖，鸭仔落田吃草禾，大人思量没钱使，细妮思量钱子多。"

有两首畲族歌谣要单独讲一下，一是歌俗歌《黄蜂头》，二是历史叙述歌《盘瓠歌》。

歌俗歌《黄蜂头》仅流行福鼎畲族地区，我国其他畲区是没有的，这是"表姐"落寮必唱的歌。在这里要将"表姐"与"做表姐"两个概念区分开来。因许多资料对"表姐"这个称谓理解十分模糊，单纯理解为姑娘出嫁前舅舅、姑姑等亲戚请吃饭，吃糯米粿才叫"表姐"，这种看法和说法是不准确的，你想想那样"表姐"才当几天？姑娘到舅舅、姑姑家去吃饭吃糯米粿那是做客，是舅舅、姑姑请她去"做表姐"，当然"做表姐"也是"表姐"，是来舅舅、姑姑家做客的"表姐"。那么如何完整理解"表姐"这个概念？这个跟年龄没关系，跟婚姻有关系了。应该这样理解：只要未结婚，只要能上歌场，姑娘哪怕只有13岁、15岁，男歌手20岁、30岁都要称之为"表姐"，许多女歌手不是等出嫁前到舅舅姑姑家做表姐才开始唱歌谣的，在此之前她们都也久经"沙场"的老歌手了，因此你找她对歌必须要先唱《黄蜂头》，唱完一夜歌必须要交"守信"，而且男女歌手必须双双唱"守信歌"。你说，姑娘如果23至25岁结婚，这"表姐"不就是当上十年八年了吗？"表姐"是对未婚女青年的昵称，结婚了这个称呼就要改叫"表嫂"了，哪怕才过18岁。

1986年"分龙节"，福建省首届歌会在福安召开。期间举办了学术研讨会，我的《畲族歌俗浅介》一文在会上交流。《畲族歌俗浅介》素材采集自佳阳，第一次揭示畲族歌俗歌《黄蜂头》以及将"山客歌"称之为"山客歌言"，引起有关专家注意。1988年3月，福建省首届畲族歌会论文集出版。歌俗中与表姐对歌必须唱《黄蜂头》歌规习俗在闽东及周边畲族地区普遍认知，文化界特别各地搞畲族文化的专家，参与搞民间文学三集成工作的专家，对其他畲族地区是否也有《黄蜂头》或类似《黄蜂头》的畲族歌俗歌，他们做了大量深入调查研究工作，在霞浦县收集到类似佳阳《黄蜂头》的《王凤来聊》，《王凤来聊》就没有福鼎《黄蜂头》那么完美。佳阳《黄蜂头》中有"小喝""大喝"两个情节，以谣的唱法穿插其中十分精彩。不过在此期间，他们考究出"歌言"和"王风头"的来源，我还是比较认同的，摘文如下：

"歌言"及其序歌"王风头"，考其词名，由来甚古，《诗经》十五国风的"风"，如《陈风·月出》《王风·采葛》等即十五个地域的"民歌"。在《诗经》之前的歌谣，通称古谣谚，《说文》把"谣谚"释为"传言"。可见"歌言"的"言"沿用之古。《礼记·王制》："天子五年一巡守……命太师陈风以观民俗。"朱熹《诗集传·序》："凡诗之所谓'风'者，多出于里巷歌谣之作；所谓男女相与咏歌，各言其情者也。"由此可见，畲族"歌言"一词的"言"字，古义有据，由来久远；畲族序歌《王风头》的"风"即民歌，保留着《诗经》以前畲族源自"河南夷"对民歌的古老名称"风"。至今畲族男女盘歌的《王风来聊》或《王风头》歌词有："王风头呃王风头，王风内里起歌头，从细未坐王风夜，坐朗王风心经愁。""王风歌子百二条，唱那六十就放掉，谁人喝得王风尽，唱尽王风嘴也燥"。借此，提得一提的是，至今人们（亦有畲族文人歌手）和书刊报纸，皆把畲歌"王风"误写成或误说成"黄蜂"，黄蜂乃剧毒之蜂矣！何以类歌，我想，可能最早是由于畲语"王风"与"黄蜂"谐音造成以讹传讹，也就长期沿用"黄蜂"。加上有的对"黄蜂头"乱加解释，后人就更难发现畲歌《黄蜂头》名称有误和本是《王风头》的原字义了。如今在东南沿海省的畲族"歌言"，何以还保留着古代中原我国诗歌源头古谣谚语被释称的"言"，以及距今3000多年前商周中原民歌称"风"，即《诗经》风、雅、颂的"风"——如此古老典雅的民歌称谓呢？解释只能寻畲族源头，本是来自古代中原，畲族是古河南高辛夷裔也。

讲《盘瓠歌》。《盘瓠歌》也叫《高皇歌》《龙麟王歌》《金龙歌》《盘古歌》，单独流行我省罗源县畲区的叫《麟豹王歌》。歌词篇幅有长有短，短的几十条，长的有300到400多条，歌词内容大同小异。尽管名称不同，歌词有多有少，但都叙述盘瓠的出生成长、杀敌护国、变身娶亲、拆榜平番、出朝耕山的神话传说，以及子孙转徙柘荒、繁衍生息的民族发展历史。唯独流行我省罗源畲区的《麟豹王歌》，也歌唱盘瓠的英雄业绩，它对盘瓠王的来历、身份以及盘瓠与高辛皇帝的关系，则作了和《盘瓠歌》相反的解释。《盘瓠歌》和其他民族史诗一样，是畲民族民间集体创作的口头文学。我国五十多个少数民族中，畲族的《盘瓠歌》不能与藏族的《格萨尔王传》、柯尔克孜族的《玛纳斯》、蒙古族的《江格尔》、赫哲族的《满斗莫日根》、纳西族的《黑白之战》、傣族的《厘俸》、苗族的《古歌》、壮族的《布洛陀》、瑶族的《蜜洛陀》、彝族的《梅葛》等鸿篇巨作史诗相提并论。虽然畲族《盘瓠歌》篇幅不如它们宏伟，结构不如它们庞大，但也同样具有自己的民族特色。《盘瓠歌》不同于其他民族史歌有三个方面：其一，不是用第一人称来歌唱，而是用第三者来叙述，全诗充满着歌唱者对本民族英雄盘瓠的英雄业绩和本民族发生发展的历史无比虔诚，崇拜以及无限关切的主观感情；其二，没有战阵如云的壮阔画面，没有火与血交拼的战斗场景，没有瑰丽的词句，没有离奇曲折的遭遇和复杂多变的事件，而是采用七字一句，四句一条的传统歌体和朴素的语言，不枝不蔓地将畲族发生、发展的历史细细说来；其三，不宣扬战争武力，不意味私人占有，不存在等级观念，它塑造的是一个勇敢机智，护国安民，不慕荣华，勤劳朴素的英雄形象。

　　《盘瓠歌》一开头就唱"盘古开天苦嗳嗳，无日无夜造出来，又无苎布棉花籽，身着树叶青苔苔"。歌中有不少关于"开天辟地"的叙述，歌中不称盘瓠而称盘古，与汉文史籍记载的盘古开天辟地基本相符。据史学家考证，盘古系盘瓠演变而来，因为，盘瓠神话早见于东汉应劭的《风俗道义》，而盘古则迟到三国的徐整《三五历记》才有记载。盘瓠比盘古早，盘古很可能是盘瓠的音传。而且盘瓠和盘古无论作为南方某些少数民族的始祖或整个中华民族的共同祖宗，其意义也是相同。因而盘瓠成为中华民族的开天辟地的盘古氏，作为中华民族共同祖先，受到全体国民普遍崇拜，那个民族都可以祭祀，畲民族将其编成歌谣传唱，也不难于理解。

　　《盘瓠歌》不但深入于畲族民间平时的祭祀、耕织、歌场中，也深入于畲族掀起的或参加的反抗历代王朝统治的轰轰烈烈斗争中，一直延续到中华人民共和国诞生。解放后在畲族村寨的歌场中，还有远方生客必须先唱《盘瓠歌》，用歌回答自己的姓氏、房份、暗行和辈分，让主方识别自己是不是真正山客人必唱的歌，一部本来就是平平常常的历史传说歌，无形中被当成了歌俗歌来唱。

畲族歌俗

　　人们只知道畲族男女老少人人善歌，每每长夜盘歌通宵达旦。可人们不知道佳阳畲族千百年来早已形成一套歌手承认，大家遵守的歌场盘歌程序和歌规，并且形成一套完整的畲族歌俗，在我国其他畲族地区是没有的。不管男歌手找女歌手对歌，还是女歌手找男歌手对歌，首先要唱"起头歌"，用现代语言说法也可以称"引歌"或"序歌"。起头歌唱时是我们要唱歌这主人家不远处路上开始，也就是这个主人家主人和来做客客人能听到歌声为宜。这样一边唱着畲歌一边缓缓向主人家走去。好让来客听到歌声有所准备。如歌词：

> 三更半夜路里来，路边萤火捡来吹，
> 萤火不照我郎路，东边明月照郎来。
> 三更半夜路里行，路边萤火捡来拿，
> 萤火不照我郎路，东边明月照郎行。
> 我郎来娚入庭埕，脚踏石板吟啷声，
> 石板铺路千年载，恰似人家做官名。
> 我郎来娚入廊沿，脚踏石板转连连，
> 石板铺路千年载，恰似人家做官圆。
> 我郎来娚入厅堂，三人共凳坐一行，
> 红花来唱白花挺，老人床上好听腔。

缓缓走着，慢慢唱着，根据主人居住的房子路径特点，一边编歌一边唱，从路上走进主人家房前、庭埕、廊沿，然后进入厅堂，每到一处都是有歌的。进入厅堂后，歌手要唱请教主人的歌。如《要唱歌问主人》歌词：

> 要唱歌，问主家，主家问了问细婆，
> 大大细细都欢喜，齐齐欢喜歌会多。
> 要唱歌，问主人，大层问了问细层，
> 大大细细都欢喜，齐齐欢喜歌会真。
> 要唱歌，问主家，主家问了问细婆，
> 大大细细都欢喜，主人拿油出来加。
> 要唱歌，问主人，主人问了问细层，
> 大大细细都欢喜，主人拿油出来斟。
> 要唱歌，问主家，主家问了问细婆，
> 大大细细都欢喜，锅子镶了就烧茶。
> 要唱歌，问主人，主人问了问细层，
> 大大细细都欢喜，锅子镶了煮点心。

起头歌男女都唱，歌词中郎或娘的称谓，也就相应更换。歌手歌场盘歌，一要看对象，是远方的陌生来客；是即将出嫁来作"表姐"的姑娘；还是已婚来走亲戚的"表嫂"。二要看时间，是节庆日期间还是平时对歌。对象不同，时间不同，盘歌时的开头与结尾的歌词内容也有所不同。按照歌俗，不能唱"半夜歌"；按照歌俗，天亮散场时男歌手要唱"送神"；女歌手要唱"送郎"；按照习俗，有男女歌手专用歌，该是男唱，女的就不必唱，反之也一样。

如果有来自远方的陌生客人，本村人找他（她）对歌，开头歌一定要先请对方唱《盘瓠歌》。《盘瓠歌》原本归纳"大段"，属历史传说歌或叙事歌类，不属歌俗歌类。为什么又当作歌俗歌来使用？因《盘瓠歌》是畲族族内传唱，不轻易外传的，要求客人唱《盘瓠歌》是识别该客是不是畲族一种办法吧！这个习惯一直延续解放后很长一段时间，并且成规。当然，与畲族混、杂居的汉民族一些青年，他（她）不但学会畲族语言，而且学会了畲族歌谣，也酷爱畲族歌谣，经常和我们畲族歌手一起出入歌场赛歌，也是经常有的。

盘歌对象如是未婚姑娘来亲戚家作"表姐"的，对歌时开头歌一定要唱"黄蜂头"。做"表姐"是姑娘在出嫁前，对她姑娘时代学歌成绩的一次大检验、大锻炼，以利她将来能更好地应付更多的更大的歌场。一般能唱歌的未婚姑娘，也一定会要求男方唱"黄蜂头"歌。因"黄蜂头"，是比较难唱的，特别是经"小喝""大喝"两次高难度唱法的考验，就使姑娘对男歌手的水平心中有数。请听："黄蜂头，黄蜂头，黄蜂内里起歌头，从细未坐黄蜂夜，坐了黄蜂心怪愁。"这些开头客气话，首先唱得歌场主人称心满意，拿出茶、烟。然后劝姑娘放心唱歌，不会刁难你，希望能共同合作唱好一夜歌，同时也请旁听者静听别吵闹或请会唱歌的歌手指点帮助等等。再对姑娘唱些带点激将性的歌，如："黄蜂头，黄蜂头，黄蜂内里起歌头，黄蜂内里教徒弟，教起徒弟奴（和）娘斗。"这样唱了数条或数十条歌后，然后接唱《小喝》《大喝》。

《小喝》歌词：

　　黄蜂黄，黄蜂黄，黄蜂内里起歌场，手执利刀撇落黄，竹管子割朗割节，柳窟当箫吹，哺罗连哩，伶俐表姐听歌腔。

《大喝》歌词：

　　黄蜂黄，黄蜂黄，黄蜂内里起歌场，手执利刀撇落黄，竹管子割朗割节，柳窟当箫吹，出三声多智多贤，多智多贤，脚底弯弯初涉行，尽几多崎岩石壁，上岭石街叮步崩，塘田埂黄泥古里路，哎，伶俐娘弟古上呀，伶俐古噜你那表姐听歌腔，噜乌喂。

有腔有调一口气不换气地唱完,将《黄蜂头》上半节唱完后,接着唱"黄蜂歌子百二条,那唱六十就放掉,谁人唱得黄蜂尽,唱了黄蜂嘴也燥","黄蜂歌子百二连,那唱六十就丢边,谁人唱得黄蜂尽,唱得黄蜂人也眠"。接着开始分歌,唱道"发歌发分厅头上,发分间内有缘娘,金打耳耙娘钩耳,九重山贝听歌腔"。这时姑娘才紧接歌头答歌:"歌言分到我娘身,我娘怕了漾津津(发抖),一来怕了唱错歌,二来怕了唱错人。""歌言分到娘身上,我娘怕了没主张,一来怕了唱错歌,二来怕了唱错郎。"有的姑娘临阵慌场,只要停顿一下,男方马上催逼到:"发歌发在厅头上,发分那边有缘娘。发分那边有缘姐,一一二二唱还郎。""分歌分透你娘身,分到那边有缘人,分到那边有缘姐,一一二二唱分明。"此时姑娘如果还是接不上来,男方就要再逼道:"郎在唱歌分娘回,不知好(要)回是不回,连唱十首没首好,娘面划转不睬来。"不过歌场是很少出现这种情况,一般情况下歌头一起,不会唱歌的姑娘会主动出来烧茶让歌手喝,并讲清本人不会唱歌的原因,请歌手们原谅,歌手们也就道谢回家。如果盘歌对象是已婚女青年或节日期间,如春节后正月里,就可以随便一点,不用唱"黄蜂头"开头,而唱专讲吉利话的"状元游街"开头即可。当然,与未婚姑娘也就是所说的"表姐"对歌,开头歌一定要唱"黄峰头"仅仅解释为有"小喝""大喝"两个高难度唱法是不够的。一定要唱"黄峰头",肯定还有我们至今还没有了解到的真正含义,而且是其他歌不可替代的必不可少的含义。

节庆日与平时对歌不同的地方是,节庆日开头歌一定要唱"状元游街",而平时歌场盘歌用"八仙令"开头就行了。紧接起歌头之后男方可以这样向对方表示欢迎,请对方唱歌:"听讲你娘到郎村,我郎见信就来问,田中做事放落走,半行半跑转回门","你娘做客郎洞来,我郎见信就来陪,田中做事放落走,半行半跑转回来。"唱至一段时间后为了调节气氛使之更活跃,可以唱些笑话之类的歌,如:"人客叠叠上门来,家堂无曲米未炊,做乃老酒吃尽了,临时做酒粘娘嘴。""米春来晚酒做晚,你娘来到嘴淡淡,平时未晓买一件,今下凑巧无人担。""打肉路远又没去,米粉煮来又是粗,想申回转杀鸡公,又愁鸡婆无丈夫。"一般能唱畲歌的女歌手是喜爱对歌的,她也会唱:"我娘来到你郎乡,坐落凳子心烦忙,不知歌头怎么起,不知歌尾怎么唱。"或干脆唱:"盘就盘,盘到明年三月半,盘到明年三四月,芋头生笋心正甘。""教我唱,我就唱,开口喝令挺郎腔,一唱麒麟送贵子,二唱金鸡对凤凰。"这样一开头,下面就好唱了。一般习惯都先对唱小说歌或长篇史歌,即前面说的"大段"。在对"大段"时,多半是共唱一篇,你唱一条,我唱一条,顺序往下对,但有时你唱的这篇我不会唱,我也可以另唱一篇长短差不多的小说歌(史歌)。不过许多歌手接过歌头后喜欢唱《排路经》，主要是叙述做客心情，做客有困难也有喜悦，总之心情是复杂的，包括各个方面。《排路经》一般较长，内容十分丰富，试节录一部分：

今布寮里办爱行，问父问母两三声，
父母问娘去哪位，娘好近邻探姐兄。
今布寮里办爱来，问父问母两三回，
父母问娘去哪位，我要近邻探姐妹。
今布寮里办爱行，借人裙衫两三领，
借人裙衫做体面，几多体面我做前。
今布寮里办爱来，借人裙衫两三回，
借人裙衫做体面，几多体面我做来。
出门三步望郎乡，准定郎寮枫树岚，
来到郎村十字路，未晓哪条到郎乡。
出门三步望郎寮，准定郎寮枫树坳，
来到郎村十字路，未晓哪条到郎寮。

半夜后吃点心时唱《点心歌》，抽烟时唱《烟歌》，喝茶时唱《茶歌》。《茶歌》节录如下：

茶在九龙山上栽，仙女采茶落凡来，
观音佛母送茶种，十吉云头送茶栽。
茶树出在九龙山，仙女采茶落凡间，
观音佛母送茶种，十吉云头送茶青。
茶在九龙山上栽，仙女采茶落凡来，
茶盅又是仙人造，茶盆又是铜丝盖。
茶树又在九龙山，仙女采茶落凡间，
茶盅又是仙人造，茶盆又是铜丝网。
茶树老，茶叶香，泡落盅底转吟哺，
郎食娘茶映盅底，人情结在盅中央。
茶树老，茶叶软，茶叶奴水真何缘，
郎食娘茶映盅底，人情结在盅中存。

后半夜多数唱情歌，歌场盘歌一定要盘到天亮，不能唱半夜歌，因为这是认为"不吉利"的。临散场，男歌手一定要"送神"，女歌手一定要"送郎"，像农村老规矩，剧团在戏台演出完最后一晚的戏一定要"洗台"一样，也认为歌场赛歌，神鬼也必定来听，人散走神鬼也要送走，先送神，然后送郎，所以畲族青年男女学歌都先学"送神""送郎"。"送神歌"唱的都是吉利的话，一是表示对主人感谢和祝福，二则表示一夜对歌到此结束。比如："奴娘闹歌透天明，歌那唱了要送神，保佑齐齐（大家）都康健，祝福主人保太平""祝福齐齐都顺利，主人来年大发财""关爷执刀转叮当，七神八煞走忙忙""七神八煞走忙忙，各自回转各人乡，那有宫庙归宫庙，那无宫庙归石坎（穴）""此处不是神仙位，东南西北去安身"等歌句。"送郎"的内容从房门开始，送灶前、大厅、廊沿、门楼、庭埕、田湾、过桥、分叉路，过个村一直送到郎村。"送郎"是女歌手对男歌手共唱一夜歌表示谢意和怀念，同时也是对"送神"的对称唱法。如果与未婚"表姐"唱一夜歌，唱至天亮结束时男歌手必须要给女歌手"守信"，双双都要唱"守信歌"。如果"棋逢对手"，歌场是通宵不眠的，这样的竞唱风格，畲族人民叫作"比肚才"，看谁歌唱的最多，内容最好，声音最佳。当然，谁也不愿在赛歌场上服输，往往出现一夜对不过瘾，白天接着唱。于是畲族青年男女都努力学歌，以免在歌场上丢面子，并争取做个无敌歌手。

到此为止，看起来一夜闹歌似乎圆满结束，实际上并非如此，畲族闹歌讲究吉利，唱完歌送完"神"，送了"郎"，必须添丁进财，这样才叫圆满。《添丁进财》歌词节录如下：

送神转来到大厅，文曲星君就近前，
南斗星君添福寿，北斗星君添寿年。
送神转来会团圆，文曲星君就来近，
南斗星君添福寿，北斗星君添寿元。
送神转来到厅贝，武曲星君进房来，
文武星君到贵府，来到府内来投胎。
送神转来到厅堂，莲花坐斗步步上，
福德正神坐大位，添丁进财万年长。
送神那好转回门，转来添财又添孙，
福如东海长流水，寿比南山不老松。
三财四喜入门庭，一日又有进斗金，
魁星执笔来点斗，添丁进财旺人陈。

  贵府旺丁不会退，观音送子进入来，
  魁星执笔来点斗，天送黄金地送财。
  丁也添，财也添，天官赐福来怪环，
  福禄寿禧福气好，荣华富贵万万年。

  不知你注意了没有，在这一节中出现"起头歌"和"开头歌"两个词汇，看起来似乎是一个意思，实际上"起头"和"开头"是两个概念。"起头歌"是没有征求对手情况下唱的，不知道今晚这场歌能不能唱成，但必须"歌头"要起，不唱起歌头这歌绝对唱不成，起了歌头才能有希望，当然经常起了歌头还是唱不了歌，来客不会唱歌没办法啦！"开头歌"是征求对手后所唱的歌，如陌生来客开头歌唱"盘瓠歌"，表姐落寮开头歌唱"黄蜂头"，节庆日开头歌唱"状元游街"等等。"开头歌"唱了，说明这一夜歌唱成了。"起头歌"和"开头歌"有时间差，"起头歌"早些，"开头歌"晚些；"起头歌"是单方意愿，"开头歌"是双方约定。

畲歌盘唱

  畲族是个喜爱唱歌的民族，畲乡处处是歌场，人人是歌手，只要你走进畲族村寨，就好似走进了歌的海洋。不管在阳光明媚的春天，或在枫叶红遍的秋季，在畲乡的村寨小道上到处可以听到悠扬悦耳的歌声，初到畲乡的人们都会被这优美的歌声所陶醉。要是时逢正月景、二月二、三月三、四月八以及畲族村寨男婚女嫁之夜或畲乡远方来客，那是你好大的福气，往往能使你听到男女青年通宵不眠地对歌。

  由于历史的原因，长期以来，畲族所住之地是荆棘丛生，虎豹出没的荒山野岭，这里山峦重叠，村落分散，交通不便，见闻闭塞。人们从古至今直到中华人民共和国成立后很长的一段时间里，唱歌谣是畲族人民文化生活中一种重要活动形式，也是日常生活中不可或缺的一种需求。他们以歌当书，传授技艺；以歌当话，传递信息；以歌当棋，比试高低；以歌当枕，留客过夜；以歌当媒，寻找爱情；以歌当茶，招待来客；以歌当嘱，送别亲人；以歌当鼓，鼓舞士气；以歌当锣，引吭壮行；以歌当贺，喜庆节日；以歌当言，生产生活；以歌当哭，祭祀丧葬。每每长夜盘歌通宵达旦，甚至连续数日数夜不歇，畲歌能使族人对生活陶醉和向往，同时也能使畲族人民对历史追忆与怀念。

  畲族有本民族的语言没有本民族的文字，族人长期以来根据自己所见所闻所识以及语言习惯和爱好编唱歌谣，是向汉文借字记音。这样借字记音办法，能使畲歌得到流传，也使得不能真正反映出畲歌其本来面貌。

畲族歌谣是畲族民间口头文学，是畲族劳动人民集体智慧的结晶，它的创作者是畲族群众，大多数人从来不署名。畲族歌谣一旦创作成型或成功，就像长了翅膀飞向各个歌场，飞往畲族人群中，飞往畲家村村寨寨，无论到哪里都可以讴歌。畲族同胞说："畲山地僻没'音乐'，只有盘歌能散心。"这话一点都不假，你看那些准确、形象的比拟；幽默、诙谐的玩笑；生动、深刻的警句穿插其间，听一场盘歌，就受一次良好教育，真可比看一场戏剧或电影。

畲族人民世居崇山峻岭，草深林密，寮前一座大山隔着一座大山，重重叠叠，无边无尽。平时很少有机会相聚，青年男女也难得见过一次面，因此，大伙只有通过歌会相互认识。未婚男女双方在盘歌中，把容貌看清了，把彼此的向往心愿唱明白了。故此，爱情的种子也就悄悄地在两人的心间播下了。有歌谣说："唱歌本是漫笑姆，不是唱来做老婆。"但现实生活中，唱歌唱来做老婆的虽是屈指可数，但还算是有的。

畲族歌谣人人善唱，代代相传，功在口传心授，大凡畲家儿女，当他牙牙学语时，就已经随着爹娘参加各种歌会，因此，畲歌的调和词不用学就听会了。闲暇时间，再请人教唱，到了十来岁就能触景生情，触情生歌，以至能背诵盘唱几百条几千条歌谣，连唱几个晚上都源源不息呢！畲族人民在那开拓天地，营造家园的历史长河中，创造了丰富多彩，优美动听的歌谣。这些歌谣都是根植在群众当中，人们经常咏唱，且不断补充和完善，使之经久不衰，效益于社会。

畲歌盘唱形式多样，它有独唱、合唱、男女声混合唱、男女对唱等等。独唱、合唱、男女声混合唱这些形式，一般情况下是教歌学歌和练歌时才有，如一人教多人学，男女一起学，独唱多是劳作间练歌或消遣时自唱自答。畲族歌谣不论是独唱、合唱、男女声混合唱，男女对唱，很少伴随动作也无音乐伴奏，最精彩当然数男女歌手对唱。对唱可不是教歌、学歌和练歌、消遣那么简单，而是"比肚才"、比歌喉、比高低、比能耐、比输赢。当然盘歌的目的不仅仅是为了这些，主要的是要把一场歌唱完整唱圆满，让主人高兴，让歌手高兴，也让听歌的人高兴，所以唱歌时，不能斤斤计较，得饶人时且饶人，使盘歌气氛始终保持愉快热烈。佳阳畲族乡老歌手蓝春某和一大批畲族歌手在唱歌时就很好做到这一点。

蓝春某，佳阳畲族乡后阳村出水湾自然村人，十八九岁学会唱畲歌后，每年"二月二"都到现场参加赛歌，五六十年来从不间断。他非常巧妙地灵活应用了毛泽东主席一句名言："凡是敌人拥护的我们就要反对，凡是敌人反对的我们就要拥护。"这应该是他几十年来赛歌生涯一个精辟总结吧！什么意思呢？就是盘歌时当对手说（唱）我长得如何如何帅，我就说（唱）我长得如何如何糟糕，说自己不像葫芦不像瓢，要多难看就有多难看；当对手说（唱）我长得如何如何难看时，我就说（唱）我自己长得如何如何好看、青标，说自己的貌象潘安，说自己长不高不矮的不胖不瘦的，说自己的皮肤白雪雪软如粿的，总之牛皮尽可吹，反正也不收税。盘唱时对方说（唱）我如何如何能干，我就说（唱）自己如何如何无用，笨得像猪、像熊，什么事情都办不成。如果对方说（唱）我没用，什么事情都办不成，我就说（唱）我自己如何如何能干，人间没有什么事情办不成，我能下海抓鳖，还能上天揽月，本事大着呢！

　　俗话说唱歌容易回歌难，十首畲歌唱出要准确领会唱的人十首歌中每首的歌意是不可能的，所以要回的十首歌十分精确也是不可能的。就是知道歌意，回法也是不同的，甲认为这样回法好，乙认为那样回法好，丙认为甲乙二人回法都不好，还是自己的好。而且差异还很大，有的还截然不同。一九八六年春，在选拔出席参加福建省首届歌会代表时，女歌手雷吓英在选拔赛上唱道：

我娘门前一丘田，连连荒了十八年，
表兄会看我田水，三年田租不使还。

参加选拔赛男歌手李圣回回唱道：

你娘门前一丘田，奴你同做二三年，
那因坝头老蟹仔，奴你冤家一片山。

　　我当时也是评委一个，认为此歌回得不错，可我们一起当评委的民委干部蓝俊德和评委五十年代红极一时的硖门瑞云歌手蓝振俊却不认同。

　　蓝俊德说应该这么回：

你娘门前一丘田，养条泥鳅百二年，
和尚看见怕会死，尼姑看见真喜欢。

　　蓝振俊说还是这样回得好：

你娘门前一丘田，分人建宫传香烟，
你娘宫鼓关来打，几人点香没路行。

　　一首畲族歌谣，三位畲族歌手不同的回法，而且很大差异。李圣回的回法是紧靠歌意带有绵绵情义的感觉；蓝俊德的回法是与己无关带有幸灾乐祸的感觉；蓝振俊的回法是讽刺嘲笑带有存心不满的感觉。三种回法都不是十分精确，但基本也说到点子上，也算过得去。举这个例子说明畲族歌谣盘唱不是那么容易，不是你唱一句我回唱一句，你唱一条我回唱一条那么简单，畲族歌词说"文章有底歌无底"就是这个道理，总之畲族歌谣唱回法主要要看歌手心情，要看唱歌气氛，要看赛歌环境，每首畲族歌唱出回歌的歌手都有上、中、下三种回法。下面提供一歌三回的歌词二组。

女方唱：

走路要走路中央，交情要交有缘郎，
做田那食蕃茹米，不如做园田放荒。

男方回：

天那会平地勿平，一半落雨一半晴，
几多好田没水养，几多好水流深坑。
撑船搭水两种心，莫忖船债赊分明，
做墙人家烂灶煮，做木没凳好坐人。
本来都是齐伤情，那没相反共样心。
一粒骨头搭粒肉，没肉没骨不象形。

女方唱：

新做肚袋斗银两，歇久没见你个郎，
远远听知郎讲话，害娘息去半支香。

男方回：

竹竿打水喷吓喷，歇久没到你娘门，
没来没去古巧好，来来去去加心痛。
新做肚袋斗银两，银两倒出拿分娘，
千两银两买不走，不要银两那爱娘。
害娘息去半支香，总是表兄巧没肝。

眼头起早就行起，看定红花过别邦。

畲歌歌调

　　畲歌歌调也就是指某种唱法，是用什么歌调唱，这个问题要视具体情况而言，如果省与省歌会交流，就会代表着某个省歌手演唱，就会有福建调，浙江调、广东调、江西调等等。如果是福建省内交流，就会有闽北调、闽东调等等。以宁德市九县市而言，就会有福宁调、罗连调、过海调也称福鼎调，加上霞浦排歌调。"福宁调"流行我市各县市绝大部分畲族地区，"罗连调"流行福州市的罗源县连江县，宁德市蕉城区飞鸾镇等地。"过海调"也就是福鼎调流行福鼎市佳阳畲族乡、前岐镇一带。"排歌调"流行霞浦县西部南部畲区。"福宁调"特点主要是简捷直畅，也容易学，所以也最流行，闽东九县市畲族社区人人会唱。"罗连调"特点是由两个独立乐句组线，乐节分明。"霞浦排歌调"主要特点是衬字多、拖腔长。"过海调"俗称福鼎调，它吐字清楚，铿锵有力、悦耳悠扬、音调起伏很大、讲究修饰、尤重句尾。何为畲歌"过海调"？在福鼎市"过海调"这个名称来自沙埕港这个内海，以沙埕港为界，居住南边的店下、秦屿、硖门等乡镇和住在北面的前岐、佳阳等乡镇互称"过海"，互称畲歌曲调为"过海调"，因住南边乡镇畲族许多年前已经流行唱"福宁调"，所以居住北边的乡镇畲族所唱的畲族歌谣音调一直没改，保持原来祖传唱法，故叫"过海调"。

　　畲族歌谣在曲调方面有着明显的共性，这些共性特点构成了畲歌曲调鲜明的民族风格。同时，不同地域的畲族歌谣在曲调上又表现出鲜明的地方色彩。所以就形成各地不同的畲歌曲调。不管是福建调、浙江调、广东调还是江西调，不管是闽北调还是闽东调，不管是福宁调、罗连调、"过海调"还是"排歌调"，传统畲歌纯属清唱，没有音乐伴奏，也无伴随动作。

　　1958年9月前后著名音乐指挥家郑小瑛在闽东福安、霞浦、福鼎、宁德、罗源、连江畲族地区历经四个多月的巡回普查，发现畲族歌谣盘唱中出现一种罕见的被称为"双音"曲调，认为这是一种带有轮唱性质的二声部的重唱，是畲族多声部的歌唱音乐。这是歌谣盘唱的双方歌手旗鼓相当，随着相互唱词的层层递进，情感的步步上升、词曲的节节分融、心理的丝丝谐和的情况下才能出现的。它必须具备三种情况：一是对歌的一男一女双方，紧跟唱起一首相同歌词的歌，即当一方唱开头两字或四字音时，另一方即跟上接唱重叠和声，直至把全首歌唱完。这就出现因男女声区的不同，加上男女歌手都有随口用音转音并对词曲随机编唱和声技能，而产生规中多变的美妙"双音"。二是对的男女双方阵容分开，各方都由二人各自同唱一首相同歌词的歌，这种双唱方法，就出现男音"双音"或女声的"双音"情况。三是照上述第一种和第二种对歌方法，当双方加进两三位歌手盘歌盘唱时，就出现男声多音部、女声多音部和同唱一首男女声多音部。在歌场上有以下几种情况就有出现"双音"或"多音部"唱法。歌手众多情况下，谁都想露一手，但歌手多轮不上，只有加入盘唱；参赛歌手以压对方的情绪情况下，当你唱一条我唱一条盘到声声紧迫、节奏加快，句句紧接，竞争激烈，双方歌手自动加入；习惯性的情况，只要盘唱开始，在场歌手自然而然不知不觉地加入。

中国音乐学院李文珍教授于1983年夏和1984年春两次到闽东的宁德、霞浦、福鼎、罗源四县畲族村寨请34位畲族歌手演唱120多条畲歌，写下了"这假声既不同西北音乐文化区中的山曲、爬山调、信天游、花儿的假声那么凌峭、空旷；也不像西南音乐文化区的舞歌、苗歌的假声那么奔放、悠长；更别于内蒙古大草原牧歌的假声的热情、疏野。畲歌以其古朴的音响，顷刻之间便把我带入非常遥远的另一世界，畲族独特的假声，是在什么样的文化背景下产生并形成呢？奥妙尚待探寻"。要不福建电视台《发现档案》如何会称畲族是一个神秘的民族，畲族文化是神秘的文化呢？李文珍教授感慨地说："时至今日，它只流落在山野，自兴自长，它并没有被请上过台，包括电台、电视台，我们音乐家对它关心甚小甚少，一些整理、改编，创作的畲歌，一旦正规在舞台上演唱，反而将畲歌的这种独特假声唱法拒之门外。究其原因一方面是改编创造者不懂畲族语言，不能解决畲族曲调与畲语歌词结合，以及还没有学会这种特有假声的唱法。另一方面是我们还没有培养出熟悉畲语，畲歌曲词和假声唱法的土生土长的真正畲族词曲家和歌唱家上台。"

总之，畲族歌调一般情况下是以流行所属地域命名的，如罗连调流行我省罗源县、连江县叫罗连调，福宁调流行宁德各县市，宁德市在清朝时是福宁府属地，故也就叫福宁调。有的则是经专家点拨才以得名。闽东畲族歌谣中的"双音"，我们歌场上经常出现，经常参与演唱的歌手并不知道这种演唱方法的曲调叫"双音""多音"，是音乐指挥家郑小瑛调研中"发现"的并点拨才命名的，才有这样专业名称。"畲歌过海调"我们以前都称福鼎调，是音乐教授蓝雪菲点拨才叫"过海调"的。1988年3月福建省首届歌会论文集出版，主编蓝雪菲撰文指出，"在福鼎县，这种歌调的名称有因音乐特点及演唱作用不同而不同：如节奏较规整，拖腔较少，适于唱小说（歌）的叫'平调'，又称'行路歌'；如节奏稍自由，又有长长的衬字拖腔的，适合对唱杂歌的叫'高调'。又因分布地点，如分布于南内海，而以店下海为界，海两边畲族对对方不同调头相互称，曰'过海调'"。很明显所说的"平调"就是店下、秦屿、硖门一带畲族唱法，所说的"高调"就是佳阳、前岐一带畲族唱法。因为所谓"平调"就是福宁调，佳阳、前岐一带畲族所唱"高调"，理所当然的便是"过海调"了。"过海调"不仅仅流行福鼎的佳阳、前岐一带,与我市交界的浙江省苍南县泰顺县和平阳县瑞安县等畲族也唱"过海调"。

"畲歌过海调"代表福鼎多次参加各种文化活动,并屡屡获得好评。1986年6月,福建首届歌会在福安召开,歌手钟显芳、雷三妹在歌场上用"过海调"演唱《双双交守信》获得参会听众歌手喝彩,2013年"三月三"在浙江省景宁畲族自治县佳阳乡歌手李圣回、雷集妹演唱《答谢歌》荣获"中国畲族民歌大赛原生态组决赛"银奖,福鼎畲族文化是福鼎文化重要组成部分,而"畲歌过海调"是畲族文化一张名片,也是我们福鼎市文化的名片。

畲族歌节

畲族地区,有许多以唱畲歌为中心内容的节日,有叫歌节的,有叫歌墟的,有叫歌场的,有叫歌会的。那些日子,畲族群众以歌为乐,是最自由、最开心的日子,使人难以忘怀。据说以前"二月二歌节"参与者感叹地说:"天天二月二古也好!"

佳阳畲族乡双华"二月二"歌节,是双华"二月二会亲节"重要组成部分。"二月二"形成时间约在明末清初,是双华族人迁基开拓定居过程中演变而成。主要活动形式有两大内容:一是祭祀;二是赛歌。是属于纪念性、区域性、闽浙边界畲族传统节日,是福建省级第一批非物质文化遗产名录。

祭祀活动有四项:一是迎神巡境,二月初一初二两天抬神(像)巡游全村各境,有时也出境巡游。二是演戏娱神,就是请木偶戏班演出。起因是当年祖公头到双华开基定居时,送蛇放生盖宫祭祀并许愿演木偶戏三天,故几百年来从不间断。三是提灯游村,初一晚上放炮三响为号,每家一人一灯结成灯队,首尾相接宛如一条金龙,鸣鞭炮时锣鼓叮咚,翔游于月朦胧雾朦胧的高山深谷之中,别有一番景趣,这种活动当地畲民叫"游太平灯"。四是祈神做福,双华各境畲民每年都做"二月二"福,祈请神灵保佑人丁兴旺、五谷丰登、风调雨顺。

赛歌活动。说赛歌必须先讲会亲,一年一度"二月二"双华畲族的子孙、亲人,从闽山浙水的四面八方各自村寨回到故乡会亲。五彩缤纷的人流,双华沸腾了,随着会亲人流不断地涌来,双华这个山谷里的溪边、树下、村口、路角,就都有一帮帮歌手拦歌,一群群男女老少以双方歌手为圆心,团团围住,兴致勃勃地听歌,议歌。到了晚上眉月衔山,风摇竹影,浓浓油菜花香在夜雾里飘荡,山谷里笑语喧哗,一队队赶歌的灯火,四处游动,匆匆忙忙奔向各个歌场。

双华村有人口1800余人,其中畲族人口近1500人。每年农历"二月二"会歌的歌手和来客超过本村总人口二、三倍。主要来自本市各乡镇畲民和霞浦、柘荣以及浙江苍南、平阳、泰顺、瑞安等县的畲民。特别是农历二月初一、初二晚上，几乎双华每个自然村都有通宵达旦的歌场，是福鼎市畲族历史最久，场面最大的歌节。实际上佳阳畲族社区还有许多临时歌场，如男婚女嫁之夜，来宾来客之时，山野劳作间隙，路遇拦路盘歌，都有机会听到悠扬悦耳的歌声。

畲族歌手

在畲族社区所说的畲族歌手，有这样的一个概念，那就是：熟悉并能灵活运用畲族歌场歌规，能独当一面不须他人帮助情况下与对手对唱，而且不重复所唱歌词（平时所说的不唱回头歌）至少一个通宵，这才能称得上歌手。而不是集会时在台上唱十首八首，平日里哼哼几句放牛歌之类。歌手的认定也没有什么分寸，更没有什么具体标准，只凭畲族群众的公认。畲族群众知道某村某人某时某地曾经与某处来的客人歌手对歌多少多少，或他（她）曾经前往某某地方做客与当地歌手对上畲歌几个晚上。也就是说畲族群众公认的他（她）会唱畲歌几个几个晚上，这就是我们所认定的畲族歌手。实际上某畲村有几位歌手，方圆几十里人人都知道，原因就在于有歌唱的歌场是少不了这些歌手积极分子的参与，他（她）们必定会按时到现场的。所以说畲族人人人会唱歌，但不等于人人是歌手。

佳阳畲族歌手现状。从年龄段上分析，可分80岁左右（1930年前后出生）、65岁左右（1945年前后出生）、50岁左右（1960年前后出生）、35岁左右（1975年前后出生）4个年龄段的歌手，我们把他们称之为一、二、三、四代歌手，此后再也不可能出歌手，特别是能唱一个晚上以上的歌手。因1975年前后出生的人，经约15年到了20世纪90年代，这一拨畲族人有少部分是学了唱畲歌，但量很少，而大部分人已经没有条件学了。因1975年前后出生的人，经约15年到了20世纪90年代，从年龄段讲正是学唱畲族歌谣的最佳时期。但这个时期农村生产责任制已落实多年，我国改革开放已全面展开，科技文化不断发展，农村文化生活不断丰富，电视、电影已经普遍普及，信息灵通，交通方便，城里有什么文化活动，村里人也会赶往。农村青壮年基本已进城打工，人口已经全面流动起来，在农村已经打破那种固守成规居住局面，年轻人多数往外跑，许多畲族人在城里置房立业，畲族歌谣传承、传唱对这些人来说只能是传说。以后如果有，也只是花瓶歌手，某场合需一个年轻漂亮又能唱上几句畲歌亮相的人，这个人临时学上十首八首上台亮亮相，他（她）就是花瓶歌手，花瓶歌手中看不中用。平常事我们断代是20年或25年，畲族歌手断代为什么是15年，很简单，因畲族青年男女约在十五六岁时就开始学歌（有的会更早）十七十八二十岁时唱歌正当年，这时的歌手年纪轻无负担，吃爷饭穿母衣，记性好学的快唱得好，而且有时间。

有畲歌唱道:"十七十八好唱歌,二十三十孩儿拖。四十五十歌忘了,六十手脚已哆嗦。"

佳阳畲族社区曾经歌手云集,人才济济,比较有代表性的畲族歌手有:如雷志满,1959年,作为少数民族参观团畲族代表到北京参加当年的国庆观礼,在中南海怀仁堂,为敬爱的周恩来总理唱畲歌。雷七妹,20世纪50年代她带一班姐妹为音乐指挥家郑小瑛演唱畲族歌谣"双音"。雷梅英,《中国歌谣集成福建卷·福鼎分卷》《中国歌谣集成福建卷·闽东畲族卷》《中国歌谣集成·福建分卷》均收入的名歌手并撰有小传。她还是1978年11月在北京召开的全国民间歌手、民间诗人座谈会我省的代表,福鼎市民间文艺协会会员,福建省民间文艺家协会会员。蓝春娥,《中国歌谣集成福建卷·福鼎分卷》《中国歌谣集成福建卷·闽东畲族卷》《中国歌谣集成国家卷·福建分卷》均收入的名歌手并撰有小传。她还是双华"二月二"非物质文化遗产畲族歌谣项目省级传人。李圣回,《中国歌谣集成福建卷·福鼎分卷》收入名歌手并撰有小传。

畲族歌谣是畲族人民在生产生活斗争中创作的口头文学,是畲族人民智慧的结晶,是畲族传统文化的重要组成部分。一直以来佳阳畲族歌谣在日常生活中占有相当重要的地位,其影响、传播和应用最大,可以说是畲族人的另一种语言,是一种经过升华了的语言。就是这种语言,如果要捧你不用奉承,不用美言,可以把你捧成一朵花,捧上天,如果要损你不用脏话不用恶语,可以把你损成豆腐渣,让你无地自容,也就是这种富有形象思维、感情凝重、语态真诚的歌词来替代言语,用它来打动对方方寸的心,用它来交流情感,或者说用它来说服对方以泯怨恨。这种以歌对答形式的情感交流,人际交往,坦诚相待是一般口语交流所不能代替的,这就是畲族歌谣的特殊魅力,而活跃在民间的畲族歌手,就是畲族歌谣的词作家、谱曲家和歌唱家。

歌谣分类

在20世纪80年代前,全国各地各民族对自己所唱歌谣都有不同的分类,而且比较杂乱。后经专家研究分析,全国统一了分类,共有八大类。即劳动歌、时政歌、仪式歌、情歌、历史传说歌、生活歌、儿歌、杂歌,我县当时就是按照此编目进行采集整理的。佳阳畲族歌谣也依据上述编目分类。

劳动歌 有直接反映生产劳动情景的,有传授生产劳动经验的,有协调劳动节奏气氛的,有描绘劳动进程的,有诉说劳动感受的。

旧时畲族族人地里刨食,面对黄土背朝天,与地斗与天斗,创造出与生产劳动有关的歌谣,很多歌谣是在劳动中大声吆喝出来的。农夫犁田赶着牛到田里,套好犁摆好位置开始吆喝"嗨哟",然后轻轻抽牛一竹枝,牛开始拖犁犁田,犁田进行中还会小声呼唤"品品品",到了田那一头就大声喊一声"哦",牛会乖乖停下,农夫将犁头换位牛转向往回犁田,照旧大声喝道"嗨哟",牛又开始犁田,如此反复,不知不觉中将一二亩水田犁好了,旁人听来此人跟牛说话,其实他唱一晌歌,那时起时伏的歌声在山谷中回荡,能传好几里。有时耕牛犁田累了,或刚训的牛犊子不听使唤,出工不出力,农夫会用竹枝使劲抽打,并骂"畜生、畜生,棺材、棺材"。山里山客人建寮打地基须要夯地基,四人抬着贰佰多斤打夯石领头一个喊"兄弟仔呀",三人附和回应"嗨哟","齐抬起呀""嗨哟""快些干呀""嗨哟""早歇工呀""嗨哟""回家去呀""嗨哟""喝小酒呀""嗨哟"……想到什么喊什么,也就是想到什么唱什么。以前此类歌谣在生产生活中无处不在,人们也没有意识到这也是歌谣,所以从来没有人进行记录。总之,人称畲族是英勇拓荒者,迁徙到那里,田园开垦到哪里。畲族在劳作中无处没有歌,劳动歌在畲族歌谣中占很大比例,但能收集到的并不多。

时政歌 时政歌是对畲民族有切身利益的政治动态、政治措施、政治形势发展,以及在政治活动中的代表性人物、对政治认识和所持态度,表现出畲民族的政治理想和为此而斗争的精神。

流传至今的时政歌在畲族民间并不多,一些主要是近代的时政歌谣,如《荒年记》《抓丁苦》《歹时年》《送郎当红军》《解放歌》,以及反映解放后共产党领导穷苦人民打破旧制度,建立新社会,斗地主分田地,真正成为土地的主人。组织农民参加农会,有的被选上各级农会组织负责人。共产党带领畲民走集体化道路,从农业初级社、高级社到人民公社化。畲民有的被选上各级政协委员、人大代表,有的录用当了干部,当了领导成为国家公务员。20世纪80年代党中央又提出,在农村推行生产责任制,带领畲民奔小康,一件件一桩桩,共产党都为人民群众考虑。畲民也会根据各个时期时政发展编唱新歌谣传唱。共产党的决策是让国家强大起来,让国民富裕起来。故畲民族歌谣形成许多赞颂我们的国家我们的党美好诗句,形成罕见历史上这一朝代单独的时政歌,而这些歌还穿插在历史传说歌、生活歌等歌谣中,我们在这些歌类中也都可以见到时政歌句。

仪式歌 仪式歌是伴随民间礼俗和祀典等仪式而唱的歌,多表现他们对自然神与祖宗神的崇拜和信仰,与道教文化有密切渊源关系。仪式歌有婚俗歌、歌俗歌、祀典歌、丧葬歌、日常俗事歌等内容。

婚俗歌有两块,嫁女方唱《出嫁歌》,主唱是出嫁姑娘和她的母亲。娶亲方唱的是"谣"有酒令、暖房令、翻床令、诗句等,由姐夫头主唱,其他人等辅之。歌俗歌包括开头歌中的《黄蜂头》《状元游街》《八仙歌》以及散场时所唱的《送神歌》由男歌手主唱。祀典歌包括做醮、抢魂、打关门、度限大型道场活动,名目繁多,主唱是尪襖先生。丧葬歌包括哀歌、开路（开火光）道场的唱词，主唱人是死者嫡亲亲属和襖公先生。日常风俗歌，包括各种咒语、祈福、许愿还愿，度流霞等，由先生主唱。还有畲民十分看重的墓葬仪式，有白祭、喝山、点主、红祭等，旧制需要请礼生，点主翁，主山三位先生来完成。

总之，唱仪式歌非常有仪式感，锣鼓喧天奏乐不断，双响炮百子炮燃放不停，香烟袅袅直上云天，有的还用上铳（火药枪）隆隆作响，有的还十分强调时间安排，如上梁仪式、墓葬仪式。这些仪式。请先生唱赞词，都是有偿收费的。请看双华一女歌手和罗唇一男歌手两首一唱一回畲歌，唱的是"海水涨来马渡界，马渡人仔做尪襖，鼓子咚咚有乇吃，鸡腿抲转布娘啃"，回的是"海水涨来马渡界，马渡人仔做尪襖，你娘大桌给我打，红包还要包给我"。

情歌　情歌是畲族歌谣中的精华部分，被畲族歌手作为"比肚才"的通宵竞唱歌场主唱歌，其量无限，来自歌唱者灵感，主要抒发男女间相爱而激发出来的悲欢离合的思想感情。

说到情歌离不开"散条"。情歌中的"散条"更具有广泛性、随意性和灵活性。更适合歌手根据实际情况边编边唱，同时体现出情歌的实用价值。比如某男想某女了，想去看她。但没正当理由跑去看她，那是多尴尬的事，去不行，不去又怪想的，然后他想个办法去了：让畲族情歌告诉你，"扁担担水两头长，双手抓在水桶梁，寮里还有半缸水，假作担水来看娘"。情歌的表述形式和内容有送娘、留娘、离娘、看娘、忖娘、念娘、劝娘等，有相思、苦情、交情、悔恨、反情、初恋、热恋、赞慕、推辞、为难各种类型。"散条"原本是零碎的分散的单独的，后来逐渐发展为"十条起"比较归类、比较系统的成连情歌，以月份排序，"正月探娘，二月探娘"，以时辰排序"子时忖娘，丑时忖娘"，以顺序排序"一夜留娘，二夜留娘"，"大风流""小风流""双扯连""双扯尾"等等。在盘歌形式上也逐渐形成稳定格局，如唱"好花"回"看花"，唱"修心"回"吃菜"，唱"牡丹"回"芙蓉"等。当然，这些属于"散条"以及以"散条"发展起的结集歌谣。实际上以小说改编的故事情节曲折惊险而完整的情歌有很多，如《梁山伯与祝英台》有400多首。

历史传说歌　畲族历史传说歌，包括反映历史事件、历史人物和历史故事，也包括那些历史上虽无此真人真事，但在人民中已广泛流传的传说故事小说的歌。畲族歌手却称之为"大段"，可能区分于短少精的"散条""杂歌"而言。

其内容涉及远至人类起源，开天辟地，民族祖先，近至迁徙耕作，婚丧嫁娶，我们佳阳这种类型的歌很多，如《钟良弼告阻考》《蓝细玉》（又名九节金龙鞭）《钟景祺》（又名双帕锦香亭）《孔子过香》《何文秀》。以前男女歌手对歌能对上三四个晚上，还不许唱回头歌，我想应该就是被歌手称为"大段"的历史传说歌。畲族歌手一旦学歌像着了谜，站也唱坐也唱，闲也唱忙也唱，连上茅房也在唱，特别是女歌手纯属死记硬背的主。然后上歌场看看听听，主要是练练胆子，见见世面，积累一些歌场经验，接下来与他人配合在老歌手站台指导下，从唱历史传说歌开始，一步一步走上唱歌生涯，如此这般折腾那么几回，离独当一面的歌手就不远了。

历史传说歌情节错综复杂，说是情理之外，实在情理之中，故事有头有尾很适应长夜不眠的歌场上传唱。在20世纪六七十年代，畲族社区还有大量此类歌手抄本，歌手们可以互相交流，不过也经常出现有借不还现象，故许多手抄本上会注明一行字以示警告，"歌本歌本有去没转，谁人借去不还给狗串"。

生活歌 生活歌的界定范围很广泛，渗透生活各个方面。来源于生活，反映一定的生活内容，是生活的总结，生活镜子，都可以称生活歌。前面介绍的劳动歌、时政歌、仪式歌、情歌，以及后面将要介绍的儿歌，当然也可以算生活歌的范畴。

这里介绍的生活歌专指反映畲族社会生活方面及家庭生活方面的歌谣。旅游性质的《太姥山歌》，歌词如导游诗，朗朗上口，把我们从这个景点带到另一个景点，听了整首歌就像到过太姥山似的。传说，太姥娘娘是畲家女修行得道升天，成为太姥山山主，她的名字叫蓝姑。太姥山哺育世世代代的畲家人，太姥山脉的畲族群众春天到山上踏青，夏天到山上避暑，秋天到山上盘歌，冬天到山上登高，太姥山给畲族人带来无限乐趣，《单身汉歌》以一唱一答形式，唱者嬉笑单身生活艰苦，回者以单身生活保持乐观自信态度。又如《父母难》歌词，"大子讨来未添孙，二子讨来就吵分""讨来一个分一个，二人老老又多岁，忖申轮吃气难受，二个连老自己煨"。生活是多么现实，可怜天下父母心呀！生活就是如此。

畲族生活歌十分贴近生活，所反映问题是平常百姓家的问题，所说的事是柴、米、油、盐、酱、醋、茶的事。生活歌教导人们如何尊老护幼，如何艰苦持家，劝导人们不偷不赌，不投机不取巧，老老实实做事，堂堂正正做人。

儿歌 儿歌有的是成年人对儿童唱的歌或教儿童唱的歌；有的是儿童自己唱的歌。当然，儿童自己唱的歌，多半也是从大人那里学来的。

儿歌，既可以唱也可以念，就是我们所说的"童谣"。儿歌歌词比较简单，但奇奇怪怪的，如《月光饼》："月光饼，水光朗，外婆家，杀猪娘，肉不吃，吃猪肠。"又如童谣《养金猫》十分有趣，就像连环歌，从歌的第一句唱至最后一句，不知不觉很像在唱第一句，首句成了尾句，尾句又变成首句，复而又始，环环相连，实是精彩。有畲族歌手嬉称，这类歌只要学成一条，唱一夜歌就有了。笔者经常也用这首歌做抵挡，讲大话救命。"来吧唱就唱，我一条歌子就会唱一夜怕什么。"歌词是"好笑，真好笑，你娘寮里养金猫，好猫养来捕老鼠，坏猫养来缸打掉，缸打掉，钵打掉，缸缸斗斗尽打掉，好猫养来捕老鼠，坏猫养来缸打掉，缸打掉，钵打掉，缸缸斗斗尽打掉，好猫养来捕老鼠，坏猫养来缸打掉……"儿歌歌词有长有短，长的长长拖拖，十几句二十几句几十句都有，短的三言两语。如《数星歌》："天上一粒星，地下一个人，谁人数的二十四粒星，猪肉一刀酒一瓶，一粒星二粒星三粒星……二十二粒星二十三粒星二十四星。"要求从"天上一粒星到二十四星"要一气呵成，中途不能换气。儿歌内容丰富，有游戏歌、生活知识歌、情趣歌、事物歌、绕口令及催眠曲。

杂歌 杂歌就是没有归类到上面各辑中的歌，归拢起来称它为杂歌。畲族杂歌如字歌、百鸟名、鱼名歌、树名歌、歌驳、时节歌等。内容相当丰富的，编排手法技巧。"春字歌"是一首歌四句每句配上一个字，"春字春来雷公声，夏字下种满洋青，秋字又做秋淋水，冬字下雪天又冷"成了一首歌。"添字歌"是每句首字添一笔变成另一字形式出现。"大字添笔就是天，土字添笔就是王"，然后述一事一人一物，使人感慨万千。"上大人"是以"上、大、人、孔、乙、已……"为顺分别叙述古人，以及他的一生一世，所作所为。"十字歌"又是按数字排列"一、二、三……"编写而成，有其自己特色。畲族杂歌数量可观，类型也可观，特别"字歌"，"召月时节歌"，将它编入某个类，哪类都不像，说它不属某类，类类都徘徊它的影子，加上"鸟名""鱼名""树名""花名""药名"等，杂七杂八，说杂歌可真形象。就"黄金万两"来说，以"黄金万两唱人听，招财进宝好名声，天送财主多快乐，都是前世命生成"。一首歌折成单字编成更多歌句的一连畲歌，而每首歌又是独立的完整的故事或者一位古人名以及他一生为人处事，因此杂歌所说事项又不杂，层次分明合情合理。

佳阳畲族民间故事

蓝清盛

下面将民间文学重要组成部分——佳阳畲族民间故事情况做个梳理。

一

佳阳畲族乡民间故事种类繁多，内容丰富多彩，而且质量高，在各级民间故事集成编撰中，佳阳有不少故事入编。《中国民间故事集成·福建卷·福鼎分卷》收入畲族各类故事47篇，佳阳占20篇，《中国民间故事集成·福建卷·闽东畲族卷》收入福鼎畲族各类故事41篇，佳阳占20篇，《中国民间故事集成·福建卷》收入福鼎市畲族各类故事12篇，佳阳占4篇。收入这些民间故事有神话、传说、故事、寓言、笑话。神话故事又分开天辟地神话、自然现象神话、动植物神话、祖先神话、人类再繁衍神话、文化起源神话、神与神性神话；传说故事又分四大传说、人物传说、史事传说、地方传说、动植物传说、土特产传说、风俗传说；故事中又分幻想故事、动植物故事、鬼狐精怪故事、生活故事、机智人物故事以及寓言笑话等。《中国民间故事集成·福建分卷》收入全省各民族各类民间故事596篇（异文25篇）。然而，这座"露出海面的冰山"仅仅是浩如烟海的福建民间故事的精华部分。据粗略统计1986年至1989年进行福建民间文学集成普查工作，全省共收录民间故事9万多篇，1200多万字。集成收入596篇，佳阳乡畲族故事4篇，看起来似乎不多，这对一个仅仅才2万多人的小乡镇来说，已属难得。这4篇是李圣回讲述、蓝清盛整理的自然现象神话《太阳和月亮》，李圣回讲述、蓝清盛整的四大传说《孟姜女出生》，蓝黎甫讲述、蓝振河整理的风俗传说《"二月二"的由来》，李圣回讲述、蓝清盛清理的《猪肚喂莲仔，莫烧白茄枝》。由李圣回口述，蓝清盛收集整理，畲族人类再繁衍神话故事《"二世人"怎么来的》还被收入《福建六十年民间故事选评》一书。1987年7月福建省集成办带着稿件赴京请教汇报工作，我乡罗唇村蓝盛礼口述，蓝清盛收集整理的畲族民间故事《千里眼兄弟》得到国家集成办专家肯定，对该篇故事做了如此评价："故事以超人的神怪形象，编织朴素离奇的幻想情节，文字流畅没有多余废言。"它被省集成办作为范文刊在《简报》上并附简介，在全省推广。佳阳乡有许多畲族民间故事员，如李圣回、蓝盛礼、李友长，他们都能讲上百个各种类型的畲族民间故事，还能讲不少的汉族民间故事。各级故事集成卷本收入带有简介的故事员很少。《中国民间故事集成·福建卷·福鼎分卷》收入6名，《中国民间故事集成·福建卷·闽东畲族卷》收入7名，《中国民间故事集成·福建卷》收入8名，李圣回层层入选，省卷本还称他们为民间故事讲述家呢！

二

佳阳畲族民间故事的内容有远古性特点，这方面主要体现在神话故事中。畲族神话资源非常丰富，数量多，质量好，而且仍活在畲族人民口头。各级各卷中国民间故事集成编撰过程中，福鼎畲族神话故事也是作为重点入编。《中国民间故事集成·福建卷·福鼎分卷》共收入汉族畲族各类神话故事10篇，佳阳畲族2篇，《中国民间故事集成·福建卷·闽东畲族卷》共收入各类神话故事27篇，佳阳神话、故事有4篇，《中国民间故事集成·福建卷》共收入各民族各类神话14篇，佳阳畲族神话1篇。

《人·肤色·语言》介绍最初的人是男女同体的，说的是有两个同体阴阳神被派下凡繁衍人类，因阴阳同体而不能生男育女所以也无法繁衍人类，后天皇发怒令天神将阴阳神劈开抛落凡间后，阴归阴阳归阳，男归男女归女，变成独立的男人和女人，所以才繁衍了人类。《"二世人"怎么来的》解释人类再繁衍问题，说的是原来的人，也就是一世人被天油所烧，天下的人全部被烧死灭绝了，只剩兄妹二人，他们躲过天油所烧灾难，又结婚生子繁衍了二世人，也就是现在人世间这么多人。《太阳和月亮》是征服自然利用自然神话，体现了畲族族民追求真理不怕牺牲的英雄气概，洋溢着慷慨悲壮的浪漫主义精神。《火种》讲述了人类最初识火、寻火和用火艰辛历程。这些长期流传佳阳畲族民间的神话故事形态纷繁、内涵丰富，不仅在民间文学史上占有重要的地位，而且对揭示史前社会风貌及观念形态特征，具有珍贵的认识价值。

畲族神话故事想象奇特，幻想大胆。可畲族初民根本就不认为他们是在进行幻想，他们总把现在我们认为是幻想的东西视为活生生存在的事物，是客观真实的。和兄弟民族一样，畲族神话故事产生于原始社会，流传很长很长时间，有的神话至今还流传于畲族民间。它跨越几个不同社会发展阶段，而在各个时代的畲族劳动人民口耳相传过程中，都不可避免地要掺进自己所生活时代的内容。这样就形成了在同一篇作品中，包含着不同时代的社会内容、生活习俗、阶级心理、语言特点、甚至不同时代的族人可以共处于一个神话中，他们认为神话是没有时间界限的，过去从未消失过，它永远是此时此地。

三

历史上，畲族是一个在不断迁徙的民族，没有长期定居领地。在畲族民间文学中也能流露出点滴斑迹，所以说畲族民间文学有着纵向自古至今、横向东西南北传承情况。以民间故事为例，它具有畲族与众不同的传说，又有参与其他民族的影子。我们知道，以个人而言有生老病死，以家庭而言有兴盛衰败，但以民族而言却是绵延不断。虽然畲族经历了其他民族所没有经历过的曲折历程，但同样享受了农作物的春华秋实、草木的冬枯春荣和日落月升的交替循环。畲族先民在绝望中又逢生，失败中有胜利，悲泣中有喜悦。不仅没有倒下，反而更加坚强，他们团结一致与天斗与地斗与人斗，顽强地立于祖国民族之林。经历了无数风风雨雨，不但完整保留了自己的民族语言，保留了自己的风俗习惯，传承了自己的民族文化，还不断吸收了各民族良好的品德、先进技术及优秀文化。

基于以上种种原因，佳阳畲族民间故事就出现以下特点。

故事情节较为单一独立，故事篇幅短小精悍。三五百字，七八百字属常见。如开天辟地神话故事《人·肤色·语言》，文化起源神话《田螺的来历》《火种》，人类再繁衍神话《"二世人"是怎么来的》，自然现象神话《太阳和月亮》，人物传说故事《布鼓》，动植物传说故事《鸳鸯成双不分离》《红赤蜓忖白京做老婆》，风俗传说《龙·白蛎鱼·端午节》《双华"二月二"的由来》《畲族"打尺寸"的由来》，生活故事《奇特的祭礼》《手帕代家书的故事》《初一和十五》《竹筒头包金》《烧炭夫学话》，寓言《似梦非梦》，笑话《乌嘴牛》等等，其中《似梦非梦》仅仅百余来字，其他的也不过三五百字、七八百字，不会超过一千字。

畲族传说故事带有浓厚的民族色彩和地域色彩。畲民族勤劳勇敢、精明能干、适应性强，只要有喘气的机会，算盘打得啪啪响。虽然历史上不断在逃亡和迁徙，一旦定居下来，他们各方面都会理得井井有条，并且很快融入当地社会。这在民间文学方面也能得到充分体现。大量的畲族传说故事，尤以人物、史事、动植物、风俗和幻想、鬼狐精怪、机智人物故事，最能看出它的民族特色。历史故事讲述畲族的历史事件和蓝、雷、钟姓人物的事迹；风俗传说介绍的是畲族的祭礼、婚丧节庆、服饰、饮食及歌俗。动植物的传说与地方传说、土特产传说，反映出畲族居住山区的自然地理及其狩猎农耕的生活；幻想故事与鬼狐精怪故事运用幻想神奇的因素，反映某种世态人情，以及表现机智、勇敢、勤劳、忠诚等高尚的民族品德，显示与道教文化较为密切关系的民族文化心里。还有机智人物故事（历史人物或虚构人物），表现主人公的聪明才智，有着主持正义、打抱不平和反抗压迫、反对民族歧视的鲜明的阶级性与民族性。佳阳畲族地区很多是革命老区，象双华村有两个连在一起的自然村叫"上宅""埠头"，当时被誉为"上宅府，埠头县"，流传着许多传奇的革命故事。民主革命时期在中国共产党的领导下，畲族人民付出了极大代价和牺牲。畲族人民与汉族人民一道，为革命事业作出巨大的贡献。这些革命故事也不少，像《蓝清改烈士》等。这些可歌可泣的畲族革命者传说和畲族革命史事传说，是这个时期畲族民间文学的一颗璀璨明珠。

四

与汉族民间故事一样，畲族民间故事有许多运用对比方法讲述，常用的对比有人与妖、善与恶、富与贫、聪明与愚笨、诚实与狡诈、正义与邪恶等等。还有像傻女婿三女婿故事、秀才和尚农夫或秀才和尚农妇故事、生死爱情故事、巧媳妇故事、聚宝盆故事、动物报恩故事、中草药故事、美食故事等等，具有很强娱乐性和趣味性，而有了娱乐性和趣味性，故事就有了很强的流传性和传播性。

流传佳阳社区人物传说故事《杨文广收鲈鳗精》就是属于人与妖较量的故事。故事情节十分精彩，杨文广排兵布阵十分熟练，与鲈鳗精斗智斗勇，其场面非常热烈，故事结尾超乎意料。《鸳鸯成双不分离》这些故事就像四大传说故事《梁祝》，体现出坚贞纯洁的爱情，生时不能做夫妻，死后也要成双对。动植物传说故事《红赤蜓忖白京做老婆》，也属于爱情故事，但其结果诙谐可笑。生活故事《手帕代家书的故事》主人翁是聪明伶俐的巧媳妇。

总之畲族传说故事，也是喜中有悲，悲中有喜，悲喜结合，并且还有一个好结局，故事虽小，但以小见大，托物言志，由此及彼，言近旨远，以此来调整读者心理。按照听者和读者的欣赏习惯和诉求心理，给生活在黑暗阶级社会中的人们一线光明，鼓舞他们的斗志，有其积极意义。这也是畲族传说故事有包容性，他尽可能保持畲族特有东西，又容纳吸收其他民族民间故事优秀的东西。

五

畲族对九的数字情有独钟，随时都有九或九的倍数出现，它已深深扎根于畲族日常生活中，在畲族传说故事中体现地尽致淋漓。在我国数字中，九是个神秘的数字，也是一个表示大数多数的虚数。形容天之高为九重，地之深为九泉，疆域之广叫九州，数量之多叫九韵，时间之长则说九天九夜，还有什么九牛二虎，九死一生，三湾九曲。九的倍数十八等也成为多的形容。九的数字和九的倍数屡屡在佳阳畲族民间故事中出现。文化起源神话《火种》中，土地公为取火种，"走了九年九个月，走了九百九十九个盆地,走了九千九百九十九个山川"。畲族四大传说《孟姜女变花报夫仇》中,"没几天,就赶来天下山头九万九千九百九十九块大石头,叠起九百九十九丈高的九重城"。畲族人物传说故事《杨文广收鲈鳗精》中,"肩扛青旗七七四十九面,赤旗七七四十九面,白旗七七四十九面,黑旗七七四十九面,黄旗九九八十一面"。其他故事中也经常出现,在此不一一列举。

佳阳畲族民间谚语

🍃 蓝清盛

关于畲族谚语，《中国谚语集成·福建卷·闽东畲族谚语》执编肖孝正同志，在序言中是这样写的：

谚语，闽东畲族人民称为"插头话""凑头话""讲古语话"或"嘴头话"。这不只是不同民族对谚语的不同称谓，而且也是畲族对谚语使用和解释的一种独特见解，《说文解字》注，说谚语乃"前代故训"，这大体与畲家人说谚语是"讲古语话"相近。《尚书·无逸》说"俚语曰谚"，这大体就是畲语指谚是"插头话"，"凑头话"的意思。《汉书·五行志》说"谚，俗所传言也"。这大体是畲家人指谚是"嘴头话"差不多。畲族对谚语的这些称谓与理解，是有它各自的概念和内涵，正如谚语、俗语、成语、格言、歇后语，都有着各自的概念和内涵一样。虽然，畲家人说"嘴头话"，好像侧重俗语的意思；说"讲古语话"好像侧重格言，书面雅言的意思：说"插头话"好像侧重成语的意思；说"凑头话"，好像侧重歇后语的意思。可是畲族总体理解，仍然都是有经验性、哲理性的谚语。这不仅有其民族语言和心理方面的因素；而且也说明了谚语与俗语、格言、成语、歇后语相互关系，本来就非常密切，事上也存在着相互吸收、相互交叉和双重身份甚至多重身份情况。

佳阳畲族在讲话时也经常出现类似"插头话""凑头话""讲古语话""嘴头话"之类大同小异的语句，像"古话讲""老话讲""话头讲""常话讲"等等。只是在某种情况下，某种场合下，具体什么人与什么事对话情况下。如某人与某人说："我守了一夜天亮回家吃个饭去瓜园，瓜还是被偷。"另一个应声说："常话说，'守贼茫茫，做贼一更。'"如一对姐弟，父亡母嫁，姐弟二人相依为命艰辛维持日常生活。旁人就会说："古话说：'有爸有母爸母替，没爸没母自己会。'"再如"老话讲'养仔不读书，看见黄牛叫是猪'"，"话头讲'会十七八，不会七八十'"。谚语的应用在畲族民间百姓中非常普遍，可以说是随时随地。如果要听畲歌盘唱，首先要有来客这个前提条件，如果要听民间故事，首先要有空闲时间，再要有人听，还要有人讲这些前提条件。如果要听到谚语，只要静静等候，畲族人在谈话中会随口带出。畲族谚语，也有着自古至今，横向东西南北，包括不同民族文化交流的情况。虽然这种纵横传承流变情况是复杂的，而从畲族独特的民族文化心理、生活习性、民族语言表达习惯，以至流传方式等方面，还是能看出畲族谚语的族属及其民族性。

有的谚语，只有畲族独有，像"山客、山客、不是亲戚就是叔伯"。这是畲族祖祖辈辈世世代代传承的谚语，是历史上畲族族人择偶空间十分有限在语言上的反映。畲族有盘、蓝、雷、钟以及吴、李等为数不多的姓氏，真正盘姓畲族几乎是没有，李姓、吴姓少之又少。畲族历史上有那么一段时间不与外族外姓通婚，族内同姓不结婚，只有在为数不多的畲族几姓当中择偶，谚语说"蓝雷钟姓好结亲"，就是这个道理。所以经常出现有一家三四个女儿，配另一姓族人三四个不同辈分同姓年轻人，虽然不在一个村住，但他们是同一祠堂的族人，有的就配同村不同辈的族人。有的祖父辈、父亲辈、自己辈、儿子辈找对象还找上同一姓氏的女子，虽然她们不是一个村的，但他们祠堂是同一个，而且女子高辈分配上低辈分男子，低辈分又配高辈分男子，所以又形成一句谚语叫作"女子没大细"。经常出现这种情况：凑在一起同桌饮酒交谈，10人中有认识或不相识，只要大家报出自己姓氏辈分，母亲姓氏辈分，老婆姓氏辈分，儿媳姓氏辈分，然后按辈就座就自然而然出现"不是亲戚就是叔伯"了，所以说"山客，山客，不是亲戚就是叔伯"一点也不奇怪。看起来似乎乱了套，同一辈分姐妹配不同辈分的同姓男子，怎么叫？叫姐夫好呀，还是叔好，如果叫叔，姐姐就叫婶婶了，特别他（她）的后代，也就是他（她）的儿女们又如何称呼合适？是叫姨父好，还是叫公公好，叫表姐妹好，还是按辈分叫叔好呢？看起来是乱了。实际上乱不了，那就是以男子为中心，以男子辈分为中心，就是男归男叫，女归女叫。三姐妹嫁不同辈分同姓男子，可以体现亲昵一点，叫姐夫叫妹婿，关键是下一代，如果生女孩子跟妈妈叫姨父是可以的，如果生的是男孩不能跟母亲叫姨父，就要严格按照族内辈分称呼，该是叔叫叔，该是公叫公，有谚语道"女子不占厅堂位"。反正长大要嫁出去，不管怎么叫，叫什么都行，男子就不一样了，必须按族内辈分称呼叫。实行男归男叫，女归女叫一点也乱不起来。

畲族谚语许多来自畲族歌词，许多来自畲族民间传说故事。歌词谚语像"掏伞不比云遮月，摇扇不比风吹凉"；"蔗叶不比茅叶长，煮饭不比蒸饭香"；"好酒难得共桌吃，好花难得共园栽"；"几多贪酒被酒害，几多贪花分人追"；"凤凰山上好开基，同是南京一路人"。以歌词为谚语，在集成九大类，几十个中类中都能找到。"凤凰山上好开基,同是南京一路人",这条谚语来自《高皇歌》歌词,是畲族祖辈世代传承的谚语,不会唱畲歌的畲族人也知道这条谚语,它是反映畲族族亲同源历史,同时迁徙定居等内容。谚语中出现的两个地名,上半句凤凰山,下半句南京,是两个地点,凤凰山是指广东潮州的凤凰山,南京可不是今日长江岸边江苏省会南京,而是中华民族主要发源地黄河流域,今在河南商丘一带地区某处的古地名,也许在郑州的某处。畲族源流目前国内外史学专家一直无法确定,但它是一个古老的、历史悠久的民族,它与中华五千年文明史紧紧相连。

"歌言原是祖宗礼";"一条歌子九个尾";"半桶水莫(兴)唱,半夜歌莫(兴)浪";"字是牛毛学不尽,歌是深潭无底坑";"后生不嬉乐,老来硬壳壳";"唱歌也要齐对唱,齐人对唱歌联场"。这些反映畲族的对歌礼俗交流传承的谚语,反映出畲乡是歌海,人人是歌手,以歌代言是常事的畲民族特点。所以很多谚条也是歌词,因歌传承谚语的情况相当明显。这一类谚语多为七字句,从中亦可以见到其独特的民族性因素。

以畲族民间故事为谚语也不在少数,如:"你有初一,我有十五";"心平过得海";"秀才改过";"不吃你蛋,也不剃你头";"亲养仔,不如溪边石牴仔";"饿死不乞讨,气死状不告"。这类畲族谚语,每一句谚语都代表一个事件,都有一个传说故事,都有一定历史背景。有的带有斑斑血泪,像"饿死不乞讨,气死状不告",为什么?因为乞讨,告状反而更吃亏。相传,史上畲族原是不交赋税,《漳州谕畲》中记载"畲民不悦,畲田不税,由来已久"。唐代开始,封建统治阶级在凤凰山畲家聚居区推行封建化统治,畲家不但被称为"蛮僚",且强逼畲民交纳税赋,引起畲民不满,奋起反抗。史籍记载,唐高宗总章二年(669),"泉潮间蛮僚啸乱"。唐高宗为了"清边方",派陈元光父子率3600名唐军入闽,镇压畲民起义。在两军交战中,起义军屡胜唐军,唐军上书朝廷:"群蛮来侵,自以众寡不敌,退保九龙山,奏请益兵"。唐朝统治者立即又派其兄陈敏、陈敷"领军校卫十八姓来援"。陈氏家族倾家出动,但仍镇压不了,畲起义军与陈元光父子形成了长达50年对抗。在此期间,唐朝为对付畲起义军,强化军事政治统治,先后增设漳州府(686)和汀州府(733)。但与官府作对总是要付出沉重代价的,从此以后,畲族举行全族迁徙,经1200余年,经唐、宋、元、明、清诸朝代,越是无人烟的地方越安全,而且越分散越安全,拼命往深山老林里面钻,形成了今日的畲族"大分散,小聚居"状况。了解了这段历史,我们才会知道畲族"饿死不乞讨,气死状不告"这个谚语的真正含义。

畲族谚语内涵极深,有些谚语只有畲族人才能理解,外族人未必理解,它就像谜语,谜面是一回事,谜底又是一回事。佳阳畲族谚语"尪褪老婆米粉猪",被收在三集成编辑中,《闽东畲族谚语》这样注释:"王师的妻子,米粉和猪肉等有得吃。反映了信道的祭品,荤素都有。"这说明编辑者对该条谚语原义不是很清楚,也可以说只从谜面解释,也就是字面解释;而《福鼎谚语集成》的注释"指尪裫老婆有的是米粉、猪肉吃。又一说,女人想过好日子,就做尪裫老婆,而做米粉的人家的猪有的吃",同样也是从谜面解释或字面解释。其实这条谚语,七个字,两重意思,就是:王师老婆有的吃;做米粉师傅养的猪有的吃。在那食物匮乏的年代里,只有尪裫老婆有东西吃,每次尪裫出门做个道场都带回许多小冥斋呀、大米呀各种祭品等食物,他老婆和家人当然有的吃。尪裫带回不只是吃的,还会在道场用的东西如雨伞、毛巾、草席、鞋、袜、布料、衬衫等物品带回,平常百姓家就没这个福了。当然现在尪裫先生对敬过祖师爷的祭品不可能带回了,主人也不会要了,全部倒掉,因为现在人生活水平不断提高,物质生活不断丰富,没必要吃那些敬过神鬼的祭品。但用的东西如毛巾、衬衫等可带回,那是尪裫先生交代主人按所需的尺寸购买的。在那食物紧张匮乏的年代里,做米粉师傅养的猪是有的吃的,米粉一料(一次)做下来,浸泡大米是好几百斤。一个平常百姓家一年到头还煮不上几次及几斤大米,平时都是吃番薯丝。米粉师傅养的猪与平常百姓养的猪相比当然有的是吃啰。

此类字面、谜面与实际内容不同的谚语在畲族谚语中有不少,像"老虎头,老鼠尾",字面上讲的是虎是鼠,但实际上是比喻某人办事不得力,刚开始像老虎的劲头一样发威,到最后像老鼠尾巴一样细小无力,办事有头无尾。"猪吃菜,羊去赶""嘴多多、事没做""见砖厚,见瓦翘""好当酒,坏当醋""打蛇不死给蛇怨";"桃子没吃着,露水打一身""路湿早拖鞋""过了桥丢了拐""桐油笼就是桐油笼,不会装得菜油""舌头没骨,由人折复""请神快,送神难""一枝香引进来,猪头肝谢不去""吃碗内,洗碗外",如此等等。这些谚语字面一种解释,实际是另一种解释,字面和实际含义绝对不同。

在民间文学三集成编撰中,将谚语按内容分成大类和中类,不分小类,也就是纲和目,共九个纲四十余个目。九大类为:事理类、修养类、社交类、时政类、民族宗教类、生活类、自然类、农林类、工商类。如大类中的事理类又分思维、真理、实践、机遇、是非、爱憎、知识若干种类;大类中民族宗教类又分民族、信仰、宿命、习俗等中类。这些畲族谚语可以说是类类有精品,目目有精华,我们不妨从有关目中录一条以供欣赏。思维:"凡人凡人总是烦,做人做人总要做";真理:"有理天下阔,无理天下隘";实践:"日头天上过,功夫手上过";机遇:"时来一针救两命,运去甘草毒死人";是非:"在时烂布袋,没掉丈二布";爱憎:"见砖厚,见瓦翘";知识:"靠海不知鱼名尽,掌(住)山不知百鸟音";理想:"虎瘦雄心在,人穷志不穷";胆识:"布娘（老婆）不怕，贼的胆"；智慧："轻轻担，担倒山；重重担，担倒人"；学习："学勤三年，学懒三天"；谦慎："路湿早脱鞋"；德行："过了桥丢了拐"；文娱："讲讲笑笑，解了心焦"；集体："人多好耕田，人少好过年"；团结："水帮鱼，鱼帮水"；交友："裙衫是新的好，朋友是旧的好"；谈吐："坐落讲别人，起来别人讲"；教训："让贼偷三偷，莫给火捞一捞"（烧一烧）；处世："闲事莫管，一顿吃三碗"；祖国家乡："离祖不离腔"；阶级敌我："你有神仙法，我有鬼画符"；抗争权势："瞒官，莫欺官"；政治世态："没好朝纲出奸臣，没好家风出妖精"；民族："山客，山客，不是亲戚就是叔伯"；信仰："多个香炉多个跪"；宿命："男人嘴阔吃天下，女人嘴阔吃自个"；习俗："一代亲，二代表，三代叫不晓"；勤俭持家："晓得省，省谷仓；勿晓省，省米缸"；衣食住行："牵牛也怪这身，拜佛也怪这身"；卫生保健："愁，人会老；烦，人会瘦"；恋爱婚姻："七拣八拣，拣个灯火盏"；家庭伦常："各人子女各人忖，各人门楼各人关"；亲戚邻里："疏疏来，长长行；常常来，没亲戚"；时令："春分秋分，日夜平分"；天文："十五没月行的路"；气象："未到惊蛰先响雷，七十二天天不开"；物候："松柏抽三寸，大吃又大困"；农业："天那养人肥碌碌，人那养人一把骨"；林茶："千棕万桐，子孙不会穷"；牧副："一牧羊，二种姜"；园艺："黄土合沙，好种甜瓜"；商贸："价钱有讲，秤头没短"；钱财："钱那无脚通四海，人那无钱步难行"；工匠："做别人式，学自己艺"。这些均是畲族通常所用谚语，普遍流传于畲族民间，实际上一些谚语有一定的历史性，目前虽然存在但已不适应，比如："蓝雷钟姓好结亲"，现在畲族与汉族相互择偶且相当普遍，已经打破那种范围有限的民族内寻亲现象。一些谚语已经完成了历史使命，如"饿死不乞讨，气死状不告"。在中华人民共和国这个祖国大家庭里，法律面前人人平等，各族人民都是国家主人。

  畲族谚语除了被收入"三集成"的通用、常用的谚语外，在局部地区，甚至一个自然村都有特定谚语，这些谚语没有收入，而且很精彩，像沿海畲民有"嬉猫不叫，嬉布娘不笑"，说这个人讨小海收获很少，连猫看了都不叫，老婆看了也不笑。一些山区流传谚语"一天打鸟，三天拔毛"和沿海流传"一天打鱼，三天晒网"，说明这个人做事三心二意，磨磨叽叽，不干脆。"丹桥是丹桥，担水远遥遥，有力担碗吃，没力坐那哭"，丹桥是佳阳畲族乡丹桥自然村，以前因没水，挑水要到隔壁的楼下村，挑水较远很吃力，故有此谚语。"要吃甘蔗麻坑底，要看表姐（未婚女子）去麻洋"，说的是早时桐城麻坑底畲民种甘蔗，而且质量不错，麻洋（佳阳双华）畲民多族大，未婚女子也多，故有要看表姐去麻洋之说。"肚子饱饱走下去，肚子扁扁走上来"，这是说佳阳象阳村牛车岚自然村住山上，田园耕作在山下，劳动时吃饱饱往下走，干完活了饿着肚子往回走。"三更半夜就吵起,祖公三代都没困",说的是靠矾山周边的畲族群众为担矾山柴三更半夜就起床挑柴,弄的全村大小老少都无法睡觉。"也有篮仔企拎拎,也有助卡知蹲蹲",说的是吴家溪小矾窑出矾时情景,以前去前岐没有公路全靠人挑,挑矾的人拎着篮子,拿着扁担和丫卡在等矾出窑,然后挑到前岐海尾码头。这些谚语仅仅是佳阳前岐一带一些村落特定畲族的谚语,其实各处畲族地区一定还有很多很精彩的畲族谚语。

畲族是一个历史悠久的民族。在漫长的岁月里,畲族人民不但创造了赖以生存的物质财富,而且创造了珍贵的精神财富。畲族谚语是畲族人民世代创作流传的语言艺术奇葩。畲族有自己的语言,属汉藏语系,客家语支,没有文字,通用汉文字,也通用各自驻地当地的汉人方言。由于畲汉民族长期的民间交往,以及自然环境,生产生活有相似相同之处。所以一些谚语,像自然谚、农林谚等就有畲、汉两族共有的或大同小异的情况。

佳阳非遗项目

> 蓝嘉雨

福鼎市佳阳畲族乡非物质文化遗产项目有省级3项、地（市）级5项、县（市）级5项，共13项。列表如下：

序号	项目类别	项目名称	传承人	保护单位	级属
1	民俗	佳阳双华畲族二月二	蓝春娥 蓝承武	福鼎市佳阳畲族乡人民政府	省级
2	传统戏剧	福鼎畲族提线木偶戏	钟昌敢 雷金玉	福鼎畲族提线木偶剧团	省级
3	传统技艺	畲族服饰凤凰装制作技艺	蓝家凤 雷达速	福鼎市金凤畲族服饰有限公司	省级
4	民俗	佳阳罗唇畲族正月十八冥斋节	蓝加安 蓝承谋	福鼎市佳阳畲族乡文体中心	地市
5	传统音乐	福鼎畲族歌言"过海调"	雷集妹 雷大娇	福鼎市畲族文化促进会	地市
6	民俗	福鼎畲族传统婚嫁习俗	李圣回 雷孙辉	福鼎市畲族文化促进会	地市
7	民间文学	清畲族秀才钟良弼传说	钟后扬 钟后满	福鼎市佳阳畲族乡人民政府	地市
8	传统体育、游艺与杂技	福鼎畲族传统体育"打尺寸"	蓝清书	福鼎市佳阳畲族乡人民政府	地市级
9	传统体育、游艺与杂技	畲族棋艺（四种）	李圣文	福鼎市佳阳畲族乡人民政府	县市
10	传统技艺	畲族传统织锦带织制技艺	雷美金 钟彩金	福鼎市畲族文化促进会	县市
11	民俗	梅溪畲族马仙信俗	雷能照	福鼎市佳阳畲族乡文体中心	县市
12	传统舞蹈	佳阳畲族竹舞（两种）	佳阳畲歌畲舞队(18人)	福鼎市佳阳畲族乡文体中心	县市
13	传统技艺	佳阳畲族全羊汤	蓝家平	福鼎市佳阳畲族乡文体中心	县市

佳阳办学概况

<small>南农大</small>

历史上佳阳地区的教育事业很不发达。长期以来，封建统治者实施民族歧视政策，不准畲民进学堂和应科举。加上畲民多居住山区、半山区地带，交通不便，与外界接触较少，缺乏有效的教育机构，畲族学童上学困难。畲族村民首先接触文化教育的是畲歌唱本，包括各种类别的歌谣以及宗教、宗族祭典的唱本等。这些唱本在畲村内不管男女老少，一律公开传阅、传抄、传唱。唱本以汉字为主，兼以生造字和特殊符号。畲家祖辈在各种场合依唱本以畲歌启蒙，通过习歌、练歌、会歌、盘歌，以达到识字习文的目的，通过口耳相授的形式代代相传。

畲族形成"大分散小聚居"格局后，长时间定居后的畲民意识到文化教育的重要性。于是，畲村举村或数户联合筹款聘请私塾先生。一般每所私塾聘一名先生，教学上采用个别辅导的办法。教材和学习年限没有统一规定。私塾办学，一般以三四个月或半年为期，教材以《三字经》《百家姓》《千字文》《增广贤文》等汉字识字课本为主。程度较高者亦备有《论语》《孟子》和唐、宋诗文。在相当长的历史中，佳阳畲民基本上没有正规的学校教育，只有较大的村落曾间断性地办过私塾。其实清末乃至民国佳阳畲族很多有钱人将儿子送到福宁府、福州府上学。

佳阳兴办正规的学校始于民国时期。据《福鼎教育志》记载，1939年，佳阳乡后洋村国民学校始办。20世纪30年代，闽东部分畲村兴办国民学校，福鼎县先后在桥亭、才堡、佳阳、佳山等畲族聚居乡村办过国民学校。这些学校办学时间长短不一，长的几年，短的仅仅几个月。佳山村兴办了国光小学，后转为国民小学，执教的族人有李仁山、李永耀。国洋国民小学也创办于民国时期，由于当时历史的特殊性，地处浙南中心区的国洋村显得更加特别，一批中共地下党员也以教员身份为掩护在国洋村的国民小学执教，陈孙蒲、郑孔填、董瑶光、郑家顺、谢鸣銮的都先后担任过课业老师。后因政府经济拮据而在1946年停办，但是国洋村的读书人始终未断。原省政府办公厅离休干部李永恩就曾经在国民小学和前岐中心学校执过教。民国时期的佳阳各所学校时办时停，时断时续，到1949年中华人民共和国成立时，佳阳乡佳阳、佳山两处国民学校已停办。

新中国成立以后，党和政府高度重视发展民族教育，采取了诸多优惠政策，如为畲族聚居乡村拨专款盖校舍，对畲族学生普遍实行减免学杂费，调派汉族教师去民族学校任教等。同时，实行"公办民助、民办公助"的办学措施，在畲族山村兴办学校。据《福鼎教育志》记载，1961年，国家经济暂时困难时期，贯彻"调整、巩固、充实、提高"的方针，停办一批民办小学，并对全日制小学进行调整。根据地委宣传部提出的"布局合理，撤销生源、校舍、师资困难的学校，并加强重点校，保证质量"的调整原则，县结合实际，将完全小学分为三种类型，第一类12所，第二类30所，第三类26所，共68所。其中佳阳小学属于公社范围内基础较好的完全小学。20世纪70年代后，进一步普及，同时在"将学校办到家门口"的号召下，佳阳在较大村落办起教学点，如佳山村山兜、种洋、安仁村竹澳、江湾、蕉宕村九斗坵、罗二、倪家山、城仔边、燕坵、象洋村林水岐、大山、牛车栏、后洋村湖仔、二丘田村岙前、三斗湾、佳阳村的东樟、宾洋等都办有教学点。这些学校主要招收较小龄的一、二年级学生。

改革开放以来，福建省委、省政府和省教委等部门在人力、物力、财力上予以支持，在畲族聚居区兴办学校。《福鼎教育志》记载，1991年至1998年，佳阳、三丘田有小学附设初中，罗唇小学一度也曾办过初中班。1998年10月，佳阳初中有四个班级，共195人。1998年据福鼎市完全小学分布情况，其中佳阳村、蕉宕、象洋、后阳、周山、罗唇、佳山、安仁、三丘田都已有农村完全小学，说明这时民族教育事业深入发展。佳阳学校、三丘田学校90年代在读学生近700至800人之间，是大型农村校。

分设佳阳乡后，佳阳中心小学成立于2001年10月，2010年4月更名为福鼎市佳阳民族学校。学校秉承"立德树人、全面发展，努力办好人民满意的教育"的办学宗旨，确立了"育人为本、全面发展，促进公开、提高质量，安全和谐、充满活力，依法办学、科学管理"的办学理念，谨遵"严谨、勤奋、实践、创新"的校训，倡导"主动和谐、超越自我"的校风，弘扬"面向全体、因材施教"的教风，倾心培育学生"自强不息、善于求知"的特质，全面实施素质教育。学校先后被评为宁德市义务教育标准化学校、宁德市陶研先进单位、福鼎市文明学校、福鼎市素质教育先进学校、福鼎市平安先行学校。

停办的农村小学

蓝允查

佳阳畲族乡目前存在的学校有佳阳民族学校（中心校）、佳阳中心幼儿园和蕉宕小学，其中蕉宕小学2022年下学期只有7名在校学生。其他各村的原完全小学都已停办消失。

农村小学停办消失的主要原因是：一、城镇化持续推进，农民不断向城镇搬迁。二、计划生育政策的严格施行和落实，致使生源逐年减少。三、为了提高教学质量，撤点并校，致使一些高年级学生上学不方便，于是向城镇聚拢。为孩子的未来考虑，低年级学生的家长也把孩子送到集镇的学校就读。四、随着教育资源向城市和集镇集中，农村完小校从师资到经费投资减少甚至全无，最终使农村的完全小学停办。

佳阳畲族乡停办消失完全小学简要情况如下：

象洋小学　　象洋小学创办于1952年，当时借用游氏祠堂上课。1973年国家实行普及义务教育，在县教委和前岐学区的支持下，在位于象洋村上洋游氏祠堂旁边建设象洋小学校舍，建有砖混结构校舍二层6间教室，学生人数达180人，教师7人。1989年在上级的支持下重建校舍二层共10间教室。随着村民陆续搬迁，生源不断减少，学校于2009年停办，后改为佳阳敬老院至今。

三丘田小学　　三丘田小学创办于1953年，当时叫三丘田高小，1956年改为三丘田小学，原址在三丘田大厝里。1965年村集资建三丘田小学校舍，1975年，在县教委和前岐学区的支持下，在垅头建新校舍，创办五七中学（初中），建有校舍12间和1间食堂。1980年三丘田小学并入垅头校区（五七中学）。1995年扩大办学规模，在上级财政支持下，再建教学楼共2个教室，校园面积达15亩。招收本村学生外，还招收象洋、安仁和蕉宕三村的初中生。鼎盛时期有学生810多人，教师43人。2006年初中停办，2009年小学停办。校舍现为三丘田村部。

安仁小学　　创办于20世纪50年代初期，原办学地址在安仁村部对面临水宫菜堂里，1982年通过村集体集资和上级支持在安仁村仓头岗新建一所2层6间的安仁小学，校内有4个教室和2个宿舍，学生主要来源于下坑、三罗壁、大湾、园里、安仁、吉屿等自然村，学校最盛时期有学生145人，教师6人，共1至5年级，是一所完全小学。

2006年停办。现为村卫生所和村民住房。

罗唇小学 罗唇小学创办于1949年以前，当时在柴岚内办私塾，20世纪50年代初搬迁至罗唇马氏真仙娘娘宫，1976年9月成立了初中部。因马仙宫容纳不下就读学生，1977年8月在马仙宫附近的溪坝边建两间简易搭盖的教室供初一初二学生使用。用毛竹搭建，四周用竹簟做围墙，上方用油毛毡遮风挡雨。1979年底，为了孩子能有更好的就读环境，宫口生产队（自然村）同意让出集体地块建设新小学，保留建筑工程队留下的场地给学校做操场。在当地驻军和上级政府及有关部门的支持下，1979年底开始修建了两层砖混结构的12间教室，每间教室30平方米，两层砖混结构宿舍楼10间。鼎盛时期有8个年级、8个班，其中初中3个年级3个班，在校学生有410人，其中小学在校生约290人，教师20人，初中在校生120人，在校学生除本村村民的外还包括驻军部队子女、店下花眉岩村民子女，初中学生还有来自双华村的学生，1983年和1984年还有沙埕镇流江村的学生。1986年下学期初中停办，2019年上学期小学停办。现学校已转归村委会管理。

梅溪小学 梅溪小学创办于1953年，之前为私塾学校，私塾老师为董光宙，用闽南话教学。从1953年改为公办学校，开始用普通话教学，第一任教师为李启树，福鼎桐山人。办学地点在梅溪马仙宫，鼎盛时期有5个年级，3个班，其中2个复式班，戏台为2个年级的复式班教室，另2个班设在正殿的左右两侧，在校学生有90多人，教师4人。1993年春在前岐镇政府的支持下，罗唇村出卖属于村财产的原梅溪供销站，在海尾建设新学校。学校为砖木结构，2层架构，第二层本计划木板铺设，因高年级学生到罗唇小学就读，低年级学生不多，加上资金缺乏，二层木板没有铺成。实际使用面积为三个教室，每个教室面积20平方米。2003年春因生源减少停办，少量低年级学生转到罗唇小学就读。2006年被超强台风"桑美"损毁。

岩坑小学 岩坑小学创办20世纪50年代初，原先在岩坑大宫上学，5个年级3个班，其中两个为复试班，1998年在前岐镇政府的支持下，在甘厝建新学校。最多时学生80多人，教师3人。由于生源减少，2003年停办，现为甘训瑞加工厂。

双华小学 双华小学创办于1952年，当时借用马仙宫场所上课。1973年在县教委和前岐学区的支持下，在位于双华村福鼎县少数民族文化站旁边建设双华小学校舍，为一层5间教室，学生人数高达240人左右。1989年扩建校舍二层共10间教室，上学人数约230人。2011年又在原有的校舍基础上加盖1层，学校占地面积达到2亩左右。后因双华村民陆续搬往城镇，生源不断减少，学校于2017年停办。现为双华村部。

后洋小学 1954年至1987年在后洋村刘氏祠堂办学，1987年在前岐镇政府的支持下，靠群众投工投劳和村借外债，在九斗建二层6个教室，建筑面积216平方米。

1988年至2002年间学生最多时有210多人，教师16人。学生除本村外，还招收佳山村的种阳、上山兜和下山兜自然村的学生。2002年时任宁德市常务副市长傅贤光挂点支持在原校的后门再建一座教学楼，建筑面积256平方米。2005年上半年学生4人，教师5人，下半年停办，现为后洋村部。

佳山小学　　佳山小学创办于1952年，当时借用佳山宫场所上课。1973年在县教委和前岐学区的支持下，在位于佳山村佳山宫边（佳山内48号）建设佳山小学校舍，建有校舍一层3间教室，学生人数达80人。1984年在佳山村村部（佳山内89-1号）建校舍瓦房一层3间（2间教室1间办公室），上学人数约130人。1990年又在原有的校舍基础上扩建2层4个教室，1996年又在原有的校舍基础上扩建3层8个教室。后因佳山村村民陆续搬往城镇，生源不断减少，学校于2008年停办，2016年改成佳山村村部。

周山小学　　1952年在周山周氏祠堂办学，教师2人，学生30多人。后搬到土地宫上课，教师2人，学生50多人，再后又搬回周氏祠堂，教师5人，学生90多人。1987年在上级的帮助支持下，在周山对面山新建6间校舍，建筑面积200多平方米，鼎盛时期教师7人，在校生130多人。2008年停办，2020年拆后建设中共鼎平县委教育学习基地。

上庵小学　　上庵小学创办于1962年，当时没有教室，借用运禅寺佛堂上课，课桌椅是学生自带的。1983年村财出资建上庵小学。1997年在福鼎市教委和市外经委的支持下建新校舍，4个教室。最多时学生76人，教师4人。2004年停办，现为上庵村部。

龙头湾小学　　龙头湾村小学创办于1995年，原名大路小学（佳阳未从前岐镇析出建乡前，大路村辖龙头湾村和今前岐吴家溪村和枫树岭村），2001年从前岐析出建佳阳乡后改叫龙头湾村小学，原址在龙头湾村村部。1995年在上级支持下，村支部带领村民集资新建龙头湾村小学，学生最多时有150多人，教师4人，生源主要来自龙头湾村各自然村。

前岐中心小学"民族班"

范则谊

普及九年义务教育工作实施之前，小学实行应试教育。当时，前岐镇只有福鼎二中一所中学，小学毕业生（五年制）要上中学读书，必须经过全市语文、数学两学科统考。二中初一新生按招生数录取成绩优异的学生，部分"落第"的小学生只能到小学附设的初中班就学或失学。

虽然国家对少数民族学生就学有特殊政策，但大部分畲族的学生家居农村，在农村的初小校就近入学，由于农村校师资薄弱，教学条件落后，教学质量较差，畲族小学毕业生能考上二中的很少，能考上宁德市民族中学的更少。由于当时福鼎民族中学尚未创办，为帮助解决少数民族小学生升学难的问题，福鼎县民委和前岐中心小学商讨，在前岐中心小学办"民族班"，面向福鼎市各乡镇招收五年级毕业初考落第的畲族学生复读。

1985年秋季招收一个班，有55名学生。这些学生的住宿由学校免费提供，伙食费、学杂费由县民委负责，学生一日三餐按桌统一就餐。学校派教学经验丰富、责任心强的教师负责日常的教学与管理，王传经老师担任数学教学兼班主任，方维宝担任语文学科的教学。这两位教师无微不至地关心学生的生活和学习。这些学生在生活上学会自理，吃苦耐劳，积极参加各种活动；学习上珍惜时间，勤奋努力。值得一提的是，学校组织开展了富有畲族文化特色的体验活动，其中影响较大的是"畲乡小主人在行动"系列活动，该活动获全国少先队活动最佳奖省电视台专程到前岐拍摄畲族班学生学习生活、活动等场景。"畲乡小主人在行动"主题班队活动专题片在中央电视台省电视台播出。1986年6月，经过一年多的努力，首届"民族班"教育教学效果显著，55名民族学生全部升入高一级学校就学。

为适应社会需求，1986至1990年连续五年又办了五期"民族班"，继续招收全市小学初考"落第生"，后3个学年语文学科的教学由方维宝老师担任并兼班主任，数学由李祖节老师担任。连续6届民族班，共招收352名学生，教学效果一直保持良好态势。民族班的开设，为民族学生创设了良好的学习平台，在他们的人生旅途上留下深深的印记。佳阳就是畲族主要聚居区，当时还是同一乡镇，故诸多佳阳学生参加"民族班"的学习。

佳阳民族学校

◎ 南农大

福鼎市佳阳民族学校占地面积9990平方米，建筑面积3164平方米，学校软硬件设施日趋齐备，校园"三化"全面完成，教育教学质量稳步上升，走出了一条基础设施开路、办学质量立校、科学管理聚人心的特色之路。

学校现有教学班8个，学生271人，其中少数民族学生216人（畲族学生196人），占76.57%。现有在编教职员工49人，其中具有中、高级专业技术职务资格的教师36人，本科学历16人，专科学历36人，宁德市级骨干教师2人，福鼎市级骨干教师6人，福鼎市名师工作室成员3人，教师平均年龄47岁。

学校注重加强教师岗位培训，安排教师参加省、市、县举办的各种培训；加强教师校内培训，每周组织教师业务学习不少于3个小时，每月至少一次计算机基础知识和基本技能培训，40岁以下的教师都能熟练掌握办公软件的运用，熟练运用网络多媒体教学手段辅助教学。

学校不断创新教研形式。积极开展教研组集体备课、说课、观摩教学等专题研讨形式的教研活动，并采用请进来、走出去的办法，先后组织30多名教师外出学习交流12批次。为了提高教师的科研意识，积极选送教师参加市教学优质课评选等活动，并取得了可喜的成绩。教师县级以上报刊发表论文50多篇。

学校彰显畲族特色，把畲族文化的传承和弘扬作为学校对外形象宣传的窗口和品牌。充分发挥少数民族资源优势，建有极具畲族特色的校标、校门、灯柱、畲族文化长墙、畲族文化展馆等。为了保护和传承畲族文化，佳阳乡突出办学特色，组织人员编写了《魅力畲乡》校本教材，内容涉及畲族历史、民俗文化、人物传说、旅游餐饮等，每周开设一节畲族文化课，由4名畲族教师授课。同时，在2016年秋季开学时，该校还开办了畲族文化兴趣小组，聘请当地的畲族文化传承人来学校给学生授课，努力挖掘少数民族传统文化资源，让畲族文化在学校得以传承。学校每年举办"四节"，重点突出以畲族文化为特色的"校园文化艺术节"。学生还积极参加佳阳畲乡正月十五歌会、双华二月二会亲节等民俗活动。

佳阳畲医畲药

◎ 蓝清盛

佳阳是福鼎市畲族人口最集中的乡镇，全乡畲族人口一万多人，占全市三分之一。畲族绝大多数居住山区、半山区，少数居沿海港湾畔。他们所居之处远离城镇，自然条件以及地理环境十分恶劣，草密密林深深，路弯弯岭长长。为谋生存求繁衍，不但要与自然界搏斗，与灾害搏斗，还要与各种野兽做斗争，尤其要与各种疾病做斗争。在长期的生活实践中，他们不断总结经验，充分利用山里的青草药资源，掌握各种青草药植物性味、功能及作用，对症下药，总结出一套防治疾病、保健和养生的技艺。

据有关资料记载，畲医世家都有祖辈传下来的单方、验方和医术。这些单方、验方和医术吸取大量其他民族的医学精华，特别汉医对畲医的影响尤大。畲医学习汉医典籍，或直接师承汉医，并经过医学实践，形成丰富的医疗经验。由于畲族聚落分散，缺乏交流，还有许多畲医的医疗经验，只凭记忆传授，因此未能形成完善的畲族医学理论。

畲医

畲族人古时称从事治病人员为"先生妈"，现如今"先生妈"称呼还在，"先生妈"还有。传说"先生妈"源之于太姥娘娘，是太姥娘娘传人，不管是男性还是女性，凡是从业于医疗者都叫"先生妈"。

佳阳畲族乡现有畲医3人，都在罗唇村，分别为家传第五代的李圣回，家传第五代的钟美月和家传第六代的雷能贵。

畲医长期居住在深山里，山里药源十分丰富，需要时随采随用，无须加工炮制，非常方便。由于是山中采集鲜草药，只费工不费钱，治疗疾病成本自然低，"先生妈"只收误工费，所以很受广大畲族群众欢迎，同时也受周边受益汉族群众认可。

畲药

畲医治病多采用鲜青草药，据了解有300余种。如果外出行医，身边带个两头都能装东西的连体布袋，边出诊边采药，随用随取，用完随采。草药使用一般多用全草，也有用叶、茎、花、果、根、皮的某一部分，这就要视病施药。如：下身疾病、血症用植物花，头疾用植物根，身躯病痛用植物（茎）枝叶。同样的病不同季节用不同草药，如五官生疗，春季用（番薯）藤芯，秋季用野菊花芯。畲医在长期用药中总结出来不少经验如草药存放100天后，药效会大打折扣，现采现用最好，也更方便。当然，有些药如过山龙、清水藤、土木香、八卦等，还是可以晒干加工备用，但时间不能超过一年，以一年为宜。现在也有少数畲医种植一些常用或稀缺的青草药材备用或加工备用。

在畲医指导下，山区畲族群众人人都识药，人人都会采，人人都会煎服治疗常见病，大都自己采药自己治病，一药治一病非常普及。

畲医常用草药、中药配合溪流山谷田野间的小动物、禽畜的内脏、蹄爪、肉或黄酒等配药炖服。

佳阳畲族乡卫生院简介

◎ 南农大

佳阳畲族乡卫生院，于2012年5月28日挂牌成立，是一所以公共卫生、基本医疗服务为主业的丙级卫生院。

卫生院坐落在乡集镇内，占地2500多平方米，建筑面积840多平方米，总投资250多万元。卫生院设有13个医疗科室，有15个住院床位，拥有彩超、黑白超声仪各一台，血常规分析仪、尿常规分析仪和心电图机各一部。2022年卫生院有职工22人，卫生技术人员18人，管理人员1人，工勤人员1人，其中本科学历7人，大专10人，中专5人，医师7人，护士5人，药师1人。

佳阳畲族乡各村还设有10家卫生所，2家卫生室，有乡村医生22人。实现了佳阳乡的乡村基本医疗服务全覆盖。

畲族传统体育

> 蓝清盛

畲族传统体育项目主要有拳术、棒术、人马战、狩猎、拔河、爬竹、登山、少年棒、打尺寸、秋千、摔跤、六子棋、打枪担等。历年农历"二月二""三月三""四月八"等节日，畲族群众都自发举行拳术、棒术、棋类等项目比赛和表演活动。畲族拳是福建省传统拳种之一，在福鼎双华、浮柳村活动较为突出，历来男女多有学练，主要有拳母、化拳、小五路、大五路、六路七星拳、梅花拳、七路、八步头、五虎下山、五马拳、登峰拳等拳套。有的项目由于仅为防身而设，未能推广，多已失传。

中华人民共和国成立后，党和人民政府把发展畲族体育的工作列入议事日程，1958年开始，以前岐双华文化站（现属佳阳畲族乡）为中心，开展有组织的畲族传统体育活动。

1979年，县体委和县民政局联合对畲族体育进行挖掘，初步整理了少数民族传统体育项目，并进行活动指导。1981年5月和12月，县体委两次召开了畲族传统体育汇报会和传统体育座谈会。同年9月，畲族女青年蓝牡丹被选派参加在北京召开的全国少数民族传统体育座谈会。

1982年农历二月二，县体委、民政局等部门在畲族聚居的双华村举行全县畲族节大型武术表演，包括浙江苍南等地前来观赏的观众达几千人。畲族传统体育"打尺寸"项目被选为福建省参加全国第二届少数民族运动会表演项目，由蓝清盛表演。此后，该项目被列为福建省保留项目，在全国历届少数民族运动会上进行表演。1983年3月，县体委、民政局在双华、浮柳召开第三次少数民族传统体育座谈会，举办了少数民族体育表演。

1986年3月，福鼎县组成少数民族体育代表队，同年5月参加宁德地区首届少数民族运动会。随后在全省少数民族运动会上，畲族运动员蓝春景入选福建省少数民族代表团于同年10月赴新疆参加全国第三届少数民族运动会。

1992年5月28日至30日，全省"畲族与体育论文研讨会"在福鼎召开（国家体委和全国部分省市代表参加），蓝清盛发表题为《从"打尺寸"论畲族传统体育的挖掘整理》论文。与会代表参观了双华、瑞云等畲村，瑞云村还举行了畲族传统体育项目表演。同年，福鼎县有 2 人入选地区代表团代表省参加全国第四届民族运动会传统体育项目表演。1995 年在连江举行的全省第三届少数民族运动会上，福鼎县编导的畲族体育表演项目投叉获二等奖。

下面简单介绍一下拳术和棍术：

畲族拳是以防身自卫为目的，从生产、生活、战斗实践中演变而来的拳术，该拳术结合南拳、北拳等拳种优点，根据自身需要，探索总结适应于畲族具体条件生存需要而创建。流行在佳阳双华一带的畲族拳术，有其独特的套序和套路。每个套路（如小五路、八步头等）有 8 至 16 节不等，计 108 步，还有 108 步解法。主要动作有冲、扭、顶、搁、削、托、拨、踢、扫、撕、跳等，并特别注重"冲""扭"动作。多以弓箭步为主，步型稳固，紧凑朴实。进攻多用拳肘，防守常用前臂及掌，讲究双肘护肋，一放即收，进退辗转。其特点是"下如铁钉，上如车轮，手如碾盘，眼似铜铃"。它要求下肢稳重，上体内转圆活，两手象碾盘转动。每转一手法，必先脚步踏稳，而又弹跳自如。

棍术有两种：棍体稍粗，长"一丈二"的也叫丈二棍，短"七尺"直径为 8—9 厘米的也叫齐眉棍。齐眉棍可单耍，也可对打。单耍叫"中栏"（有攻有守），对打叫"盘槌"。有三步进三步退（蛇吐舌）、金鸡啄米、猴子翻身、采脚、牛牯转栏、三步跳、四步半、七步、九步、天观地铡、双头槌等 10 多种套路。每套 4 至 20 节，其基本动作有：点、拨、戳、劈、盖、翻、转、挂、撑、跳、架等，要求眼疾手快，连贯有力，虚实难辨，变化多，幅度大，强度大又要求细。丈二棍又叫长槌，也分单打和对打，有攻有防，攻防兼备，有 10 多种套路，每套 5 至 10 节，其基本动作有挑、戳、劈、拨、撑、跳、架、扫、击、盖、抢、背、撩等，要求幅度大而快速，准确有劲，强度大而身步法稳健细腻。

（本文摘自 2003 年版《福鼎县志》）

畲族古老棋类

蓝清盛

畲族民间古老棋类，没有围棋那么优雅，象棋那么普及，这些棋类设计巧妙，走法讲究、方式独特、道具简单，故长期在畲族地区流行不衰。

长年棋

二人对弈。双方各持棋子25粒，棋盘上各先摆上10粒。起步后看准机会投对方两子中间。把对方两子担（吃）掉。担掉对方棋子时，补上自己棋子2粒。吃对方棋子时，直、横、斜线都可。这样吃掉2粒，补上2粒，直至把对方棋子吃光，全部摆上自己的25粒子为胜。

"长年棋"图例如下：

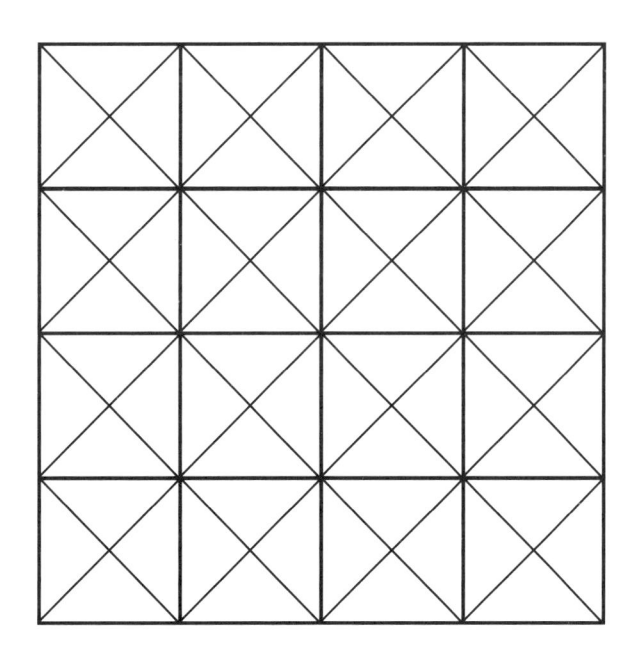

田螺棋

又名田螺旋。2人对垒，双方各持棋子12粒。起步后，要看准对方弱点，走田螺旋线，线路堵住并尽量使自己走上前线有利棋位。这样的棋位各方都有数个。这些棋位可以走大圈，也可以走小圈，所以吃掉对方棋子机会多。吃对方棋子时，必须绕田螺线至少转1圈，有时可达2圈3圈或4圈，无法绕田螺旋圈是不能吃对方棋子的。把对方棋子吃完为止为胜。

田螺棋图例如下：

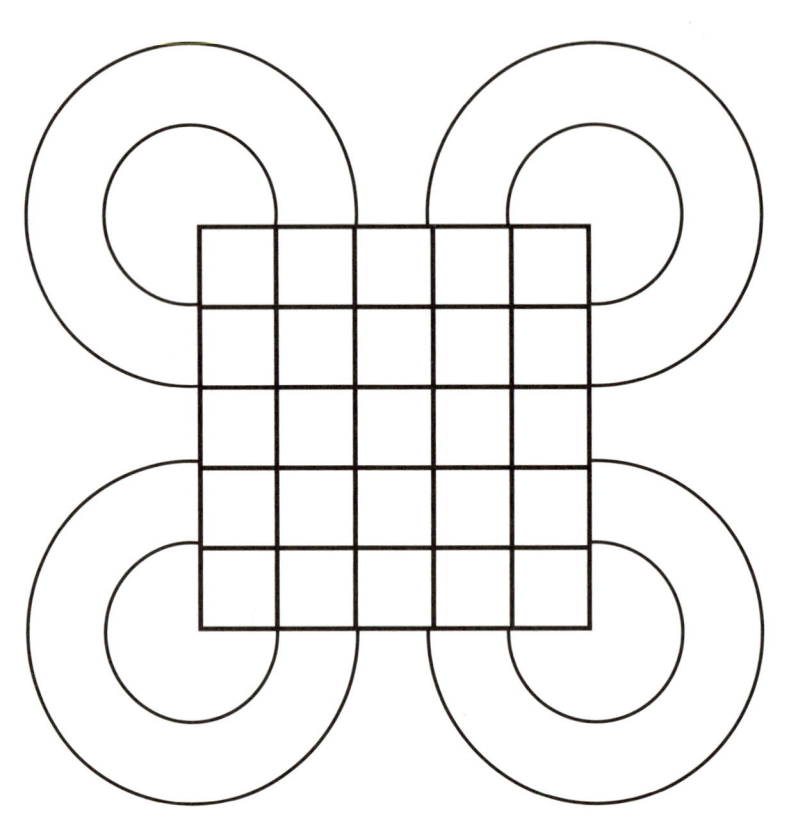

金木水火土棋

两人对垒,各持棋子4粒,各摆对面一方。走法比较简单,起步后,要吃对方棋子,从起步数起,口念"金、木、水、火、土"到"土"为止共五步,多不行,少也不行。直至把对方棋子吃光,谁先吃光对方棋子为胜方,一盘完毕。

"金木水火土"棋图例如下:

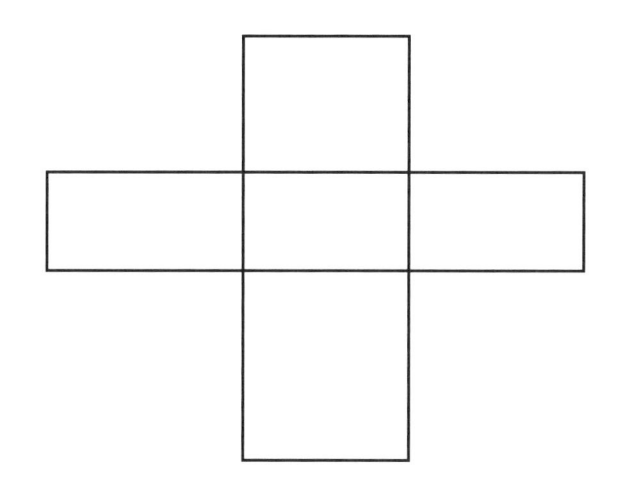

厕所棋

又名状元还乡、皇帝祭祖。其走法如猜拳。人数为3人,每人棋子4粒,一粒备作走棋棋子。手中各持3粒,然后约好各自一方棋子数字,即"一四七""二五八""三六九"。开始时大家伸出暗存棋子的手,共喊"哈罗嘿",然后同时打开,看3人手中棋子总数多少,若为"一四七"的走1步,为"二五八"的走1步,为"三六九"的走1步。从起位开始走到第6步是"厕所位"。第8步后至11步,必需再走3步,也就是要对上3次数字。这叫"中状元"。这个过程共11步。"状元"中后,然后往回走。不过回程时,厕所这个位勉走过程只要10步,如果顺利,走21步就可以完成。谁先回到起步位,谁先胜。1人胜后,2人继续对数,然后再分2名、3名。如果不顺利就要走到24步。所谓不顺利,就是一人先走入"厕所位",而一时未走,即没对上自己的数不能走,而后面一人刚好又走到该位,那么就算丢入厕所。丢入厕所,就要处罚,所以要在那儿待着,对准自己的数三次,处罚完毕才开始走。该棋3人手中各持3子,合起来共9个数,而实际上是10个数,即0-9。有时伸出手来3人都没棋子时,就是空空手了,也就是0。"一四七""二五八"只有三次走棋机会,而"三六九"就有四次走棋的机会,因为"三六九"的弱点就是9的数字大,故而对上的机会相对少一点,0作为弥补,也就是"空空手,三六九"。

"厕所"棋图例如下：

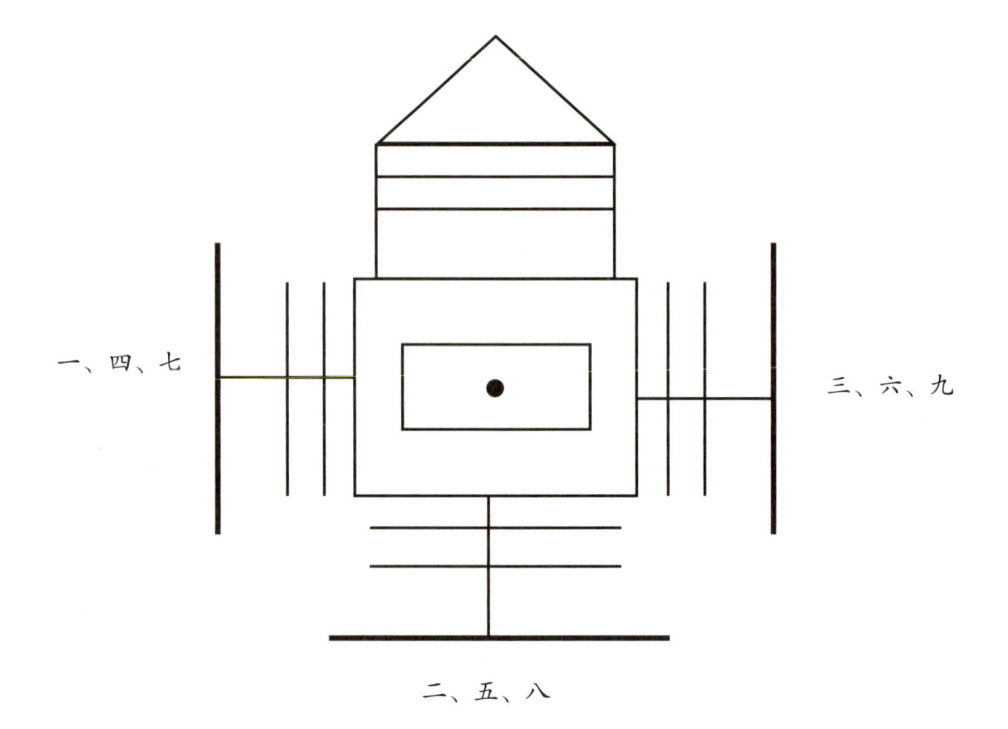

一、四、七

三、六、九

二、五、八

民俗风情

岁时节日

蓝清盛

佳阳民众中流传下来的传统节日习俗，蕴含着复杂的社会生活内容，浓烈的感情色彩，乡土的心理情态，以及富有理性的哲学意味，深深影响着一代又一代人。

春节

俗称"过年"。新旧两年相交之时，一夜连两岁，子更分二年。为庆贺当年丰收，预祝来年幸福平安，佳阳群众会举办一系列庆祝、祭祀活动，从年三十（有的年份年廿九）开始到正月十五元宵止。

年三十即除夕，午后村民们会办盘担祭礼到主厅祭祀未晋祖（祠堂）的先辈祖灵。最后一次理好一切事务，诸如该还的欠款，该收的资金，备足过年年货等，都应做个了结，这样才能安心过年。年夜饭是一年中人们最丰盛的一餐，并且还多煮一些大米饭留着明年（明天）吃，称之为"隔年饭"，意为有吃有剩，表示年年有余。除夕夜，畲族家家户户要挑选一根粗大柴头，放入灶膛烧燃后，焐以炭灶灰，留作正月初一做火种，称之为"焐年猪"或"隔年火种"。

旧年三十亥时末，新年初一子时头交界时，村民们会开门放鞭炮，把"过年"的气氛热腾腾地掀起来，意为"接年"或叫"接新年"。清晨，小孩会跑到竹林里去"摇竹"，口里念念有词，祈祷自己会像竹子一样长得高高的，同时也祝家庭家族要像竹子一样人丁兴旺。人们初一一大早起床洗漱后就去宫庙厅堂烧香，然后才吃早餐。正月初一头一餐，佳阳人通常吃线面，也就是"长寿面"。

正月初一有很多禁忌，不说不吉利的话，忌打破碗，不用铁器，不扫地，不洗衣服，当家人不能卧床睡觉等等。初二至初四，家里如果要扫垃圾也不能往外扫，要从外往内扫，集中起来到"开年界"后才往外送。期间，大人也不随便打骂小孩，小孩实在不乖，大人会克制，警告一般只是："是不是让我开年头？"意思年未过让我出手打了。期间，有人择日去做客，有女儿嫁出的人家，新舅就去请姐、姐夫回门，畲族称"转头年"。初五"年界开"，子时后佳阳人家家户户开门放鞭炮，天蒙蒙亮将几天累积下来垃圾收齐，一起倒到指定地点，而且将全村公共场地打扫一番，弄得干干净净，然后将土箕粪斗扫把一溜放靠在天地墙边，不管姓氏，不分宗族都一样，仿佛所有土箕、粪斗、扫把在"开会"或"展览"，场面十分壮观，直至晚饭前各家各户才先后拿回，这种做法畲族人叫"送年"。初五也是灶君从天庭返回人间的日子，年前将灶君送上天，这时要接回来。这一天"年界开"，诸事应该恢复正常，该做农活的做农活，该做买卖做买卖，各行各业便活跃起来。俗话说："年到初六，只有酒没有肉，年到初七、八，户户洗肉钵。"意思是来客或做客没有什么东西可招待了。南朝董勋《问礼俗》云："正月一日为鸡，二日为狗，三日为羊，四日为猪，五日为牛，六日为马，七日为人。"畲族人也有一种说法，是接着上面说的"七人、八谷、九天、十地"，意为初七人生日，初八谷生日，初九天生日，初十地生日。

佳阳的汉族村民对元宵节十分重视，过得热闹隆重，畲族绝大多数没有做元宵节的习俗，只是部分畲族村庄也闹元宵、罗唇村畲族元宵节就很热闹。闹元宵，主要是体现"闹"字，元宵夜，佳阳畲族乡罗唇村蓝姓村民全村出动高举连灯，擂鼓游村游洋称"营灯"，游过几个村庄回来后大摆宴席，敞开饮酒闹至午夜，所以该村流行一句谚语"元宵元宵，吃了尿漂漂"。正月十五是元宵，也是旧时佳阳各族村民到祠堂祭祖的日子，俗称春秋二祭的春祭，秋祭为八月十五。现今各宗祠春祭提前至初五、初六，因好多人元宵之前就要外出打工。

畲乡三节

佳阳畲乡清明节、三月三、谷雨节，时间不同，内容相同，但可视为同一个节日。清明到谷雨相距15天，而三月三有时在清明前，有时在清明后，相差不了几天。节时都要进行家祭、墓祭。食物准备很丰富，准备迎接客人来访。这是春节后又有一个走亲访友的时节，因马上要进入农业生产高潮，不走动可要等到七月半了。佳阳畲族各姓氏，蓝氏大多数过清明节，钟氏、李氏大多数过三月三。佳阳畲族乡钟氏、李氏畲族人。最多做"三月三"的占比最大，涉及佳阳、罗唇、象阳、三坵田、安仁五个村，以及其他村少数钟氏李氏自然村。雷姓畲族则大多数过谷雨节。

佳阳畲族群众特别重视将清明节，清明节也是在一个节日里唯一举行两场祭先祖活动的节日。相传，人死后鬼魂有可能留在三个地方：一是祖屋，二是墓（坟）地，三是祠堂。祠堂有春秋二祭，清明要祭老屋厅堂未晋祠堂的列祖列宗木主牌神位和埋葬列祖列宗骨骸的墓地。祖屋厅堂祭祀和墓坟祭祀的祭品基本相同，墓地祭祀主要是清理坟墓表面的杂草、异物，又叫"扫墓"。扫墓时要在坟山周边挂上纸钱（一种仿古铜钱状），表明该坟子孙后代已经来扫墓，以防被人误为该坟是无主孤坟，也为了表明该坟四至范围，外人不能在这个范围内随便挖掘取土，特别不能开山爆破作业，以免出现不必要的意外事件，如迷信所说的"动土"。扫墓时要向来看扫墓的群众分发"墓饼"。有些畲族群众还写清明祭文祭坟。扫墓祭祀的时间可灵活安排，可以在清明节日前后八天内择日进行，也就是"清明日前三后四"。

农历三月三畲族称为"乌饭节"，是纪念性畲族传统节日。过节吃"乌饭"，不只是畲族，还有地处湘黔边境的侗族、地处湘桂边境的绥宁县杨姓苗族以及新宁、绥宁地区的瑶族。不过时间不一样，畲族是"三月三"，侗族、苗族是"四月八"，瑶族则在正月初八，而且都称"乌饭节"。做乌饭的原料不一样，畲族用乌稔叶，侗族用杨桐叶，苗族用满天星叶，瑶族用乌饭草、黄茅草、嫩衫尖等草木叶，还有用南烛叶、泡刺叶的。当然，吃"乌饭"来历，不同的民族有不同的传说。其主食"乌饭"是一种适应节令的饮食养生习俗，来源很古，早在南北朝就有此记载。其用来做乌饭的原料，都是一些对身体有补益作用的药草。

牛歇节

佳阳民间有一句谚语："牛歇四月八，人歇五月节。"说明一年农事大忙季节即将来到，人和牛只能做个短暂小歇，翻田、插秧、压番薯、除草、烧灰许多农活等着农夫去做，四月初八是牛歇的日子，也称"牛歇节"。

关于牛歇节佳阳畲族有一个古老传说。盘古开天地的时候，弥勒佛管理天下，一片歌舞升平，百姓日不挂锁，夜不顶门。山上田间都不长草，耕田十分方便，老鼠从天上带来稻谷种子，播下后每蔸从脚到尾长满稻穗，黄澄澄都是谷子，人们做一季能吃三载，天下百姓平时就弹琴唱曲，吃喝玩乐，快活似神仙。百姓不会忘记老鼠功劳，收割时田头田尾，角头角耳都留下三蔸五蔸七蔸八蔸给老鼠吃。有一天，玉皇大帝听到凡间一片歌舞之声，就问天神天将："凡间什么事这般热闹？"有一位天将奏道："凡人做一季可以吃三载，比天界还快活呢！"玉帝一听不高兴了，就派这位天将下凡播草籽，让凡间人吃了去锄草，不要闲着没事干。玉帝交代："将草籽三步远播一蔸。"这位天将下凡后，开始是按玉帝吩咐三步远播一蔸，播着播着就变成一步播三蔸，播着播着又累又饿又渴，看看草籽还那么多，就满地去撒，密密麻麻的漫山遍野都撒上草种子。再看一看还是那么多，就一把一把往石缝里塞，旮旮旯旯都塞满了。这下坏了，山上长草了，田园长草了，连石头缝也长满了草，割也割不尽，锄也锄不完。百姓耕地十分辛苦，一年收成却不多，大骂"天吭眼"。这事惊动了玉皇大帝，一查才知道是那位天将办的好事，气起来就把那个天将贬到凡间做牛去吃草，帮助百姓去耕田。这牛觉得委屈不想下凡，玉帝命蚕把它从天界背到凡间（到目前为止蚕背上还留着四只牛蹄印，不信你可以去瞧瞧）。因为牛太重，蚕背得很吃力，到南天门摔了一跤，牛被掉凡间，牛撞断了上唇牙齿，至今还没有长出来。再讲百姓收成年年减少，做田粮食不够当年吃，原本田头田尾田边留下三蔸五蔸七蔸八蔸给老鼠吃的粮食也不留了。老鼠没粮食吃，回到天庭告御状，玉帝让老鼠"逢乡吃乡，逢县吃县"，老鼠听成"逢仓吃仓，逢柜吃柜"，从此后不管百姓把粮食放在仓里或藏在柜里，老鼠都咬进去吃，连田中未归仓的粮食也不放过。天上又派狗来看着老鼠，又派猫来抓老鼠。田里稻谷快成熟了，狗坐在天边看着，看着看着狗就睡着了，成群结队的老鼠赶来吃谷子，蔸蔸稻谷从脚往上吃，吃得差不多快光了，猫发现了向前一跃紧紧抱住稻谷，仅仅保住了一小节，就现在的稻谷顶端的穗。人辛苦，牛也辛苦，但天庭还是不能原谅牛的过错，只允许每年四月初八这一天，从天上撒下馒头给牛吃个饱。凡间的人知道了这事，又替这位天将可怜，所以每逢四月初八这一天就让牛歇工。天蒙蒙亮就放起鞭炮，把牛赶到山上吃馒头歇节。传说牛如果去迟了，吃不到馒头就会流眼泪，耕起地来也没劲。

传说归传说，畲族对耕牛珍爱有加。四月初八在清明之后，正是农家进入育秧耘田大忙季节，是农事繁忙期。让耕牛在春耕前好好休养一天，同时给耕牛灌以黄酒，喂以鸡蛋，意如给牛做个生日，给牛做个节，是畲族人对耕牛珍爱的表现。

端午节

俗称"五月节"，家家包粽子，祭祀祖先。佳阳畲族与其他畲族地区包的粽子不一样，其他畲区包的粽子形状做成横式粽，四扎五节，佳阳畲族群众包的粽子与佳阳汉族同胞包的粽子形状大体相同，汉族叫"四角粽"，畲族叫"三角二耳"。把粽子包成"三角二耳"形状代表田中诸事刚起头，一时做不完。端午节，不论畲族、回族，还是汉族，佳阳家家户户都要用红纸条红线扎两束蒲艾挂在门槛上，据说菖蒲叶似剑可驱妖，艾草芳香能除污。家家户户还泡雄黄酒，洒雄黄酒，屋内屋外房前房屋后都用雄黄酒洒一遍，据说可以防蛇虫蛙蚁侵蚀叮咬。

关于五月节的来历，佳阳畲族有这样一个与众不同的传说。战国时期的楚国，有个朝臣叫屈原。这屈原为人忠厚性情耿直学识渊博，天文地理人间世故无所不知无所不晓。他经常向皇上提建议。可楚国国王是一个只知道吃喝享乐之徒，根本没有把心事放在治理国家上面。听奸臣的话像是喝蜜糖水，听忠臣的话像是喝黄连汤，所以屈原许多治国安邦的好计策他都不给采用。有一次楚国国王患眼疾，屈原劝他："你的眼睛患眼疾，要吃带咸食品，不能多吃甜食，这样对眼睛治疗不利。"有奸臣知道楚王喜欢甜食，又喜欢听奉承话，一边指责屈原说话没根据，一边劝国王说："吃食对治眼疾没有直接关系。"最终国王没有听从屈原劝告还是多吃甜食。又过了一段时间，楚王眼病越来越严重，屈原又说："现在不仅不能吃带咸食品，还应该经常喝点盐卤水。"一群奸臣又在极力反对，楚王感到屈原说的也许有道理，叫人弄些盐卤水喝。那盐卤水又咸又涩，楚干喝的受不了。第二天，楚王立刻罢免屈原朝臣官职，让其回家，但又怕屈原外逃，便派官兵看守，屈原非常沮丧，报国无门不说，还被限制人身自由，越想越恨，越想越气，可忍恕不可忍。心想如此昏君，肯定成不了什么大气候，干不了什么大事业。流落在汨罗江边的屈原想到，楚王昏庸，国家危之，民不聊生，心里悲愤难平，终日在江边徘徊。但他又心不甘情不愿的去死，妄想有一天楚王会重新重用他，可是等了一天又一天，一日又一日，朝廷召见的信始终不来，屈原绝望了，这一年五月五日，忠贞的屈原投进了清清的汨罗江。再说楚王在奸臣的鼓捣下，眼病一天比一天加重，已经睁不开眼睛。一天他被人扶上朝，他头枕椅子脸朝上，慢慢地睁一睁眼睛，这时一滴盐水不偏不倚滴入他的眼睛，凉凉的咸咸的爽极了，眼睛立即觉得好了许多，立刻令手下查一下什么原因，结果在楚王座位正上方找到两个盐粽子，由于天气慢慢变暖，粽子内的盐巴开始溶化滴下盐水。这肯定是屈原事先弄好的，对，是屈原。这时楚王下命召见屈原，有人呈报，屈原在几天前的五月五日投江自尽。楚王痛苦万分，征用民船，打捞屈原尸体，那些船只那些人，平时知道屈原的为人，故都以最快速打捞屈原的尸体。这些争先恐后的打捞船只行为，后来发展成了今日的赛龙舟，那两个屈原包的盐粽子，演变成了今天各种形状各种美味的粽子。

因为屈原是五月五日这天投江的，为了纪念他忠贞爱国，后来人们就把这一天定为一个节日，叫"端阳节"或"端五节"。

六月六

佳阳群众称六月六日为"防霉日"，家家户户把衣物、什物、种子统统拿出来晒一晒，以防霉变。民间传说土地公也会把他人托他代管的银子在这一天拿出来晒，如果谁运气好的话，也许能碰到。

七夕节

也就是农历七月初七，世代相传的习俗就是外公或舅舅给未成年的外甥送"七月七"。七月七前几天，外公或舅舅要准备一种叫"口食"（七夕饼）的糕饼，包成"纸篷包头"，外加其他种类饼干，再炒上几斤不同类型的豆豆，送给外甥当作零食，叫作"送七月七饼"。

在畲村，"七月七炒豆"习俗世代相传，来历却鲜为人知。七月七前夕，外甥都会盼舅舅来送饼，大人也会念叨，如果外公或舅舅不来送七月七，则会受到邻居议论。民间相传，有个外公年年七月七都等到初五初六才去送饼，他的本意是太早送饼，早吃光了,待到七月七外甥就没饼吃了,这一年他还是初六才去送饼。他刚走到外甥家的村口,一班半大不小的小孩在议论着,谁谁家外公已经来送饼,谁谁家舅舅也已经来送饼,其中一个小孩问这个外公的外甥,你外公来了没有,他的外甥不耐烦说:"我外公死了。"这个外公刚好听到。从那以后,这个外公早早去"送饼"。

外公和舅舅"送七月七",从外甥出生之年起到长成少年,一般情况到16岁,畲族习俗是上了"丁"就不送"七月七",畲族人认为16岁就上"丁"了,上丁就是成年的意思。以前没搞计划生育,待最小的外甥成大人,与第一个外甥出生时间跨度很长,有的人甚至送一辈子的"七月七"。

近年我们的族人也学外国人过什么"情人节",我国民间传说牛郎织女一年一度七月七日鹊桥会的日子类似外国"情人节"并视七月七为中国"情人节"。

七月半

就是农历七月十五日,佳阳民间有句谚语"下南三(讲闽南语的汉族同胞),本地四(讲福鼎方言汉族同胞),畲客五(畲族同胞),乞丐六"。说的是讲不同方言的同胞做七月半的时间,畲族人普遍在七月十五这一天做七月半。七月半是佳阳汉、畲、回各族共有的大节之一,佳阳民间另有一句谚语"年冇看,节冇看,全看七月半"。意思就是"七月半"很重要,仅次于"过年"。主要活动:这一天会对先祖灵位未晋(祠堂)祖的先人进行祭请,传说这样能普度孤魂野鬼,免受饥饿之苦,脱离苦海,不会作弄人间。祭品与过年、清明、五月节大同小异。这里的小异指的是过年祭品用"年糕",清明节用"篙尔粿",五月节用"粽子",七月半用"九重糕",也就是各个节日,用不同特色食品。"九重糕"这种食品,圆圆的留一个角,代表田中诸事基本完成,只是一些收尾工作。其实是特意留的一个蒸汽孔,蒸煮时使"九重糕"尽快蒸熟。七月半是一个把一年两分后,作为下半年第一个望月定位节令的一般性节令。

弼公节

"弼公节"属区域性、人物纪念性畲族传统节日。

"弼公"者乃是佳阳畲族乡佳阳村丹桥人士钟良弼。钟良弼,谱名钟鸣云(1780—1842),清嘉庆七年(1802),当时畲族被歧视、受压迫,丹桥畲民童生钟良弼赴考受阻,遂典卖家产和族人相赠顽强上诉。诉状历经县、府、省署,几度辗转波折,终得福建巡抚(或称按察使)李殿图主持正义得以胜诉。第二年复考考取福宁府学第二十名生员俗称秀才,该事轰动全省及浙南,其事迹载入道光十五年(1835)《重纂福建通志》,嗣后被霞浦歌手钟学吉编成歌谣《钟良弼告阻考》,在闽东浙南畲民中广为流传，百唱不衰。

闽浙交界山水相连，闽东浙南同是畲民主要聚居地区，交流甚多。相传此事后浙南畲民学子嬉称钟良弼的秀才是打官司打来的，质量不高，钟良弼不服。翌年，钟良弼以浙南学子的身份参加浙江省金华府学应考，也取得金华府生员，故钟良弼被称为双料秀才。钟良弼生前著有《凌云斋稿》。

"弼公节"纪念活动，以前只在钟氏宗亲内举行，从不间断，于钟良弼诞辰日即农历八月十七日举行，后来逐渐成为一方区域、人物纪念性质的畲族传统节日。

中秋节

中秋节又称"丰收节""团圆节"，是我国古老的传统节日。它起源于上古，兴于唐代盛于宋代沿袭至今，以庆丰收为主题，以赏月和食月饼为习俗。佳阳畲族以往过中秋比较简单。一是与"七月七"一样，外公、舅舅要给外甥"送饼"。"七月七"送"口食"，"中秋"送"月饼"（中秋饼）。二是宗祠祭祖，畲族称之为"秋祭"。三是晚餐煮些芋头吃，故有"八月十五开芋园"之说。

尝新节

佳阳民众一年一度的"尝新节"，没有固定时间或日子，各村各地时间都不同，通常安排在第一批新谷成熟时择日举行。这个节日主要是敬祭天地和祭五谷神，主题是庆丰收，畲族群众当然也忘不了附带献祭祖宗。"尝新节"家家户户献祭天地、五谷神和祖宗神的祭品是单一新米饭，当然还是要烧香、烧金银纸、烧金献天地献五谷神，烧银献祖宗。届时主人邀请亲戚朋友一起来尝新米，并准备酒菜招待。

酿酒节

做缸酒过年时敬神、祭祖、招待亲朋好友，以及犒劳自己是佳阳民众习惯。佳阳大多属山区半山区地带，入秋早入冬快，比较凉爽，酿酒大多十月前后。有畲歌唱道："九月初九是上阳，上阳炊（蒸）酒郁郁香，有钱人炊上阳酒，没钱人表讲思量。"意思是九月九是居住山区半山区畲族人的酿酒日子，当然不是一定得九月九当日，是立冬前后，期间，酿的酒味道醇厚，便于存放，吃到年靠年都不会变味。

冬至

佳阳民众过冬至极为简单，就是早起做一碗汤圆，就算过节。吃了冬至汤圆小孩就长了一岁，老人就少了一岁。但要在冬至前后时间里要办的事可不少。畲族有一句谚语"冬至不过十二月，表姐不过明年春。"还有一句"十月日日人收冬，十一月日日人娶亲。"所以畲族人将婚、娶定亲，请表姐等喜庆之事都放在冬至前后这一段时间进行。

在政府还没推广火葬以前，畲族人多行"拾骨葬"，老人亡故后，棺材置野外的自然分化三年，后辈子孙多在"冬至日"前后三天破棺拾骨，如果墓葬日子在冬至前那就提前择日拾骨，拾骨又称"拾祖宗宝"。

年界

十二月二十五为新年与旧年的界限，佳阳民众叫作"入年界"，来年正月初五为"开年界"。谚语说"孔子不吃冬至圆，长年不吃廿四饭"，意为私塾学堂冬至前就要休学放假，以前私塾当年开馆后就不歇暑假，冬至放假让教书先生集中时间处理各人事宜。做长工最迟腊月二十三就要与雇主结算工钱回家过年。二十四亥时过二十五子时一来，就算是新的一年开始，称为"小年"，所有在外人员有钱无钱都要赶回家过年。是日，家家户户清洗门、门窗、家具，有的更换新家具，搞好房前屋后环境卫生，清清洁洁迎接新的一年到来。同时该准备过年的事办好。

祭灶神

祭灶，亦称"送灶"，是我国民间一项古老风俗。汉族祭灶，少数民族也祭灶，从南到北从东到西，几乎没有不祭灶的，畲族也祭灶。祭灶，祭的是守灶之神，民间又称"灶王""灶君"。

灶神在大寺小庙里都没有它的份，更没有单独建宫庙供灶神的。可是在民间，家家户户都祭奉灶神。原来灶神属家堂神之一，远古时期，每家一共都有五位家堂神：门神、井神、厕神、中溜神和灶神，负责维护其家人的安全和幸福，不准闲神野鬼来骚扰，称为"五祀"，这是古代"泛灵信仰"的遗痕。后来或许是部分家堂神有亏职守，人们对它们也渐渐冷淡，至今只剩下灶神和门神还有人祭祀。

祭灶神是人们顾忌这位官职不大的灶神，便于平时烧香贿赂，"祭之则得福"的日常孝行。民间在每家灶房里，用三块砖头，在灶烟筒上方隔一间小屋，也不塑金身，只是把灶像贴在中间，两边贴上"上天言好事，下地降吉祥"对联，平时午饭要献上头碗饭供灶神，逢初一、十五，供奉一对小蜡烛，二支清香。逢节则供点祭品。从不敢怠慢，算是一种祈求。

送灶神，各地时间不一。一般北方民间是腊月二十三，南方民间是腊月二十四。此外又有"官三、民四、蛋家五"的说法，也就是官府职员在腊月二十三，一般民家在二十四日，水上人家则为二十五日举行送灶。

除夕

　　三十日晚为除夕，小月是二十九日，即是一年中最后一天，也是一年中最后一个节日。村民要用谷物、肉食祭祀先祖和神明，家家户户饮酒宴乐，饭后大人要给小孩压岁钱，然后一家人一起"守岁"。关于"守岁"，实际上是叫"守年"，也叫"过年"。传说远古的人还不会建房子，只住在山中溪边的岩洞里，为了取暖、防止山魈猛兽的侵扰，在洞口烧起篝火，尤其除夕夜他们更加防范。有一个叫祝融的部落，年年都受一种叫"年"的怪兽侵扰，为了保全部落一年平安，故每年除夕都要准备一对童男童女及其他祭品祭祀它。年复一年给部落带来极大灾难，后在炎帝（也叫神农）等人指点下，篝火中加上毛竹等竹类，烧起来竹子爆裂发出噼噼啪啪作响，把"年"的怪兽吓得逃跑了，从此这种"年"的怪兽再也没有来侵扰了。其他部落也效仿祝融部落的办法，都烧起加竹子的篝火来"守年"，除夕夜"守岁"就是守"年"的怪兽，因此除夕也叫"过年"，意思说，这一年过去了，这种习俗一直流传至今。

罗唇"冥斋节"

蓝清盛

"冥斋"这种以白粿为原料做成的用以祭祀的食品，在我国民间常见，但佳阳畲族乡罗唇村柴岚内、宫口自然村畲、汉群众每年农历"正月十八冥斋节"，以每个200斤左右干粳米做成三个大"冥斋"，祭祀马仙宫的"马氏真仙娘娘"，则大概独此一家。

奇特的祀神场面

马仙宫位于罗唇村宫口自然村，属宫口、柴岚内两个自然村共有。宫口自然村祖居有郑、黄、沈、候、李、谢、杨、林各姓汉族群众，60余户，近300人。柴岚内自然村40余户，是清一色的蓝姓畲族，共170余人。数百年来两村群众祖祖辈辈繁衍、生息在富饶美丽的海滨村庄，团结和睦，共同劳动，也共同奉祀马仙宫的"马氏真仙娘娘"。

马仙宫始建于明嘉靖年间，最初只有三间低矮瓦房。民国初期扩建为上有大殿、神台，中有天井，下有戏台，两侧有厢房，规模颇为壮观的宫庙。每年正月十八"冥斋节"，宫口、柴岚内两村群众都要做大冥斋敬祀"马氏真仙娘娘"，并演戏娱神。

马仙宫正殿神台上奉祀的正神是：正中神龛的三位马氏真仙娘娘；左边神龛是手捧金锭、满脸堆笑的土地公；右边神龛是神采奕奕、威风凛凛的马元帅。土地公和马元帅两旁，还站着掌握凡人生死祸福的判官和小鬼。每年农历正月十八冥斋节，马仙宫中人群拥挤、香烟袅袅、烛光灼灼。百子炮、双响炮时起时伏，神铳隆隆轰响，锣鼓喧天。

冥斋节的独特祀物有三：

一是每年要做一盏八角宫灯式的"太平灯"挂上大殿正梁。灯2米多高，八角灯上四周间隔剪贴"元宵佳景""国泰民安"以及大红"双喜"字样。四周还画着民间广泛流传的"梁山伯与祝英台""七仙女下凡""白娘娘与许仙""八仙过海"等故事图案。灯柱上剪龙雕凤，和五颜六色的飘带搭配相间，煞是好看。

二是每年要糊两盏"子孙灯"挂上左右两边横梁。"子孙灯"呈四方形，均是用黄色纸张糊成，灯的下端垂挂着一束红绶，灯壁四周分别写上"五世其昌""百子千孙"字样，显得特别协调。

"太平灯"和"子孙灯"下面排三张方桌，一桌以名果、名菜为主要祭品，含荔枝、桂圆、四季柚、柑、桔、香菇、木耳等12种（盘）。另外两桌以腥味为主要祭品，含整副猪头肝、整鸡、整鱼（据说以往都要摆一尾20斤上下的大鲈鱼，因为罗唇古名鲈屯，意为鲈鱼游聚的地方。）

三是大"冥斋"。最引人注目的是供在神像前面的三个大"冥斋"，"冥斋"分别以200斤左右干粳米做成，通常高1.3米至1.5米。底部有两人牵手合抱粗。每个大"冥斋"下面还摆着五个小"冥斋"，另有十个"寿桃"也均是白粿做成，使人看了同类物品大小悬殊，越发感到三个大"冥斋"的神奇。

每当人们看了大"冥斋"都要问，这么大的"冥斋"是怎么做成的呢？做法：200斤粳米粉一次蒸不成，当地群众弄三四个蒸桶同时蒸粿，然后把粿一臼臼舂好，放在一个洗净的榎桶里，盖上簸箕以防冷却。待200斤粳米粉舂好后，留一臼放在石臼内舂薄薄的做"冥斋"皮，然后从榎桶内的白粿一臼一臼拿出来，放在"皮"内用力舂，拿一臼舂一臼。200斤白粿叠舂完后，扛来干净门板，抬到厅堂翻来覆去揉，用竹杠压，反复来去，"冥斋"未做成，十几个强劳力已大汗淋漓了。

戏演3天或5天，正月十八是正日。祭品、"冥斋"祭请二天二夜，十七日开始，十八日晚12点（即十九日凌晨），请尪褯做福，为当地村民普度平安。

"冥斋"的由来

为什么要做大"冥斋"？"冥斋"节的习俗为什么要定正月十八日进行？这得从马氏真仙娘娘三姐妹说起。

为了弄清以上问题，早在20世纪80年代笔者就多次走访了当地当时70岁以上十几位老人，说得比较详细的有86岁的畲族老人蓝昌楠和87岁汉族老人候吓二（此二人已先后去世）。他们叙述道：做大"冥斋"年复一年流传至今，确切时间不清楚。最少有400多年历史了，从他们懂事起就有，并听祖辈说他们小时候就听老人讲"冥斋"做很久了。当问及做大"冥斋"有何典故传说时他们说根据一代一代传下来的说法有两个：

一是说，"马氏真仙"三姐妹，原是聪明伶俐，勤劳勇敢的民间女。约在400多年前，我国沿海一带居民经常遭到海盗劫难，使当地居民生活不得安宁。为了保护百姓生命财产安全和维护日常生活秩序，马氏三姐妹联络当地居民奋起反抗。在一次战争中因寡不敌众，马氏三姐妹先后化作大山挡住来寇，使当地居民得以安全转移。可

罗唇马仙宫"马氏三姐妹"金身塑像

马氏三姐妹再也不能还原为人。马氏三姐妹变成的三座大山，永远屹立在重叠的群山中。后人为了纪念马氏三姐妹的功德，为她们塑了金身奉为菩萨，曰"马氏真仙娘娘"，并修建了"马氏真仙宫"即"马仙宫"。并在马氏三姐妹殉难日农历正月十八日，做了像山一样的三个大"冥斋"祭请她们，以示怀念。

另一种说法是：约在400多年前，沿海一带倭寇骚扰频繁，民不聊生，有个姓马的元帅，奉领皇旨为民除害，来到沿海抗御倭寇。因远离内地，粮草供应不上，虽然带有不少金银，但无处买到充饥之物。他带领兵士出入生死，日夜奋战，最后同兵士一起饿死在战场上。临死时叹道："饥荒年或特殊时期，黄金不如五谷好。"后人为了不忘他的不朽功劳，为他塑造神像，修建宫庙，并使用粳米粿做三个大"冥斋"供在神像前，以示怀念。

据传，马仙宫始建于明嘉靖年间，当时我国沿海一带倭寇活动十分猖獗，沿海百姓遭到百般扰乱，生活在水深火热之中。本县其他沿海村庄在明嘉年间同样少不了遭受倭寇侵扰，位于沙埕港畔的罗唇一带村庄，当然也不能排除在外。

对冥斋节风俗的看法

冥斋节的形成,以它顽强的生命力,跨越不同社会形态,经久不衰长期沿袭下来,并成为当地群众一大习俗,是值得我们研究的。本人有以下几点看法:

1. 冥斋节的形成有纪念性质

冥斋节起源有优美生动的传说故事,故事主人翁"马氏真仙""马元帅",原都是凡间人。在明嘉靖年间,罗唇沿海一带百姓遭到倭寇百般侵扰,他们为了百姓能过上好生活,不惜自己安危,带领百姓极力反抗,最后战死"平寇"沙场。人们为了不忘他们功德,为他们塑金身、奉为神明祭祀。对于如此伸张正义,扬善除恶的英雄,人们是永远不会忘记的,故此一代又一代,几百年来从不间断,形成习俗。

2. "祈求太平"是冥斋节主题,具体体现在对神的崇拜

从冥斋节仪式活动中的"演八仙""做福""分冥斋尾""火焚太平灯"就可以看出群众心里希望太平。在封建社会中,发生了各种天灾人祸,人们对这种表现不理解,因此只能乞求于超现实的神明。故此,演戏娱神时,第一场戏前总要演"小八仙",十八日即仪式活动正日,早场一定要演"大八仙"。"做福"也是群众祈祷太平主要手段或形式。通过尪襖唱赞词,请上界三十三天神明,如"元始天尊""灵宝天尊""道

"冥斋节"踩街

德天尊"等,地方神明如"太姥山太姥娘娘""鹤顶山白鹤仙师""罗唇溪浦杨府上圣"等,代表当地百姓向神祈祷,把百姓要求安定太平的愿望申诉于神明,以求恩赐。尪裷又通过羚羊角或铜制签贝,把神的意旨传给百姓,百姓只要看到签贝阴阳体现顺利,就会皆大欢喜。分"冥斋尾"和"火焚太平灯"是整个仪式活动高潮。做"大冥斋"的粳米是从百姓各家各户筹来的,据说祭请神明后的"冥斋尾"吃了可以驱邪,避邪。所以"冥斋"粿分多分少无所谓,但"冥斋尾"每家每户都得分到,哪怕是纸一样薄的一小片。分"冥斋尾"后就是"火焚太平灯"。在百子炮双响炮神铳隆隆声中,将2米多高的"太平灯"焚掉,一切仪式结束。

3. 冥斋节渗透了多子多福思想意识

在冥斋节仪式中"多子多福"思想意识得到充分体现。"做福"后结婚多年未生育的青年夫妇,都争相请回"子孙灯"。以求来年可以生个白白胖胖的男婴,这叫神送"喜"(子)。送"子孙灯"时,主人手提灯走在前头,吹鼓手敲锣打鼓,送到家,挂在卧室内,主人办一桌酒席答谢吹班。主人得子后,来年正月十八,要办三牲祭礼,挑来马仙宫答谢"马氏真仙娘娘"。

总之,冥斋节的习俗形成是在明嘉靖年间,我国沿海一带百姓受到倭寇百般侵扰,百姓生活处在种种苦难中,出现了"马氏三姐妹""马元帅"这样为百姓除害的英雄,殉难后百姓为他们塑金身,奉为神明,做"大冥斋"祭祀,后来人们年年要这样做,久而久之形成一种习俗。

双华"二月二"

蓝振河

"二月二",是佳阳畲族乡双华的会亲节和会歌节。年年春暖花开的时候,红杜鹃就在闽东、浙南的山山岗岗笑吟吟地放出红喜帖,呼唤各地的畲族子孙、戚友:"'二月二'到了,回双华会亲、会歌去!"

由来

双华,土名小麻洋,它紧邻浙江,翻过一岗山,就是浙江省苍南县的马站镇。这里,四面高山,当中一条大溪,直通罗唇海口。华阳、华双、华中等自然村,鼎足而立,鸡犬相闻,聚居着蓝、雷、钟、李四姓畲族同胞四百多户1700多人,世代传说着这么一个祖公开基故事:

清朝顺治期间(1644—1661),祖公头从浙江苍南县蒲门、甘溪一带,来到当时深山密林的小麻洋开山、迁基。一夜大风雨,发现一条赤、一条青的两大蛇盘在屋基上不走,连续几次送到大溪放生,都于当晚回到原地,祖公头就再用竹箩装蛇放生,并祝告说:"……若恋热土,形相莫现,盖宫你住,奉祀香烟,年年'祈福',演戏三天,祈保'山客',平安丰年。"并于"二月二"这天破土盖宫,塑红脸、蓝脸两将军(代表两大蛇)奉祀起来。此后,大蛇再没出现,而且四境平安,人丁兴旺,传到现在二十多代,子孙亲戚遍布闽东、浙江各县,当年祖公头就定下"二月二"这天为会亲、会歌节,这就是畲家"二月二"的由来。

三百多年来,特别是新中国成立以后,畲族人民解放翻身,兴旺发达,年年"二月二"回双华会亲、会歌的畲族同胞多达三四千人,会亲、会歌的节日活动,也更加丰富多彩。

会亲

"二月二"的节日活动,初一开始,初二正日,初三结束。每年,从二月初一这天大清早开始,喜鹊就在家家檐前叫得特别欢,等不得太阳露脸,四面高山上的条条山路,就传来了阵阵歌声,一个个红装素裹,穿节日盛装的亲人,成群结队地像一片片彩云从天而降。

　　手扶拐杖的老公伯来了！头扎青巾的老叔婆来了！红纱束额的姑娘、"表姐"们，嘻嘻哈哈地手拉手来了！银钏金钗的媳妇、"表嫂"们，叽叽喳喳地结着伴儿来了！一路上打打闹闹，缠着"表姐""表嫂"挑歌的后生仔们来了！粘在老妈妈心头的细女，打扮得象金凤凰，提着红漆描金的"孝顺桶"从红火火的桃林里飞出来了！跟在后边的小女婿，一头挑着绣花被，一头挑着戴虎头帽的宝贝外孙，从金灿灿的油菜花地边快步走来！

　　一年一度"二月二"，畲族的子孙亲人，都从闽山浙水的四面八方飞回来了！

　　一股股五彩缤纷的人流，不断地涌呀涌呀涌进这座古老而美丽的山谷。双华沸腾了！沸腾着"二月二"会亲的热潮。

会歌

　　"二月二"既是会亲节，又是会歌节，畲族歌手们就像小孩盼过年一样，早就盘算着并相约好"二月二"到双华来亮歌喉、比肚才。因此，随着会亲的人流不断涌来，双华这个山谷里的溪边、树下、村口、路角，就都有一帮帮歌手拦歌，一群群男女老少以双方歌手为圆心，团团围住，兴致勃勃地听歌、议歌。

　　　　生好少娘远路来，风吹衫裙两边开。
　　　　风吹衫裙两边绣，是娘寄歌引郎来。
　　　　日头上山峦里黄，我娘行到少郎乡。
　　　　我娘从小未学歌，劝你少郎莫拦娘。
　　　　一见表妹飘飘来，表兄眉笑眼也开。
　　　　沿溪挂起拦鱼网，专等香鱼下濑来。
　　　　鲲飞碰网跳三跳，刀鱼碰网不退腮。
　　　　小心半夜涨山水，网破鱼流枉安排。

整个山谷到处回荡着拦路盘歌的歌声。

　　一到晚上，眉月衔山，风摇竹影，豆麦在夜雾里飘香，山谷里笑语喧哗，一队队赶歌的灯火，在阡陌间四处游动，急急忙忙奔向三个村的每个歌场。

　　三个村呀，凡是来客中有"表姐""表嫂"和出名的女歌手之家，都是灯火明亮的歌场。由主家闺女、媳妇、陪护着"表姐"或"表嫂"（以下简称"女方"）坐在歌场的左上方，外地和本地的男歌手，坐在听众的前边。由男歌手起歌向女方邀歌。

自由盘歌（张云海 摄）

按照畲族歌规，女方是"表姐"，一定要用"黄蜂头，黄蜂头，黄蜂内里起歌楼，从细未坐黄蜂夜，坐了黄蜂心怪愁"长达一百二十条的《黄蜂头》起歌，如是一般已婚女青年，起唱专讲吉利话的《状元游街》《八仙令》邀歌就行。

在一般情况下，女方都要听到男歌手唱完《黄蜂头》的最后部分，最难唱的"小喝""大喝"之后，且对男歌手的水平心中有数后，才客气地答歌：

歌言分到娘身上，我娘吓得没主张。
一来只怕唱错句，二来只怕唱错郎。

如果女方还不接唱，男歌手就逼歌：

我郎唱歌分娘回，不晓少娘回不回。
如是嫌歌从头起，如是嫌郎换个来。

男方这样一逼，女方准会蹦起来就接口唱：

盘就盘，盘到明年三月半，
盘到明年三四月，芋蛋出笋（芽）心正甘。

女方接唱后，双方就开始你一首我一首地对唱起"大段"。在盘唱中，双方都企图难倒对方，就各找自己熟悉的生僻"大段"，你一首我一首地各唱各的一篇歌，不能乱套、丢句，要声清字明，音调自然，要你能唱多长，我也能唱多长，做到双方同时落歌。有时还能随着歌中人物、情节，随口增编新词互相打趣，这种唱法，是双方歌手肚里藏歌"饱不饱"、盘唱功力高低的一场严峻考验和剧烈的较量，这是歌场盘歌最精彩的场面。

这时，歌场静极了！只有双方歌手的歌声在歌场空间，在听众耳际追逐，一直到双方相互心服，发出会心的笑声，听众们才从歌声中清醒过来，齐声称赞双方都是歌师傅。

鸡叫头遍了！老人们听得过瘾，舒心地掌灯去睡觉，孩子睡在怀里的妇女，恋恋不舍地回房，主家端出点心、茶烟招待，中青年听众，却兴味更浓地赖在歌场找闹说笑，等着听下半夜双方歌手斗智斗巧，随口盘唱的生动活泼、别开生面、畅叙情怀的杂歌和情歌。

年年"二月二"的这三天三夜会歌，是闽东、浙南畲歌队伍的一次大会师、大检阅、大学习、大交流。歌手们都深切体会到"文章有底歌无底"，虚心向别人学习；"表姐"们都收到"手信"得到鼓励和赞扬；有的未婚青年男女互相倾慕谈上恋爱；有的歌手骄傲，唱输了歌不认输。雨伞给对方留下，要他明年"二月二"再来会歌取伞。

年年畲家"二月二"会歌，都冒出许多亮晶晶的、令人瞩目的新歌星。

祈神

"二月二"的祈神活动，由三个村轮值做"福头"，组织安排以下三项祈神活动：

一是迎神巡境：正月卅日晚上，从当年祖公头盖的水口石板宫，把"红脸将军"（后来叫"千里眼"）、"蓝脸将军"（后来叫"顺风耳"）和他俩的上司"华光大帝"神像和香炉，用雕漆"銮驾"和香亭，敲锣打鼓迎到轮值做"福头"的村供奉起来，二月初一、初二两天。抬神巡游全乡各境，初三送神回宫。

二是演戏媚神：每年"二月二"，都请一班大剧团和两班木偶戏，分头在三个村演出。

其中一班木偶剧团，据说是祖公头的世交，当年祖公头到双华开基，送蛇放生，盖宫祀神，请的就是这班浙江省泰顺县仕洋乡蓝姓木偶剧团。所以，两三百年来，年年"二月二"都一定要请这班剧团演出祀神；这班木偶剧团也世世代代交代子孙，年年"二月二"，一定要赶到双华畲族乡演出。

三是提灯游村：初一晚上，放炮三响为号，每家一人一灯，结成三村灯队，首尾相接，宛如一条金龙，长号呜嘟，锣鼓叮咚，翔游于月朦胧，雾朦胧的高山深谷之中，别有一番景趣，这种活动当地叫作"游太平灯"。

待客

"二月二"前几天，双华畲族家家户户就翻山到苍南县马站镇备菜，租棉被、碗盏。从二月初一开始，家家男人掌勺，女人烧火洗菜。客人愈来愈多，男人的刀砧敲得越欢快，女人招呼客人越热乎，大家都以客人多为荣。要问都有什么好招待，请听我的一首打油诗：

> 盘飨市远少兼味，主菜豆芽豆腐干。
> 家酿米酒倒挺足，要喝几坛有几坛。
> 几床棉被老人睡，青年来客歌当床。
> 睡得歌床三昼夜，出口尽是新歌腔。

畲家礼俗，无论哪家来了客，所有邻居的当家人，都会各拿一瓶酒，一盘菜到主家向来客敬酒，来客酒量再小，也得喝每户瓶头一口酒，不然，盛情的敬酒人会不高兴的。

如果你被请到有"表姐"或"表嫂"的来客之家作客，临别时，说不定主家还会送给你这位稀客、贵客一小袋糯米粿。

这种糯米粿，是主家为"表姐""表嫂"准备的回门礼物。其制法是：用上好糯米蒸成饭，倒入舂臼由五、六人各拿一根长五尺，下端为圆锤的木制粿杖把饭捣烂，再用舂米的石槌舂成粿，然后搬上撒过芋籽粉的台桌上，再在粿面撒一层薄薄的芋籽粉，扭成一小团、一小团粿坯，用掌一压，就成一个直径约一寸半的圆饼状的糯米粿。

你带回家，千万别放在锅架上蒸成烂米团，甚至溶化成糯米浆滴到锅里，而应该把它一个个贴在锅壁，给灶膛塞一把豆萁或干草，烤上两三分钟，洒一点水花把糯米粿翻贴一遍，盖上锅盖，等灶膛里这把火灭了，即可品尝畲家人的这一份香酥酥的情意了。

汉族也过畲家"二月二"

双华畲族乡的"少数民族"不是别人，是居住在北坑头、东坑内、小麻阳的两三个村落的四五十户汉族同胞。

他们的祖公头迁到双华,也传了约十代人了。他们和双华畲族一起受过反动国民党对老区的残酷洗劫,一起在中国共产党的领导下解放翻身。他们同双华畲族同吃一口井的水,同种一个村的田,有的和畲族通婚成了两亲家;双华畲族乡的建设,有他们辛勤的汗水,党和国家对畲族的帮助和关怀,首先给他们留一份;他们都会讲畲语,许多人还会唱畲歌,有的唱得很出色,年年"二月二"还和畲族歌手一起拦歌。

因此,年年畲家"二月二",他们也来作客、会亲、会歌,和畲族一起过"二月二"。年年"二月二",他们家里也有从浙江来的畲族亲戚和来观光畲家"二月二"的汉族客人,他们的家里也过畲家"二月二"。

新中国成立后的畲家"二月二"

新中国成立后,特别是1958年,双华畲族乡建起了福鼎县少数民族文化站以来,畲家"二月二"过得更加红火,更加丰富多彩,吸引了更多的畲族和汉族亲人来会亲。

"二月二"会歌,不但有路人拦歌、歌场盘歌,文化站组织的闽浙边境畲族联欢会的歌声也一年比一年更欢,唱的歌儿不断翻新。试以福鼎县瑞云畲族代表队唱的新歌为例:

1965年男歌手蓝进俊唱:

心怀革命上北京,火车行驶快如风。
只盼早得党教导,心里却怪车慢行。
走进人民大会堂,眼望首长心欢畅。
我像飞入彩云里,阳光照我心坎上。

1983年女歌手蓝梅英唱:

地对天,六中全会对路线,
社会主义对四化,政策来对丰收年。
线对针,畲家和党心连心,
科学种田新品种,"杂优"来对"红四零"。

1989年男歌手蓝光昌唱:

十年改革动人心,开放政策福畲民。

共同来走脱贫路，畲山山新人更新。
　　畲村开门就是山，万里深山造路行。
　　深山百宝车来载，城市文明上高山。

"二月二"的提灯队伍，现在是跟着双华畲族文艺宣传队游村了！群众欢迎的炮声更加热烈，他们看了村头剧，还抬出粉干酒菜招待。提灯游村的真正含义，不再是"游太平灯"了！而是宣传社会主义。

还有文化站举办的灯谜晚会、展览会、当地群众自办的民间武术表演、流动电影、县文化部门派来的剧团演出、商业部门办的展销会等，都使新中国成立后的畲家"二月二"异彩纷呈。

1983年在县党政领导的主持下，有关部门还联合成立了福鼎县畲族"二月二"活动办公室，组织领导"二月二"节日活动的开展，中央、省、地、县各级党、政、军各有关单位，艺术团体、院校、报社、电视台的领导、专家、记者都专程来双华和闽浙两省畲族一起欢度"二月二"。

话说畲家"二月二"

畲家"二月二"，是民族团结的节日，是促进民族地区经济、文化交流的节日，是继承和发扬民族文化的节日。

畲家"二月二"，是畲族民俗文化的一次展览，是领略畲山风情和畲族地区旅游文化的一个窗口。

由于历史原因，在民族传统文化中，常包含着不同程度的封建迷信成分，与宗教的、神话传说的因素交织在一起，并在一定的历史时期和范围内，成为该民族的某种风尚与习俗。上述的畲族民间传说《"二月二"的由来》和抬神巡境活动，也正是这样。

我们欢喜地看到两三百年来，"二月二"游太平灯的队伍已经跟着双华畲族文艺宣传队宣传社会主义。我们相信，随着畲族人民科学文化素质的不断提高，畲族"二月二"这一节日的习俗和活动，将会更加丰富多彩，更加净化和健美。

佳阳习俗拾零

🍃 陈相涛

建房上梁习俗

在佳阳民间新房落成，当家（主人）会按照风水先生（也叫阴阳先生）锁定日子举行上梁仪式，木工师傅、泥工师傅会将工期赶在上梁仪式日子之前落实到位，不敢误了上梁仪式进行。这人习俗在佳阳民间流传了千百年。

建新房，是农家人一辈子的大事，所以围绕建房（寮）的一系列仪式不敢怠慢。上梁吉日吉时，请风水先生早早锁定。上梁前风水先生要"请梁"，当家要准备牲礼一份祭请，主要祭品有整副猪头肝、整鸡、整鱼以及香菇木耳等荤素食品，外加三杯茶、五杯酒、香、烛、金等。参与建房的木工主师傅（师傅头）、泥工主师傅（师傅头）及家庭成年男性成员若干人等。仪式开始，牲礼与大梁同摆一起，风水先生开始"请梁"，口中念念有词，经过一番祭请，差不多上梁"吉时"也快到了（事先有意安排好时间）。于是准备上梁。

上梁时，由木工主师傅、泥工主师傅以及众人将大梁抬上去，抬不叫抬叫"升"。未抬到预定位置，主师傅们都会说："再升、再升。"待大梁徐徐升至屋脊，正好是

未加工的梁木

"吉时良辰"。风水先生会高声呼道:"升!"这时木工主师傅、泥水工主师傅稳稳当当将大梁上好,时间要求与风水先生锁定时间分毫不差。同时燃放"高升""百子"鞭炮,近几年还放烟花。随即大梁两端挂上五谷袋、发兴槌,中间贴上"上梁大吉"或"紫气东来"等字样横幅,梁的两端上方压着主人和主妇姐妹或女儿挑来的压梁谷,梁的两旁还挂满主人和主妇姐妹或女儿送来的贺喜挂红布,绫罗绸缎被褥等,五彩缤纷的。厅堂柱上贴上红对联,当家还准备了"冬圆"分发在场所有的人,过路人也有,见者有份。当家会办上梁酒款待先生师傅及所有帮忙的人,亲朋好友会包红包来祝贺,吃上梁酒。

在农村除了个人建房,建祖厅、建宗祠、建宫庙等都会举行上梁仪式,参与人员更多,酒席规模更大。

旺灶习俗

在佳阳民间,村民建新房后,要对新砌的锅灶举行旺灶仪式。

有住必须有吃,有吃就要有锅灶。住草寮(茅草房)普遍用"平灶"。平灶没有烟囱,一烧火满屋尽是火烟,一个好处就是,平灶的烟直接排于草房内,通过火烟熏可以延长草寮梁架寿命,提高使用年限,不利的是,使用平灶非常不安全,容易失火。使用平灶一般做两口锅,一口日常煮饭烧菜,另一口备用或煮猪食。灶门上端挂着汤罐,利用锅灶余火可以烧热汤罐里的水。瓦房用烟囱灶。烟囱灶根据家庭人口,可做2口锅、3口锅,或1大1小,或2大1小,汤罐安在灶心,也是利用灶膛烧火烧热汤罐里的水。烟囱直接通到屋顶,房屋内就没有烟熏了。后来改建砖瓦房或混凝土结构房,烟囱就不直通楼面,第一层上方就开放烟口。现在普遍用煤气灶,农村人家通常烟囱灶、煤气灶并用。

新灶盘成,要旺灶,佳阳民间叫"弄灶"。锅灶何时垒砌,建房时即请风水先生批了吉日,在"择日单"中已注明:某月某日某时辰起灶脚,某月某日某时辰上灶梁,某月某日某时辰筑烟囱。过程挺复杂,一个锅灶垒成,做东家要给师傅7个红包呢。"旺灶"的一项重要活动是安灶神,写上"上天言好事,下凡保平安"对联,横批"奏善堂"贴上。旺灶一般搬新家之后举行。佳阳人认为上梁酒有办没办另说,但旺灶一定要通知亲朋好友来贺喜,弄上一桌两桌热闹热闹,民众视火为未来希望,为新房新灶生火,象征房子主人今后的生活会红红火火。

墓葬"喝山"

佳阳民间传统墓葬有分"葬棺和葬金","葬棺"就是死者遗体入殓后,择吉日良辰将遗体棺材直接葬墓圹。"葬金"是"二次葬",即"拾骨葬""金"即死者遗骨,装遗骨的瓮称"金瓶"。过去,佳阳民间多行"拾遗骨",这与其经济贫困有关。由于从老人亡故到破棺捡骨至少隔三年,事主有较充分时间为下葬做准备,不像"含棺葬"那样要即时一次性完成。同时"拾骨葬"节省墓室,每一墓圹至少可葬12瓶"金",就是可葬12个亡者,而"葬棺"一圹只葬一名亡者。如果这代人无能力料理安葬事宜。下一代乃至下下代子孙仍可添葬。哪怕是迁离故地,也可待经济状况好转时将上几代人一并安葬。

墓葬安葬礼仪含起马祭、白祭、请后土、入室、喝山、封龙门、回龙、红祭、点主、安位等几个程序。现介绍"喝山"一项。

在佳阳,这个环节汉族叫喝山,畲族叫"呼龙"。时间在吉时封圹前,泥水匠将圹门封至七、八成许,讲吉利话并从圹里分灯,分灯后继续封圹门,封至剩一粒砖时,等待主山地理先生"呼龙",也就是喝山,内容是驱邪退煞吉祥语。地理先生每喝一句,吹班锣手鸣锣同声回应,或吹奏唢呐声回应。当地理先生喝最后一句"鲁班师傅到",泥水师傅、吹班先生同时回应"到",泥水师傅即刻封闭最后一粒砖,吹班锣鼓喧天,双响鞭炮齐响。

生育习俗

佳阳群众对生育第一胎极为重视,妇女怀孕,俗称为"有喜"。妇女在怀孕期间,家中要酿一缸红米酒,称"月子酒"。婴儿出生当日煮"落地面"分送近邻;小孩出生第三天要做"三朝",生男生女,外婆家都要"送三旦"。"送三旦"是指分娩后的三天定为"三朝洗儿"日,娘家人要为产妇送来了大公鸡、桂圆干、新鲜的本土鸡蛋、海鲜以及用老姜煮的菜籽油等礼品,以供哺乳育儿期间食用。到了第二十一天产妇家要送酒给外婆家,外婆家回以小石卵、万年青,以示祝福宝宝健康长大。

婴儿出生是家庭的一桩大喜事。因此,当婴儿一降生,至亲们要为新生儿祝福,主人要到亲戚、朋友、邻居家报喜。

按我国的传统观念,一个家庭添丁加口,表明人丁兴旺。所以,一般来说生男生女都是要报喜的,并不存在区分性别的报喜礼俗。妻子产下婴儿后,女婿即携带红鸡蛋(俗称"喜蛋")到岳母家"报生"。去的时候还要带一把锡壶,内装黄酒,壶嘴还要插上柏树枝或者万年青,寓意"长命百岁"。返回的时候,岳母家则必须送米或者蛋之类的食品。有的村子也存在女婿提鸡报喜的习俗,孕妇生头胎的当天,夫家要备上两斤肉、两斤酒、两斤糖、一只鸡,由女婿带到岳父家报喜。

性别区分的礼俗主要表现在所用器场方面。传统有"弄璋""弄瓦"之说。"璋"

是美玉，代表男孩子；而"瓦"则指女孩子。故此，生男孩儿叫"弄璋之喜"，生女孩儿则叫"弄瓦之喜"。在佳阳部分村庄的报喜习俗中，有提公鸡表示生男儿，提母鸡表示生女儿，而提双鸡表示生双胞胎的习俗。岳父岳母家回礼也有相应的讲究，生男孩儿要回送母鸡，生女孩儿要回送公鸡，也有部分娘家回送鸡蛋。回礼送鸡蛋的个数必须是双数，表示长大后能够配偶成双。每个鸡蛋头上贴"囍"字或用"点"法，点上黑色表示生男孩儿，点上红色表示生女孩。

婴儿出生后的第三天，主家要摆设酒席宴请亲友、邻居，同时举行象征性的开奶、开荤礼。这种礼仪俗称"三朝"，还有"落脐灸臼"的习俗。三朝礼会由一位妇人主持。她会用手指把几滴黄连汤抹在婴儿的嘴唇上，一边抹一边说："好乖乖，三朝礼吃得黄连汤，来日日日吃蜜糖。"然后，用肥肉制成的米糕、酒、糖、鱼、枣、红豆、桂圆等煮成的"八宝粥汤"，用手指蘸取少许的汤水涂抹在婴儿的嘴上，同时念道："吃了肉，长得胖；吃了糕，长得高；吃了酒和枣，福禄寿；吃了糖和鱼，富贵年年余。"然后让婴儿吃一口其他母亲的乳汁。最后由接生婆为婴儿施行洗礼，叫作"洗三"。

"洗三"首先要预备一盆温热的水，加入艾叶、花椒、葱、姜、蒜等东西，很快就会有浓浓香辛料的味道。这时候，接生婆会麻利地用一条松软的毛巾蘸着盆中的水为婴儿从上至下擦洗一遍。接着，会拿出事先准备好的鸡蛋在孩子的头顶滚动，边滚边念："滚滚头，一生不用愁；滚滚手，富贵年年有。"洗完后，接生婆把孩子的肚脐盘在肚子上，浇上烧过的明矾末，再用姜片托着，拿点着的艾香头象征性地灸一下孩子的脑门和四肢关节，这就是"落脐灸臼"。然后，用干净的毛巾擦干孩子的全身，同时指着孩子说："我把乖乖拍几拍，发福发贵由你得。"然后接生婆用新的小被子给孩子包裹好。妈妈接过孩子，孩子开始吃母亲的乳汁，这就是"开奶礼"。民间认为，过三朝礼后，婴儿才真正进入哺乳期（随着生活水平和医疗水平的提高，"三朝礼"慢慢退出历史舞台，被更加便捷、干净的洗浴设施所取代）。亲友在月内送营养品给产妇，称"送庚"，主人在月内必煮荷包蛋、月子酒招待来客。满月日那天生男孩的做"红龟"，"红龟"是一种由糯米、熟豆粉、红糖做成龟形食品，印制成红色吉祥图案，寓意长命百岁、吉祥如意；生女孩的则做糖包，用以分送亲友作为回礼。

婴儿出生满一个月时，许多地方要为婴儿举行满月礼。满月，称为"弥月"，当天要给孩子理胎发，俗称"剃头"。这天，宝宝家还要办"满月酒"，亲朋好友携带着礼品至宝宝家祝福，称为"弥月之敬"。

传统的婴儿满月礼，有一项特色内容——"围盆"，或称之为"搅盆""漆盆"等。早在宋人孟元老的《东京梦华录》中就有相关记载："亲宾盛集，煎香汤于盆中，下果子、彩钱、葱、蒜等，用数丈彩绕子，名曰围盆……"传统习俗，在婴儿满月礼时，一般孩子的女性长辈需要送礼品，礼品大多是小孩子的衣服之类。佳阳有俗语："姑姑家的帽子，姨姨家的鞋。老娘家的铺盖、被巾必准备。"满月礼的重头戏就是主人宴请宾客吃满月酒的宴席。有些村庄做"九"，也有些村庄做"十二"。"九"借"久"的谐音，取吉祥之意；"十二"是指一年十二个月、十二生肖轮回，圆满之意。

在宝宝满月之时还需要完成"剃发"的习俗。剃发也就是剃胎发，在佳阳也被叫作"铰发"或是"落胎发"。剃头仪式隆重、严肃，同时也伴随着许多俗言俗语，突出地展现了佳阳对于人际关系方面的注重和强调。

剃头也有讲究和规矩，需要请有经验的理发师手持剪刀在小孩子头上比画着剪三下，接着小孩子母亲再剪三下。一般要在孩子额头上留"聪明发"，脑后要蓄"撑根发"，其余则需要全部剃光。婴儿的胎发又被称作"血发"，受之于父母，除了要留一些表示对父母的尊重、孝敬之外，剩下的剃发则需要谨慎地收藏起来。有的家庭还会将剃发用红布裹紧供奉给祖先或者庙宇中的神像，以祈求平安健康。有的则将其拴在婴儿的手上或是将其缝进孩子常睡的枕头中，希望能帮助孩子逢凶化吉。有的则将剃发搓成圆团，用彩线缠好，挂于堂屋的高处或是放在门楣上，祈求着孩子将来胆识过人。

满月剃头的习俗来由包含两层意思：一方面，剃头是一种去除污秽的手段，防止从母体中带出的血污会给孩子招来邪祟；另一方面，也是为了求吉利，基本上每个给孩子剃头的理发师一边剃发的同时，嘴中也会小声念叨："胎发随风走，活到九十九，胎发随风刮，活到八十八。"

满月仪式一般需要舅舅主持或者参加，若是舅舅无法到场则需要以蒜臼代替以表示舅舅在场。在满月礼即将结束之时，经常会让外婆或者舅舅抱着孩子出门转一圈，出门溜达的线路基本上是去时一步比一步高，意味着孩子未来"步步高升"。

婴儿出生一百天的时候要举行百日礼。百日礼的名称就寓意着祝福新生儿长命百岁。百日礼也叫百岁。明代沈榜《宛署杂记》说："一百日，曰婴儿百岁。"一直沿用至今。

举行百日礼仪，在宴请宾客方面与满月时相同。唯一不同的地方在于门前要扎红、黄的彩牌或挂红、黄彩球。在院内要搭酒棚、摆案桌，正厅为礼堂、铺红毯、点红烛、拜神像，左右陈设宾客们送来的各种礼品。百日礼品与满月的礼品大同小异，亲友们前来祝贺一般会送礼金、贺联、贺幛等。礼金用红封装着，外边要写上"弥散"。也有给男孩家祝贺时写"弄璋"，给女孩家祝贺时写"弄瓦"。贺联多用装裱好的红色对联，贺幛用红色为底的彩缎、彩绸或彩布，长4至6米，上面写着"天降麒麟""瓜瓞绵绵""长命百岁"等贺词，以表达对孩子的祝福。

百日礼俗中具有特色的是穿百家衣、戴百岁锁、吃百家饭等。百家衣是集合了各种颜色的碎布连缀而成的衣衫。虽然布头不一定来自百家，但是收集碎布的人家越多越好。百家衣是利用"百"圆满，象征祝福婴儿长命百岁，有的婴儿一直穿到周岁才换下。

百岁锁也叫长命锁，材质或金或银或铜或玉。锁上有文字或图案，文字一般刻"百岁宝锁"或"长命富贵"或"长命百岁"等等。图案则是"蝙蝠""寿桃"或其他一些吉祥物组成"福寿如意"等图案。在观音菩萨的诞生日（农历二月十九日）这一天，孩子系上压岁钱，表示祈祷长寿、锁住寿命。百家锁讲究集百家之力制成，不一定有百家钱，但必有长寿富贵四姓人家才算吉祥如意。长命锁一般到十二岁才换下。

旧时，乞丐乞讨时，农家常在乞丐来时从米袋里抓一把珍藏起来，叫百家米；也有的父母用红布袋到亲戚朋友家中讨要点米，用"百家米"或向亲友邻居要来的米煮成米饭就叫百家饭。婴儿吃上百家饭，意思是众人养护使婴儿百毒不侵、百病消除、健康成长、长命百岁。

待宝宝长到四个月时，外婆家送的礼就更重了。先是一对银手镯，上面坠挂着银杖、银印、银钟、银贝壳等，其次是银锁，还有的送椅轿。长辈们认为宝宝四个月时就会选择一些自己喜欢的物品，所拿之物则意味着他（她）一生的命运，因此银手镯上有"印"（权贵）"锁"（锁住命）等。

宝宝成长到一周岁时，意味着诞生过程全部结束，孩子即将迎来早期教育。周岁礼隆重而丰盛。周岁宴是必不可少的。庆贺、祝福是主旋律。周岁礼这一天要祭祀神灵和祖先，亲戚朋友还要送衣服、鞋、帽等，但是要比百日礼的时候衣服更宽大些，还会为孩子准备虎头鞋，小孩子的虎头鞋不仅可以壮胆辟邪，同时还有对孩子的美好祝福，意味着孩子未来顺顺利利。周岁礼中必不可少的就是"抓周"。旧时比较讲究，需要在床前陈设大案，上摆印章以及儒释道三教的教书，和笔、墨、纸、砚、算盘、账册、首饰、胭脂、吃食、玩具等，若是女孩子"抓周"则还需要加上铲子、勺子、剪子、尺子、针线、布等。准备好抓周的用具之后，大人需要将孩子抱到案桌上端坐。不予任何人开导，任其挑选，看孩子手抓何物。如果孩子抓到印章等之物表示长大之后必有出息、官运亨通；如果抓了文具则表明孩子聪明伶俐，未来终能考试及第；如果抓到算盘则表示孩子善于理财；若是抓到吃食、玩具之类的则表示孩子好吃喝玩乐，但是也变相说明孩子有口福。尽管抓周的习俗没有科学道理，但是也寄托了父母亲朋对孩子的期待，因此在佳阳大户人家一直延续了这一习俗。

在周岁礼上，外婆家送的礼不但重，而且富有含义。一对银脚镯、金项链、精美的婴儿床、手推椅、衣物十套，特别的是有一套绅士服，颜色鲜艳并嵌有古装布扣，还有一个精美"福"字及象征富贵的图案，再配上一顶嵌有宝石的红顶圆帽子，一双纯手工制作的"彭子鞋",鞋面是青色绣有"寿"字图样的,象征宝宝长命百岁,当天宝宝穿上它可爱极了。外婆的精心呵护及美好祝愿,凝聚着浓重的亲情,无上的关爱。

小孩从出生到一周岁,经过"三朝""满月"再到"周岁"这三个特殊的仪式,每一个仪式都标志着孩子生命成长中的重要阶段。从周岁后,尤其是孩子七岁换牙时期,对于小孩子是一个重要的时间节点,因为从此时开始他即将步入正式教育的阶段,古称"幼学"。十六岁古代一般来说表示孩子已经成年,男孩儿要"束发",女孩儿则要"及笄"戴簪子,其次女孩子还需要插上一株黄花(菊花)表示已经到了可以出嫁的年龄。随着社会发展,"成人礼"几乎已经没有了,但是在佳阳还有舅舅在农历"七月七"和"八月十五"送礼品给外甥、外甥女,一直送到孩子满十六岁为止。而十六岁这年的礼物则要比往年任何一年的礼物都要贵重,意味着孩子长大成人。

做寿习俗

做寿,也叫作"十"。佳阳当地汉族习俗是五十岁以后才开始做寿,逢十年做一次,故亲戚好友都要前来祝寿,时间一般安排在正月初二到十五。至亲好友要送寿幛、寿烛、寿面、寿联。女儿、侄女要送布料等寿礼。晚辈要按辈分跪拜祝寿,寿星要向晚辈分发"红包"。富裕的家庭设寿堂,点红烛,挂书画对联,摆寿桃,办寿宴,请乐队吹奏。20世纪七八十年代农村还比较贫困,村中老人做寿大多不摆寿宴,但全村每户人家都会煮一碗长寿面送给寿星,祝福寿星长命百岁,主人要回赠一对长寿糕,称"压碗"。做寿是尊老敬老爱老,是对中华传统孝道文化的传承。

生育习俗

畲族普遍认为"生男生女都一样"。畲族妇女勤劳勇敢,劳动强度再大也难不倒她,农活干得比男人出色,所以在家庭中地位与男子平等。畲族俗语"有男靠男,无男靠女"意思就是生男好,生女一样好。

妊娠 畲族妇女在妊娠期间,特别是怀孕第一胎,夫家和娘家都要为新婴儿到来做准备。夫家首先准备妻子"坐月里"吃的"坐月酒"。酿造时间选择妻子分娩期四五个月前,如果碰到了夏季,更须提前,"坐月酒"米与水比例要比平时做的过年酒大一些,一般是1∶1.34。沉缸后,密封存放,待小孩出生时才启封。夫家还要适当准备婴儿衣帽鞋袜、裙子尿布,还要准备产后产妇和婴儿吃的东西,像红糖、红枣、红参、活鸡、鸡蛋等。娘家同样要准备婴儿用品,其中两件必不可少,一是背带,二是披裙。背带一般长一丈三至一丈五长,二尺多宽的整幅布做成,多为青色或蓝色。

披裙是裁缝师傅做的双层面料披风。背带用于背孩子，干活时，不便抱孩子时，就用背带背，孩子如果睡着了，就盖上披裙，让孩子睡得踏实。娘家也要准备女儿"坐月里"吃的东西，像活鸡、鸡蛋、线面等。

畲族妇女妊娠期，俗话叫"带身"要注意饮食，增加营养但不能大补，保证足够睡眠，保持平和心态，还有许多禁忌。

分娩 旧时佳阳畲族妇女分娩，产房就是原来的婚房，妊娠期间的住房。即将分娩时，要将房间内的衣橱柜的门打开，将桌子抽屉也打开，记的近日有没有结什么绳结、箧结，也要一一解开，听说能使产妇顺利生育。古时产妇临盆，习惯"坐盘"生育，就是坐在矮板凳上等待婴儿出生，婆婆、接生婆、妯娌等忙前忙后，扶着支撑着产妇，试图减轻产妇生产过程中的痛苦。

婴儿落地后，以松树叶和香镜草（石菖蒲）、坑姜、柚（匏）叶、樟树叶、大艾放锅里熬汤给产妇和婴儿洗浴。给婴儿洗浴时，先"开关门"，即洗双目，后"点龙鼻"，即洗鼻子，再"开龙嘴"，即洗嘴巴。然后从头部洗到胸部、四肢、臀部。待婴儿洗浴完毕，产妇也洗浴好了，把事先熬好参汤让产妇喝下，补充体力，把准备好的黄连汤给婴儿喝下，以排除胎毒。

坐月子 畲族产妇"坐月子"，多为40余天。产妇和婴儿洗漱吃饭都在卧室，家人一日三餐加点心准备好按时送到房间里，三餐餐具用前都沸水煮烫。产妇"坐月里"忌吃冷性、碱腌、流质的食物，如稀饭、油类、蔬菜、肥肉、咸菜等，也忌口牛肉、狗肉、鸭肉以及鸭蛋等，要吃干饭、红酒（糯米酒）、生姜、鸡肉、鸡蛋、瘦猪肉、面食。沿海地区畲族"坐月里"一个星期或十来天后还吃鱙鱼、黄瓜鱼（大黄鱼）等较高档鱼类。洗浴用温开水，即水烧开后冷却。"坐月里"时间，产妇不到户外活动，不到邻居串门，以免受风寒。期间，也忌陌生人进入"月里房"。

娘家妈妈会及时送来鸡蛋、活鸡等"月里"吃的食物，然后男方姐姐妹妹也会送来"月里"吃的食物。一般产妇"坐月里"都能吃上数十只鸡。除了嫡亲一般亲戚也会送鸡。居住山区的畲族有养鸡习惯，也有给分娩姐妹亲戚送鸡习惯，其实旧时能拿出手的礼物，在农村就是鸡了，又现成。

"坐月里"产妇和婴儿的衣裤洗后，不要挂在有人经常行走巷道的高处，雨天要挂在通风的偏处，要保持清洁，晴天要拿出让太阳晒干。

定时辰 婴儿出生后，如遇见算命先生上门来，就请算命先生算命。第一次算命叫"定时辰"，将婴儿出生年、月、日、时辰告诉算命先生。算命先生根据出生情况推算孩子将来的命运，会做官啊，会赚钱啊，婚姻如何啊等等，还会告诉你孩子金、木、水、火、土五行中缺少什么，提醒你缺什么在取名时要找什么字补充，如缺水就找带水偏旁部首的字做名字，还会告诉你该孩儿会带什么关，如铁蛇关、将军箭关、天狗关，日后要请尪婆先生（法师）过关。第一次算命先生批给的庚帖叫"命纸（帖）"，以后找对象就根据"命纸（帖）"与对方"命纸（帖）"来合婚。不管男孩女孩，佳阳畲族孩子出生后都会找算命先生"定时辰"。

理满月头 孩儿满月这天一定会给小孩理发，称"剃满月头"。将理发师傅请到家里来，理发时主家端上一双鸡蛋，理发师傅将蛋黄擦在婴儿头上给婴儿润发，理发师傅口中念念有词，主要是说吉利话，然后才为婴儿理发。头顶前端脑门处要留一片头发不理，这片呈瓦形的头发叫"瓦片发"，也叫"孝顺发"。脑后也留一撮毛发不理，叫"鸭屁股"，呈鸭屁股型，期望婴儿容易养大。有些理发师傅还拿一个秤砣在小孩头上晃来晃去，口中念念有词，意为小孩的头比秤砣硬，什么病也不会犯。理好发，主家要包一红包给理发师傅，还要煮一碗蛋酒给理发师傅吃，留理发师傅吃便饭。其实留一撮"瓦片发"，是因为小孩头部骨头没有完全长成，所以不能随便用刀片剃。

送庚 旧时佳阳很少有人做"满月"（办"满月酒"）、做"百廿天"（做"四个月"）、办周岁酒席，当地汉族则普遍做"满月""百廿天"和"周岁酒席"。畲族将这几个习俗拢在一起叫"送庚"，时间一般在婴儿出生满月时。到时男女双方嫡亲都来"送庚"，主家会办酒席款待。实际上娘家早早送来"坐月里"要吃的东西，有的母亲还照顾产妇女儿个把月。"送庚"这天，外公外婆还要为外甥或外甥女送银手镯、银脚镯，今大部分人家改金饰品。

百廿天即四个月，畲族虽不办酒席，但为孩子"开荤"还是少不了。主要是主家自己买回猪嘴唇，海边的畲族买回海鲜，到时，煮熟往婴儿嘴边象征性地抹一抹。从此之后婴儿可以喂素食如米浆米糊等，也可以喂肉、海鲜等。

缚手 婴儿出生时，在未满月之前将其中一只手和一只脚用红头绳缚起来，直至满月时，外公外婆送来银手镯银脚镯，才将红头绳解开，戴上银手镯银脚镯。缚手习俗有两种说法，一是美观，但月里婴儿手嫩，不便戴金银器怕将手脚弄伤，以红头绳代替；二是说未满月婴儿如果没有缚手脚，怕长大手脚不干净，即会偷别人东西。

蚕屎枕头 婴儿出生，要给他专用小枕头，这枕头用红布缝成，有两层。用红布主要是图个吉利。蚕屎当枕芯，用蚕屎枕头让婴儿睡觉，小孩头部长得美。旧时畲族养蚕是平常事，蚕吃的是桑叶，用蚕屎做枕芯，既方便又环保。蚕屎可入药，属于温性，不凉不燥，让婴儿做枕头有益婴儿头部的正常发育。做婴儿枕头要早早准备，蚕屎在三伏天太阳晒干后储存起来，待婴儿出生拿来使用。蚕屎颗粒适中，不软不硬，婴儿如睡变形了，随手一提立马恢复原状非常适用。当然婴儿特别颅骨还未定型前，仅有一个好枕头还不行，主要是母亲要精心护理，睡觉时要不断变换卧位。一般讲，白天是仰卧位，夜间侧卧位，左侧睡几天，再右侧睡几天，这样轮番睡觉，才能保证婴儿的头型具有不偏不倚，均匀美观。

取名　佳阳畲族取名，与当地汉族没有多大区别，因为畲族每个姓氏宗祠，不管蓝、雷、钟，还是李氏畲族，都将几十代行第即辈分世次排定。而且，每次修谱都审议，如果行第用得差不多了，就接着排新的。（以前暗排行讳名，也不拿台面上使用，当然，一些尪师、裸公和阴阳先生有奏名，此名也不公众面前用。）畲族很少有乳名、别名，取的基本是用一辈子的大名。取一个人的名字，说起来快，做起来难，要顾及十二生肖、阴阳五行、传统习俗等，还要避开与上辈人重复，要与自己排定世次字眼吻合，含义要深刻，寓意要丰富。好多人总是摇头叹："儿女易生，好名难起！"旧时畲族文化人也不多，婴儿出身很多人都请私塾先生取名，有的在算命先生"定时辰"时一并将孩子的名字取了，当然大多数还是孩子的长辈自己取。

上丁　佳阳畲族视十六岁男女为上丁年龄，也就是十六岁了成大人了，可没有举行成年礼之类仪式，只有在几个方面得到体现他已是成年人了。一是七月七、八月中秋原本外公、舅舅要送巧食、中秋饼，此后就不送了；二是可代表家庭出席村社社会活动，并开始受到人们信任和尊重；三是有义务承担村社公共义务，包括出工、出钱等事项；四是理发师傅开始收费了。

求子　"求子"求的是"子"，是男孩。即使有些夫妻已经生育了，生女孩而且多胎，但他们还是要求"子"。求子主要形式是求神拜佛，最有代表性的是佳阳畲族乡罗唇畲族村一年一度"冥斋节"活动中的求子活动。祭祀"马氏真仙娘娘"的祀神物有三："太平灯""子孙灯""大冥斋"。当然这是主祭物，还有名果名菜，素荤祭品三大八仙桌，还要摆上"小冥斋""寿桃"等。娱神还要有"大戏"。"子孙灯"仅仅是颇多祭品中的一项。收入《闽台岁时节日风俗》论文集的《福鼎县罗唇村"冥斋节"调查》中对"子孙灯"是这样描述的："每年要糊两盏'子孙灯'挂上左右两边横梁，'子孙灯'呈四方形，均是用黄色纸张糊成，灯下端垂挂着一束红绶，灯壁四周分别写上'五世其昌''百子千孙'等字样，显得特别协调。"文章中还叙述："冥斋节渗透了多子多福思想意识，在冥斋节仪式中多子多福思想意识得到充分体现。""做福"后结婚多年来未生育的青年夫妇，都争相请回"子孙灯"，以求来年可以生个白白胖胖男婴，这叫神送"喜"（子）。送"子孙灯"时，主人手提灯走在前头，吹鼓手敲锣打鼓送到家，挂在卧室内，主人办一桌酒席答谢吹鼓手。据说这几年还给每个吹鼓手一包烟和一个大红包。主人得子后，来年正月十八要办三牲祭礼，装在一担篮内，挑来马仙宫答谢马氏真仙娘娘。罗唇"冥斋节"历史可以追溯到明朝嘉靖年间，至今近500年。

门俗

不管当年住草房，还是现今住楼房，畲族对门有不解之缘？形成了种种门俗。

安门是新寮落成一件顶顶大事，俗话说"门安则寮安"，谁也不敢马虎。畲族建房要请风水先生批吉日，安门的吉日吉时早在"择日单"中注明。门要祭，门祭的目的是驱邪魔、卫家宅、保平安、助功利、降吉祥，做法是张贴门神，端午节在门上挂艾枝，过年贴春联，结婚贴喜联。门联又称门对、对子、春联、春贴、对联，以工整、对称、简洁、精巧文字描写时代背景，总结家庭过往时光，抒发美好愿望，畲族群众不管自己的房子是好是差，不管居在城市还是住在农村，家家户户都有贴门联的习俗。

门忌在门俗中占有特殊而重要地位，种种门忌习俗只有一个目的，那就是安全防范。畲族古时早就有人传下这样一个说法，"马到村头要止步，人至门前须扬声"，意思是不经主人同意或邀请，不能随便进门。门是威严、权势、等级的象征，旧时在官府衙门、宗祠祠堂门尤其看重，因此要"止步""扬声"，叫门时忌踢、忌擂、忌砸、忌骂，而应该有礼貌地轻声地唤门。

"门"与畲族群众生产生活、为人处事、衣食住行都联系密切。如说联姻"门当户对"，做买卖"门门有路"，说富裕人家"门高户大"，说走亲"门头世事"，说投机者搞"歪门邪道"，还有"门庭若市""门都没有""门缝里看人""门闩在内没在外""门风家训""前门进后门出""一门心事""满门忠烈""一门三秀才"，如此等等说也说不完，可以说哪儿跟哪儿都可与"门"扯上关系。

茶俗

俗话说："开门七件事，柴、米、油、盐、酱、醋、茶。"茶在畲族日常生活中扮演了重要的角色。畲族人有客来访，必有烟、酒、茶招待，但首先是茶，要即时烧水泡茶以示敬重，称之为"喝便茶"。畲族把客人吃点心称为"吃茶"，把真正意义上的喝茶说成是"喝便茶"。闽浙边界一带畲族娶亲，新娘到了男家，婆家挑一位父母双全、家境良好的姑娘端上一碗甜蛋茶，送给新娘吃，叫"吃蛋茶"。按习俗，新娘会低头象征性品一小口茶，不会吃蛋的。

茶与酒一样，除了供自己享用外，还让人们所信奉的神灵享用。畲族敬天地奉先祖信鬼神，有很多祭祀活动。不管是喜事，还是丧事，不管是请神还是请佛，不管是作福还是还愿，不管是氓襻"过关"还是襻公"开路"，以及清明厅头祭请祖宗，祭坟（墓）请祖宗、端午节、七月半节、除夕夜厅头祭请祖宗，还是春秋二季祠堂祭祖，各种场合都少不了茶。三杯茶，五杯酒，茶在前，酒在后，接着才摆上牲礼菜供。老人过世，送走起棺时，要酒、茶、米、盐；女儿出嫁，花轿抬起时要洒茶、米、盐，茶成了辟邪物，意在避（镇）煞。

畲族有常年喝茶的习惯，茶叶是畲家必备饮品。平时畲民是喝大碗茶，未曾做饭先烧一大钵茶，大钵头容量大，在家要喝随取。上山干活带上一壶茶，以备口干口渴时饮用，不过有一习俗，没喝完的茶干完活回家时会将茶倒掉，意思带上山没喝完的茶带回家喝，会没有记性。

蛋俗

佳阳畲族的饮食习俗中，有一些食物被赋予特定的象征意义，如吃笋象征健康，吃线面象征长寿，吃芋象征富有，等等。畲民居住山区，这些食品再平常不过了，可是富有想象力的畲民总是将这些与精神上的祈求紧密结合，有的还成规成俗。蛋具有生命力，畲民族视蛋为生命的延伸，故形成独特的蛋俗。

娶亲时，红轿抬过碇步、过桥、过十字路口，新娘要从轿内投下娘家事先准备好的一双红喜蛋赏河神或泗洲佛，农村路口都有供泗洲佛。新娘轿子抬到了男家，婆家早早就挑选好一位父母健在聪明伶俐的姑娘，端上一碗甜蛋茶送给新娘吃，叫"吃蛋茶"。闹房前伴娘会煮一碗蛋酒，放在方椅上挡在新房门口，姐夫头要讲令诗，直到伴娘满意，并且吃了蛋酒才能进新娘房"闹洞房"。婴儿出生，邀请接生婆和在产房陪伴的女友要煮蛋酒，表示谢意。产妇一日三餐配饭少不了要一碗蛋酒。有送坐月子的亲戚朋友和专程赶来看产妇的好友，主人家都要煮蛋酒招待。女儿坐月子，亲娘要做的第一件事就是将事先准备好的蛋赶快送去，让女儿坐月里吃，然后才准备鸡呀、婴儿用品呀等各类物品。其他嫡亲亲戚送月子首选礼物是蛋，婴儿满月要水煮一双蛋给理发师傅"剃满月头"时用，同时要煮蛋酒招待理发师傅。办满月酒宴，其中一道菜是"太平蛋"。正月间客人到访要煮蛋招待，当年中第一次来的客人，不管是春夏秋冬任何时候都要煮蛋酒招待。哥哥弟弟一年不知来多少次，但来送"七月七"和"八月中秋"算是正式做客，当姐姐妹妹的就要准备好蛋煮点心。

佳阳畲族民间中流传这样一个故事，有一个姐姐，那天弟弟来送"七月七"，家里没蛋就没煮蛋，并且解释说："不知弟弟今天来，姐姐连蛋都还没准备。"弟弟说："一年长长久久分（给）你准备，叫没准备。"是啊！送"七月七"和"八月中秋"，一年只一次，今年来了，明年这个时间里，弟弟肯定来。弟弟的答话不是弟弟没吃着蛋，但礼俗姐姐不能破。

建房、筑坟（墓）和其他需请师傅或帮工，第一天第一次煮点心都要煮蛋。碰到不吉利的，如看见老蛇上树，无意中被鸟屎拉中，被狗咬了等等，第一个朋友或亲戚知道了，会煮蛋让你吃了解衰（消除晦气）。久病不愈，父母、儿女、姐弟等亲人会在初一或十五煮点心加蛋送来吃解衰。年年厅头和坟（墓）山祭祖，要用鸡或蛋，蛋的礼数比鸡大。端午节厅头祭祖宗要一盘蛋做祭品，同时要煮蛋给小孩吃。办寿宴"太平蛋"这道菜少不了。老人过世要煮蛋招待前来吊唁的亲朋好友，名叫"脱壳"。老人过世煮孝饭，要煮一个蛋，用筷子夹好插在孝饭中间。新坟（墓）添葬，第一年清明节祭扫坟（墓）要分红蛋。从婴儿出生到人老终死，蛋总是伴随着。

畲族群众的生活中到处都弥漫着蛋的影子，畲族蛋俗反映了人们对美好生活的追求，更多是祝愿性的心理。

酒俗

畲族因居住自然条件所致，喜欢自酿红酒。畲族民间流传着很多关于酒的谚语，像"酒蛮吃，话莫乱讲。""酒爱吃，面不赤。""酒醉心头在，屙尿水缸内。""一半酒醉，一半路滑。""酒吃会醉，话讲会飞。"好多都成了格言警句。

正月里客人来，主人煮上一两盘菜在厅堂陪着客人喝酒。另一家又来客人了，请客人坐在第一家厅堂先喝一杯，第二家主人捧着菜提着酒来陪客。第三家、第四家来客人了，依然先把客人让到第一家先喝一杯，主人去筹办了酒和菜提着来陪客。邻村村民来了，都是抬头不见低头见，今天不见明天见的熟人，也请坐下来喝一杯。外地的客人来了，我不熟，但村里有人熟，也是请坐下来喝一杯。说是喝一杯，可酒不能喝一杯呀，好事成双呢。主人劝着，客人推着，喝着推着，不断又有人加入，饮酒队伍越来越大，酒桌越拼越宽，隔壁邻近的畲民除非没在家，在家的都会捧上一盘菜提着一瓶酒加入。以前都是自酿红酒，各家会找最简单最实在的理由让你喝酒，"尝尝我家的酒酿的怎么样"，一家又一家地尝，一瓶又一瓶地品，哪家酒好哪家酒差已经不重要了，重要的是如何推辞。畲家人不肯了："你喝他家的酒，我家的酒你不能不喝。"这时配酒菜也越来越多越来越丰富，简单的如豆芽、豆腐、笋干，好些的有鸡肉、鸭肉和鱼。喝着喝着便成了百家宴。这种层次各异，身份不同，民族各异，乡村不同的人同桌共饮，因而无比兴奋，乐此不疲，组成了一幅幅别具一格的风情。有的高谈阔论，有的低吟歌谣，有的脸红耳赤，有的额冒虚汗，清醒者幽默，晕昏者滑稽。这种一盘菜一瓶酒全村参与的饮酒习俗，现今还在畲族村寨流行。这种类似百家宴的饮酒习俗，是畲家人好客，有那种来者不拒见者有份因素，先来后到，不分身份，有位子就座，不要推辞。

但畲族在正规宴席座位非常讲究，如新婚酒席，俗话讲"天上雷公，地下舅公"，母舅地位最重要。宴请就坐时，当家人要敬请母舅坐上座，母舅桌在大厅堂的左上角。

只有母舅坐安着后,其余则依亲疏关系而定。座位安排须慎而又慎,马虎不得。偶有不妥,则得罪宾客,往往有因座位不当而争吵,甚至宾客拂袖而去的事情发生。座位安排安着后,才正式上菜,母舅桌先上,母舅桌母舅们动筷吃菜,饮酒,其余才能吃菜,饮酒。吃饱离席时,也是母舅桌先散席,其余才离席。做母舅也是有分寸的,掌握时间,让宾客要吃好又要吃饱。办寿酒寿星坐主位,办葬坟(墓)酒,还是母舅家亲戚坐主位,平时饮酒是以长者坐主位,德高望重者应受到尊敬。

人的一生总与酒结缘,订婚时男方要给女方送鸡酒面,嫁娶时双方都办酒席宴请客人,坐月子时煮不尽的各种各样蛋酒。各种祭祀场面少不了酒,除夕、清明、端午、七月半,过年过节祭请厅头祖宗,清明祭坟(墓)祭请祖宗,正月十五,八月十五祠堂春秋二祭,都得用酒。各种祭祀场面,不管是尪祓抓鬼,还是祓公开路,还是要用酒,平时如果碰到不正常鸡鸣狗吠或鬼仔作祟,请尪祓"翻帖子",对症下药,煮蛋酒通辞。古人云酒能杀百邪,通血脉,厚肠胃,润皮肤,消忧愁,但少饮为佳。现代医学也认为,适量饮酒能促进消化液分泌,增进食欲,还可以舒经活血。因此,畲族年节时拿酒助兴,红白喜事时用酒表情,远近来客时以酒示敬,劳累时经常要用酒来"解解乏"。

走亲

畲族群众注意礼尚往来,大凡遇亲友婚丧喜庆、新房落成乔迁、寿诞、生育、考学高中等,都免不了随俗送礼,以示关心、关注,密切友情、亲情。这种礼尚往来的活动,民间称之为"门头世事",也叫"人情世事"。

"门头世事"对于畲族家庭是一桩不小的经济开支。旧时畲族女孩子出嫁要与父亲一"房"的亲戚"行门头"。所谓"行门头",就是互相之间遇红白喜事,都要上门或贺或吊,并送礼。父亲一"房"亲戚有几户,就要行几户门头,一般情况都会有十来二十户。这么多亲戚,一年到晚总会有个把户娶亲,个把户葬墓(坟)、个把户嫁女,个把户建房,还有三两个做十(做寿),累计起来,就是一笔大开支。特别是葬墓、建房事项,一般是叔伯、兄弟几户、十几户共同或同时筹办,对出嫁女儿来说,同时要行"门头"几户十几户,负担很重。如葬墓,同个上代同个祖宗同房头都办酒,你不能不去,不能去几户其他几户不去。平时年头走走亲回娘家一次,每户3把米粉干都能把你担得累半死。所以一户人家过了年以后,就要算一下到年终有几场酒,几个庚,几个十,需要几多钱,钱从哪里来。就要安排好生钱事项,不然怕会"跟不着阵了"。

传统以来畲族社会交往中的送礼是红包、实物并用,主要看什么事项。外甥结婚,当舅舅的就要写上喜联,买上外甥拜堂用的大红蜡烛。包上红包,还要多准备些给外甥行跪拜礼的"脚岗头"包。兄弟新房（寮）落成，当姐妹要包红包，买被褥挂红，写红联以示祝贺，还要挑去压梁谷。父母上（葬）墓（坟），做女儿要包红包，买被褥挂红，办祭礼写祭文。送庚，以送鸡、鸡蛋为佳，送十，以猪脚为佳，探视病人以现金为佳，随手带件手礼以苹果为佳，考学以红包为佳。送的礼一般不会全收，意为"有来有回"，至于收多少怎么收，一个地区有一个地区习惯，一个事项与另一个事项不同。对象特别重要，办寿酒请人吃寿酒，不但不收礼，还要给来吃酒孩子"红包"。如果葬父母，"外家"首先要"请帖"，到时"外家"会办祭礼盘担前来，"外家"也会包红包。但红包一般不能收，还给担"祭"人红包，当然"红包"论个不论大小，只在礼数。礼物的礼金等等因人而异。前面举的例子只是单一事项，单一对象，并不能体现事项全貌。比如结婚庆宴，有正母舅、偏母舅、姑丈、姐夫、表伯、表叔、古老亲、现今亲、做陈人、朋友家、闺蜜。应该是对象不同，礼数不同，亲疏不同，礼数不同，亲密不同，礼数不同。送礼多少没"尺寸"，该收多少也没"尺寸"。

佳阳民间信俗种种

蓝清盛

佳阳民间信俗丰富多见，宗教活动场所众多，畲族乡民间信仰已成为佳阳人不可或缺的一种生活形态，下面列举些信俗现象。

烧香

烧香是佳阳民间最普遍、最流行一项民俗活动。一年到头，初一十五要烧香，庚申、甲子要烧香，过年过节也要烧香；祭祀祖宗要烧香，敬献神佛要烧香，对天地要烧香，对仙家也要烧香；喜事要烧香，丧事也要烧香；在宫庙里烧香，在家里也烧香；许愿烧香，还愿烧香，开工烧香，竣工烧香，丰收烧香，受灾烧香，开业烧香，转行烧香；对山川烧，对石头烧，对鲜花烧，对树木烧，对溪流烧，对大海烧；虔敬时要烧，肃杀时也要烧，有事要烧，无事也要烧。

作福

作福是村民联村（不只是一村两村而是多村）大集会大联欢大祝福的一种传统民间民俗活动。活动时间大多与佛期和神明诞生日有关，如：正月十八罗唇"冥斋节"福；双华"二月二"福；四月初一开洋福。

作福是有组织有计划有准备有秩序地进行。"福头"也叫"福首"，一般是该村各房头轮流当"福头"，甲房、乙房、丙房、丁房、连轴转当"福头"。今年甲，明年乙，后年丙，接下是丁，如此始而复之。资金，一是以人丁集资；二是以户集资，也有较有经济实力的乡贤赞助的。主要还是集资。规模，一视宫门大小，宫门越大参与的人越多；二是农闲农忙，农闲参与的相对多一点；总之"合福"就是指参与者，少则三五桌，多则百余桌不等。实际上三五桌百余桌是指参与"合福"人员，象罗唇正月十八"冥斋节"，双华"二月二"会亲节福期，外围的人不知有多少，他们来看戏、会亲、盘歌。

作福是民间活跃文化生活一种方式，甚至包括戏剧文化、民乐文化、造型文化、鼓铳文化、饮食文化等，并在活动中交流发展深入人心。

作福时，全乡村都要举行大扫除，搞清洁卫生，家家户户都吃素菜。加上放那么多铳，那么多鞭炮，烧那么多的香，火药的硝烟即使有污染的一方面，可另一方面客观上则起了一种消毒的作用，这无意中就成一种避邪驱邪效果。

择日

择日佳阳乡民间叫"看日子"，意为"选日子"选吉日良辰的意思，是中国古代传袭之迷信风俗。择日可分单一择日，系列择日两种，单一择日，指单项事情择日，如：牛、羊、猪圈新盖、重盖、翻新择日，牛、羊、猪圈粪便积多了要清理择日，房前屋后后暗沟明渠久不清理要清理择日等等。总之要做一件事情不看个"日子"觉得不放心，就到"风水先生"（也叫阴阳先生）那里看个日子，然后再做。系列择日主要指迎娶择日，做墓择日、建房择日等大事情。以建房择日而言，该地段（势）"风水先生"勘察（也就是看风水）有风水认为可建房后，当家（主人）就要提供所有家庭成员时辰生庚（生辰八字）资料给风水先生"看日子"，风水先生根据地段坐向结合家庭成员出生情况算出系列吉日。当家（主人）会按照"风水先生"所做出系列"日子"实施建房计划。某月某日某时"破土"开工清理地基，某月某日某时建墙脚，某月某日某时坚柱，某月某日某时上梁，某月某日某时做灶，某月某日某时起火煮饭，某月某日某时安床，某月某日某时入宅（搬新家）。而且不但月、日、时辰清楚，连几分几秒时间"风水先生"都注明，非常详细。造墓也是如此，经"风水先生"勘察认为此地可造墓后，主人就会按照"风水先生"做出的日子系列"日子"来实施，从某日破土"开山"一直到某月某日某时辰"入室"（安葬），"风水先生"都会交代清清楚楚。

佳阳人视娶亲、建寮、做墓为人生三件大事，故对择日非常看重。

土地公信俗

土地公又称福德正神，是佳阳民间最普遍信仰的神祇。土地为人类提供了安居和活动场所，土地生长的万物为人类提供丰富食品的缘故吧！故人类感激它、崇拜它，供为神明。土地公长年守护土地，保佑一方五谷丰登，家宅平安，六畜兴旺，与老百姓的生产生活息息相关。佳阳乡民众作为农耕民族，与土地的关系特别密切，土地崇拜更为盛行。

土地，土地，满地都是，在农村中，凡建宫庙殿堂，无论建筑规模大小，也无论供奉何方神明，一定供有土地公，祖屋厅堂神龛有土地公神像，坟墓设有土地神位，而且都要设在大边手，就是左边。有的乡村还有专门为土地公盖的土地公庙。群众凡有开山、建墓等须动土的行为，都要举行"破土"仪式。就是平时山上整田，小心的村民也会先将锄头轻轻在地上敲三下，然后才开始挖田。在土地庙时常会看到一些对联，如：

多少有点神气；大小是个官儿。
横批：独霸一方

黄酒白酒都不论；公鸡母鸡总要肥。
横批：尽管端来

莫笑我老朽无能，许个愿试试；
哪怕你多财善贾，不烧香看看。

灶君嬷信俗

在佳阳畲族叫"灶君嬷"的，当地汉族叫灶君即灶神，也称灶王、东厨司命。传说是玉皇大帝派来"受一家香火，保一家康泰，察一家善恶，奏一家功过"的神官。他将这家人的功过记录在案，年终时上天向玉皇奏报，正因为如此，"灶君嬷"才尤其受人尊敬。平时我们看到"灶君嬷"就有这样一副对联"上天言好事，下凡保平安"，横批"奏善堂"。在佳阳农村百姓生活比较贫困，以前山区群众用"平灶"烧饭，但他们同样供奉"灶君嬷"就是靠墙一端"平灶"上插一竹筒为"灶君嬷"炉，以供点香。后来生活比较富裕，翻盖瓦房，新筑"烟筒灶"，就以烟筒上端砌一个"灶君嬷"神龛，贴上瓷砖，做个像样亭子，很精致。

"灶君嬷"的祭请，主要是初一十五和过年过节点香，从家庭点出的香第一支香就插在"灶君嬷"炉上，然后"门"、至"天地炉"。到腊月二十四日，祭请"灶君嬷"，主要还是打扫卫生，清理完灶筒内烟灰，擦净灶上的脏东西，然后祭灶，主要是甜点，把"灶君嬷"的嘴巴甜住，不让他给玉皇打小报告。

太姥娘娘信俗

佳阳畲族信奉太姥娘娘，关于太姥娘娘传说故事至今还在佳阳畲族民间流传。传说太姥娘娘原名叫蓝姑，是太姥山下才堡村内才人，从十七八岁时得一场大病，后来到太姥山一片瓦修行，并且将自己的病治好了，而且还教了人看病治病，这些人后来畲族人叫他们为"先生嬷"。畲民们都是蓝姑传人，蓝姑还教人种茶、制茶、存茶、用茶治病，蓝姑不仅给人治病，同时也为受伤的野生动物治病，后来蓝姑成仙，被尊为太姥山山主，称"太姥娘娘"。

畲村神祇

佳阳畲族在长期的生产生活过程中，形成了具有本民族特点的民间信仰。他们认为，万物有灵，灵魂不死。因此历来对天地神灵，自然万物崇敬不已。所以畲村都建有许许多多的宫庙。

佳阳畲族是奉行多神崇拜。由于居住山区偏僻处，文化落后，把变幻莫测的自然现象，无法抗拒的天灾人祸，都归结于神灵意志与作用。抱着神秘迷茫、无助、期待的心理，祈求神灵赐福消灾。受汉民族的影响，祖宗神，民俗神，道教神，佛教神以及本地境主无所不信仰，形成了畲族人多神崇拜的特有现象。同时还与汉民族共同建宫庙，共同奉祀神明现象。

畲族奉祀神祇与农耕紧密相连。像土地公、看牛大王、栏神、厕神，都与农耕密切相关，强烈反映祈求神灵庇佑五谷丰登、六畜兴旺的心理与愿望。

每个宫庙虽供奉多位神祇，但还是有主神，采风时专门采访了"玉堂坛"尪祓先生说，上面所列宫庙神祇写在第一位的就是该宫庙主神祇。每个宫庙没写土地公，都有土地公。

演神戏

佳阳畲族演神戏，相当于其他汉族地区的社戏。社戏，源远流长，该老风俗属对神明"诚实祭祀"，一年一度或一年两度，从不间断。象佳阳畲乡罗唇"冥斋节"、双华"二月二"会亲节、罗唇梅溪"七月初一"，每年都以演戏来娱神祭社，这种戏就称为"社戏"。这种邀请剧团进村演戏与神同乐，像上述所说的村，沿袭至今都有几百年的历史。这是有时间限定的"社戏"，每年祭祀的是本村村境神明，主要目的是祈求五谷丰登，庆贺一年丰收。另一种为镇邪收妖，保佑本境平安的社戏是临时决定。这种临时性的戏剧目一般用《奶娘传》是木偶剧团演的前面所说除了双华"二月二"是木偶剧团演，祭祀石板宫"千眼里"等神，其他社戏均为"京剧团"或"越剧团"，听说以前也是木偶剧团。

社戏三部曲。社戏演出首场一定要演八仙祈求太平，他们祭祀的是神，要求演的还是神（仙）。接着可以由头人或当地戏迷挑选，尽可能热闹，功底不错的剧团，在唱、做、念、打各方面都有硬功夫的戏，或者剧目上，表现上情节曲折，演技细腻，有血有肉，艺术性较高的戏。社戏一般会演3至5天，最后一场演完，必须"扫台"，因为人与神同乐，鬼魂有可能也来同乐，戏演完了，神送走了，鬼魂也要送走。社戏也就是演神戏的费用开支，由宫门境内挨户分摊，以及宫门境外捐资，由头人负责请戏班，置办祭神用品和做福开支，事后将收支情况做公布。社戏活动头人近几年都实行轮流担任制。

营灯

佳阳乡有两个与畲族有关的民俗传统节日有"营灯"活动，一个是佳阳畲族乡罗唇村畲汉"冥斋节"，一个是佳阳畲族乡双华"二月二"会亲节。两个节日都有举行群众性"营灯"活动，叫营太平灯，但灯的种类不同，罗唇叫"连灯"，双华叫"提灯"。

"冥斋"节，正日是正月十八，正月十六春"冥斋"，正月十七日下午才将"冥斋"摆进妈仙宫，祭请马氏真仙娘娘。但正月十三当地群众就准备正月十五营灯的事，所以正月十三叫"上灯"，正月十五叫"营灯"。罗唇柴岚内、宫口自然村群众将一条条木板两头都凿一个圆洞，而每条木板上钉上三或四个蜡烛位，套上灯笼壳，到营灯时，拿上已做好木棍套上木板，点上蜡烛，几百人一起出发，像一条长长火巨龙，十分壮观。这条木板套上另一条木板，再分两头套上，一人一棍一人一木板，一人接一人，一条木板接一条木板点着灯游村，就叫"连灯"。

"会亲"节正日是二月初二，实际上双华群未到二月份早早就准备，因为二月初一晚，全村人要出动环洋环村举行营灯活动。其做法每户一人，每人一灯，只能多不能少，就是任何户至少要一人出来参加营灯活动。以火铳枪三声为号全村出动，人人将灯提在手上，在夜蒙蒙、雾蒙蒙的夜间，火光点点，锣鼓喧天，热闹非凡。由于均为一人一灯提着游洋游村，故也叫"提灯"。

这两个节日的营灯活动与节日主题似乎不相干，实际上是有内在联系，是节日活动整体的一部分，是节日主题活动的前奏。

祭栏神

所说的栏神，是指猪栏、牛栏、兔栏、鸡栏、鸭栏等家畜家禽栏、圈舍的神。一个栏或圈饲养畜或禽，经过一段时间要清理一次，清理时不能靠近掘地、翻动长久置放靠近栏圈边旁的东西，会触动栏神，特别是畜栏如猪、牛栏，又特别是母猪、母牛产仔时，佳阳民间清理畜禽栏舍一是要看日子，二要祭请栏神。一般在母猪、母牛产仔前一个月以前择日祭请。一副牲礼、三杯茶、五杯酒，一支蜡烛，一炷香，在栏舍内进行，点烛燃香，通辞敬请，祈求神灵护佑，以使猪牛以及猪牛仔无病无灾，家里六畜兴旺。主要目的是为了祈求猪、牛及猪牛仔饲养顺利。一般猪牛产仔期要祭请栏神一次。

祭厕神

旧时佳阳农村的厕所有两种：一种是挖地坑再覆以灰土筑成的"泥厕"，另一种是用厚杉木板箍成大桶樘做厕所的"木厕"。民间只对木厕奉祀厕神，认为"泥厕"没有厕神。木厕，是一个直径约1.8米，高约2米的大木桶，外边箍四五个篾箍，每经过一段时间，篾箍便会朽坏，须将木厕清空，重新换新篾箍，这就免不了要翻动木厕。过去，人们认为如此翻动木厕是有忌讳的，恐犯"动土"而引发煞气，伤及劳作者或主家。因此，都要翻一翻皇历，选择"宜动土"的日子里翻动木厕，并给厕神燃香祭祀。

后洋"关公救生日"

> 南农大

每年农历五月十三,是后洋刘氏宗族的女儿节,又称姐妹节。节日隆重、热闹堪称当地人的"第二个春节"。

据刘氏后人讲述,女儿节是后洋始迁祖于清康熙四十二年(1703)从泉州故乡带过来的风俗,至今已有三百余年的历史。每年农历五月十三,为迎接女儿节的到来,刘氏宗族负责人邀请戏班子在祠堂内上演三天唱大戏活动,凡是从后洋村嫁出去的女儿均要在节日当天或提前一两天赶回后洋娘家与亲朋好友相聚。这一天,家里来的客人越多主人越高兴。回娘家以后,妇女们还要同家人一起裹粽子。不同于端午节食用的粽子,女儿节所裹的粽子分两种,一种是呈"羊角"形状的羊角粽;另一种是形状又长又尖的尖斋粽。尖斋粽是一种祭品,在女儿节当天,专门供奉给关公爷及自家祖宗。当然,节日期间的餐桌上具有后洋特色的全羊汤是必不可少的,以表达女儿们对祖先的孝敬之心,感谢父母的养育之恩。

后洋女儿节的由来,与关公爷有关,是为纪念关公为民解除灾难疾苦的恩德而形成的节日,所以称作"关帝救生日"。每到五月十三这天,村里人就到关帝庙隆重集会,焚香膜拜、敬献供品、祈祷平安。

祭关公仪式隆重盛大,祭祀时,家中长辈跪拜于神像前,诉说关公的祝颂,也希望关公保佑后阳一方百姓平安顺遂,农业有收成。祭神活动结束后,祭祀自家祖先,随后将供品再进行加工上桌与家人一同进餐。

畲族婚俗

🍃 蓝清盛

畲族先民与其他民族杂居，在漫长历史迁徙中，又与瑶、苗等民族相处。久而久之，你中有我，我中有你，习俗相通，语言相近，和谐相处，互通婚姻。这在蓝、雷、钟等畲族迁徙历史和世系传承中均可得到印证，多个汉族姓氏的迁徙历史和世系传承也可证明。明、清乃至民国时期部分地域的畲民不与汉族通婚，倒是反常现象，并非所谓古老婚俗的残余和影响。明清之际，大量畲民移居闽东、浙南，汉族人在这些地区早已占据主导地位，大多数后来的畲民不得不安居山区、半山区乃至穷乡僻壤，往往穷而又穷，被社会冷落。要与先期到的汉族兄弟攀亲，也是"门不当户不对"。可见，畲族婚姻不与外族联姻具有特殊性，也仅仅是在一段历史时期。解放后，特别改革开放后，畲汉通婚已成常态。

畲族人民喜爱唱歌。有资料说，畲族以歌为媒，以歌定情，实际上这种说法有片面性，虽然确有个别男女歌手用唱歌结识进而成为夫妻，但也是极少数现象，畲族人称之为"活宝"。"唱歌本是漫笑娒，不是唱来做布娘。"再说也不是所有的畲族青年男女都能唱歌。畲族讨老婆还是以父母之命、媒妁之言为主流，要经过一连串的过程，旧时夫妻从订婚到结婚从来没有谋过面，是普遍现象。

相传古时畲族行"走嫁"之俗，明清时，学汉俗实行坐轿。这和社会发展形势分不开。如20世纪六七十年代开始，政府提倡移风易俗，不要说畲族，其他民族包括汉族新娘都是步行走到婆家。90年代后又兴起坐轿，拜堂，现在坐轿车。

婚制

畲族实行一夫一妻制，旧社会个别地主老财偶尔讨个小老婆，但不常见。明朝后期和清朝前期，两百余年期间，蓝、雷、钟、吴、李姓畲族相互婚配。但也有为数不多的畲族人与当地汉族人结婚，其子女随父姓。畲族同姓同祠不婚，同姓不同祠可婚，但在实际上同姓结婚屈指可数，因畲族认同"五百年前是一家"。由于种种原因，有那么一段时间，畲族不与外族联姻，也联不了姻。既成夫妻，畲族人民一般不会随意离婚、改嫁，个别实难维系家庭生活的或亡妻丧夫的，可以另娶、改嫁，但以不妨碍双方子女的亲缘关系和成长为前提。

婚姻类型

佳阳畲族旧时男女婚姻因父母之命、媒妁之言而缔结婚姻的普通形态，还有特殊类型。

1. 姑舅表婚和姨表婚

畲族母系社会残余浓重，古制母舅享有其子娶外嫁姐妹之女为媳妇的优先权，外甥女未经母舅允许，不得嫁外人。若母舅无子嗣或已另娶媳妇不再娶亲时，姑妈之女才能外嫁。他们认为亲族之间存在着固有感情基础，要是缔结姻缘，亲上加亲，聘礼多少好商量。这就是"姑舅表婚"，亲姐妹儿女联缘叫"姨表婚"。这两种婚姻习俗或叫婚姻类型解放后被彻底废止。

2. 赘婚

也叫"上门"。其形式：（1）招儿子，即招一个外姓或同姓不同祠堂的男子与本家女儿或养女结婚，男方从女方姓。按女方家行辈排行，为女方兄弟，所生子女为女家子孙，可享财产继承权，有赡养女家父母的义务，相当于女家养子。（2）上门，专指寡妇招夫赡养家庭。若寡妇尚未添养儿子，所生第一胎儿子归前夫，为前夫姓，其余儿子随自己姓。待十几二十年后，寡妇儿子自立了，可以带老婆回家，当然也可以不回家。（3）招女婿，招入的男子不改姓，所生第一胎儿子归女方，姓女方姓，其余子女姓男方姓，可留下来，也可带老婆回家，但要等儿子自立之后，才能回家，这种情况是主家没有生男孩。一些贫困家庭男子结不起婚，也愿意招女婿。以上三种赘婚，也叫"上门"婚，都不受社会歧视。

3. 服务婚

也叫常年婚，就是主家有男有女，女大男小，没有劳动力。男子婚后住在女方家，无偿劳动，待女方兄弟成为劳力后，即可带妻子及子女回家。

4. 做两头家

"一支桃两姓"，男女双方都是独生子女，无论女嫁男或男入赘，夫妻都共种两家田，共养双方父母，所生子女分别从双姓，分别继承双方遗产。

5. 抱童养媳

将幼女抱回来养，准备为媳。等童养媳和儿子都长大了，达到结婚年龄，就选择日子结婚。

6. 做大人

指养女与本家嗣子结婚，有别于抱童养媳和招婚的赘婚。

7. 姑换嫂

双方都有男有女，是哥哥或弟弟与姐姐或妹妹互相交换为妻子，这主要因为家庭贫困，娶不起媳妇，或地处偏僻难于娶亲。换亲省事省钱，但一般这种情况较少，但也存在。

8. 桃花合竹

不同姓氏的寡妇或鳏夫，带原生子女同嫁，或入赘，双方原生子女配婚。这种情况不多，但也存在。

以上所指婚姻类型，是特殊情况下产生，在佳阳畲族社区曾经存在过但不是普遍现象。畲族的主流还是经朋友介绍、亲戚介绍，少数男女青年在聚会场合双方认识，发展成自由恋爱。但不管经过介绍还是自由恋爱，嫁娶双方都要通过媒人提亲这一关。

9. 戴孝婚

畲族存在一种"戴孝婚"的风俗，就是按正常父母亲过世要等三年孝满才能结婚，但在100天之内举行"戴孝婚"也是可以的，不违俗的。这种在戴孝期间结婚，由于各种因素催促必须要举行结婚的"戴孝婚"，原因是男女双方早有婚约，突然有一方父或母去世，不能等原定婚约日期要提前结婚；同一厅堂，人家排着队等结婚，你守孝不结还等三年会阻碍其他人结婚，故催促你必须戴孝结婚；婚约双方年龄偏大或一方年龄偏大，不宜等候三年，所以100日内必须结婚；缺乏劳动力结婚；盼早日有后代，提前结婚；一方公务在身，身不由己婚约难定要结婚，如此等等。结婚比不结婚更有利，因此戴孝结婚。

这种"戴孝婚"仪式简单，草草迎娶，不受贺礼，不宴请宾客，不请吹鼓手，不贴喜联，不闹房。新郎必须100日之内不理发，结婚100天之后，新娘才能回娘家。百日中新婚夫妇不得看戏，不得唱歌谣，也不能听歌谣，不能听锣鼓喧闹声，总之不能参与一切文化娱乐活动，要回避声响的乐曲声，100天内夫妻二人，不能上酒席，不能参加祈福活动，不能出远门，不做客。一切事情待百日后再说。

10. 冲喜婚

就是男女双方不管那一方丧失配偶，只要是在100天之内，找上对象而且结婚都叫"冲喜婚"。"冲喜婚"没有什么禁忌，故有一句谚语来说这种婚姻："死番薯不使（要）补，死布娘（老婆）不使（要）苦。"反之也一样。

婚前准备

睇布娘 畲族青年到了谈婚论嫁之时，探听到某村有合适的女孩，就会托媒人去问亲。媒人牵线，先带男青年到女方家，畲族人叫作"睇布娘"。这对男青年是一个严峻考验，女孩会发动闺蜜女友偷偷窥视，评头论足，女方长辈会询问一些与婚姻有关无关的东西，对你的长相以及言语举止会做个大概评估。"睇布娘"时，女方会表现出不冷不热不偏不倚的感觉，使你摸不着头脑，是喜欢还是不喜欢，如果女孩看外表喜欢男孩，就会叫父亲辈跟媒人讲，不是直接说喜欢，而是说考虑考虑来日再说。如果不喜欢也会托媒人转达。虽是喜欢男青年，但女孩还需要打听男孩村子地理情况、家庭情况，需要一定时间。反过来男孩对女孩感觉如何，男孩不必过多了解女方诸多情况，他找的是"布娘"，喜欢不喜欢也会通过媒人传达。如果任何一方提出"不合适""差距大""挺齁起"之类的话让媒人传达，说明这门亲事黄了。如果男女双方都有意，都通过媒人传达，商定女方到男方"睇人家"。

睇人家　　到了"睇人家"的地步，这门亲事就可以说八九不离十了，因为通过"睇布娘"的过程，双方对对方长相首先有个认可。"睇布娘"后，女方对男方的村庄地理环境、家庭情况都作了了解，故而同意到男方家"睇人家"。如果不出意外，此门亲事就能成。

"睇人家"，男方家庭会做一番准备，如饭菜筹办、环境卫生清理等，家庭成员穿着也要讲究。来的客人除女孩，还有女方的闺蜜姐妹加上七大姑八大姨整整一桌子。男方要表现热情、大方、礼貌，给女方家人亲戚留下最好的印象。如果没有异议，男方会托媒人向女方索要"命纸"，就是女孩的"生辰八字"。男方父母收到"命纸"后，就会找算命先生"合婚"，以前算命先生来到村头算命就让他"合婚"，有的家长讲究就直奔镇街算命铺"合婚"，有些山区偏僻畲村，不遇算命先生，又没拿到镇街上"合婚"，就将姑娘"命纸"压在本家神堂香炉下。三天内若家中相安无事，即认为姑娘"八字命"好，可以联姻。反之期间家中出现碗碟砸破、鸡飞狗跳、人丁患病等不良之兆，便认为男女双方"八字命"不合，婚事告吹。

订婚　　"布娘"睇了，"人家"也睇了，双方都同意联姻，就商定聘礼数额嫁妆置办等事宜。男家便可择吉日，携礼到女家订婚。前往女家订婚的人，一般都是媒人代劳，也有男方的叔伯或兄弟和媒人一起前往。订婚时，除带双方商议好的部分聘礼，主要送"鸡酒面"，即一红布袋是线面，另一个红布袋是用一锡壶，内装米酒（糯米红酒），大公鸡一只。鸡宰好掏肚不开膛，置于壶上，双脚扎上红丝线或红毛线，插入壶内，叫作"红绳缚鸡脚"，专指畲族男女都是初婚的情况，以后夫妻二人健健康康活到八九十岁和和美美的子孙满堂，会受到人们尊敬、羡慕、称他俩是"红绳缚鸡脚"至今。以上礼物分别放在两只红布袋里，再放上两丛四季葱，两簇万年青，一束"五色线"，一对龙凤贴，一头鸡酒一头面挑到女家，意为"明媒正娶"。当然，订婚戒指也是订婚日带到，旧时畲族人一般都是银戒指，现今就不能是银的了。女方收下部分鸡肉米酒和线面，余下的作为回礼，并一定要回赠一条双连手巾，有的还回赠女孩所制的裙带。女方在收定亲礼后，要煮点心"鸡酒面"孝敬嫡亲长辈。

送"日子单" 订婚后两家正式结为亲家，大事小事都会频频走动。该到孩子们谈婚论嫁的年龄了，两家就商议为孩子们完婚，到时男方会给女方送"日子单"。送"日子单"畲族人叫"送日子"，一般在娶亲五六个月前进行，畲族旧时男女结婚也不是很早，虚岁在18至20岁或更迟一些。有极少数在虚岁15至16岁，畲族民间俗语讲"富人没大子，穷人没大猪"，意思是有钱人不等儿子长大将儿媳妇早早娶回家，穷人家养一头猪缺钱用，还不等猪长大就卖掉换钱用。畲族穷人多，无法早早定亲，年龄多数都达结婚年龄，所以有的男女订婚后当年或次年就结婚。有的订婚后，因年龄小要等三年五年或十年八年。

男方送给女方"日子单"有以下内容：裁剪（开剪）、安床、迎娶等，是根据男女双方"命纸"为依据，请择日馆先生测算出来，记有吉日良辰的大红单子。"日子单"由媒人送达女方家，还要叫一人帮媒人挑礼物，因这次送去的是整猪四分之一前腿一只乃至猪的二分之一，外加几十斤线面。除了给女方外，还要准备给女方舅父、姨妈、叔伯、姑妈等嫡亲"桶子礼"，每户一份。旧时"桶子礼"（用孝顺桶装送）就是2至3斤猪肉，外加2至3斤线面。回礼是男方送来的猪脚（七寸蹄）部分。男方送来"日子单"后，女方要做好嫁女各项准备，主要准备嫁妆和女儿出嫁时衣物。向舅父等发"请帖"，而嫡亲亲戚舅父、姨妈等收到"桶子礼"和"请帖"后也须准备请"表姐"事宜做到心中有数。男方本身也要做好娶媳妇准备，新娘房粉刷装修、床铺购置、衣物添置、给舅舅、姨夫、姑丈等嫡亲"请帖"等。

开剪 男方送来"日子单"中有"开剪"吉日，"日子单"至少在娶亲前五六个月送来，就是为了让对方早早准备。女方要为女儿做新娘衣服"凤凰装"，"凤凰装"工艺复杂，纯手工制作费工费时，这也是畲族人送"日子单"早的原因。还要做平时穿的衣服、做客穿的衣服、劳动穿的衣服，以及父母穿的衣服、兄弟姐妹穿的衣服。一般情况下，裁缝师要为其工作三五十天，富裕人家要工作三四个月。有的富人嫁女衣柜的衣服多的连铁尺都难插进去。男方也要在"开剪"日子，请裁缝师傅做衣服，包括拜堂的衣服、平时穿的衣服、做客穿的衣服和父母兄弟姐妹的衣服，还要做新婚蚊帐、被褥等。

裁剪一般是男女双方各自进行，但日子同一天，故"日子单"内专门设的日子，称之为"开剪"吉日。

嫁妆准备 旧时，畲族女方收到男方"日子单"后，除了准备衣物费时费工，嫁妆准备也是费时费工。嫁妆要到嫁妆铺定做，或者请专门做家具的木工师傅在家里做。主人家其实早做好准备，将木料木板采购回来或从山上砍伐回来，晾晒干了，就等日子到了做嫁妆。嫁妆多少以家庭经济条件而定，如衣橱、衣柜、抽屉桌、大盆小盆、大桶小桶、梳头镜、脸盆架，组成起来甚少三杠（抬）。一般人家都五杠，有钱人家嫁妆多达七八杠，更有甚者称之为"半厅面"的。所谓"半厅面"就是除了上述物件外，还有一套用于厅堂摆设的家具，有八仙桌一张、桌帏一副、桌角一副、八仙交椅两张、毛毯两条、琴椅两张、烛台一对、果盒一对、锡壶一只、酒瓶一对，以及精致的碗、盘、杯、筷等食品用具3至5套。旧时一些畲族财主还陪嫁山场、田地。如陪嫁田地，则挖带泥稻秆头置于八仙桌上，以示一丛稻秆头代表一亩水田。后来生活了有大幅改善，陪嫁也水涨船高，从三"转"（缝纫机、自行车、手表），到"三电"（电视、电冰箱、洗衣机），现如今以小轿车或城市中以房产陪嫁已很普遍，当然聘金也是水涨船高。

请表姐、做表姐 舅父、姨父、姑父等收到"桶子礼"和"请帖"，就要请外甥女（准新娘）到家里来做客，并宴请招待，叫"请表姐"，受邀请的外甥女叫"做表姐"。姨夫、姑父相请也同样称呼和叫法。舅父要将外甥女接回家，住上三五天并设宴招待，陪同一起去的有外甥女的嫂嫂或姐妹或母亲。舅父招待宴一项重要食品就是"糯米粿"。过年才舂的"糯米粿"，今天专门为外甥女舂，这是畲族庆典与待客的最高规格。由于地处山区，所产出的糯米是最好的米，用最好的米加工食品招待客人，是畲族人最诚挚，最热情表达方式。再说"糯米粿"是畲族最有特色的食品，香甜的"糯米粿"和糯米为原料做的"汤圆"，代表着团圆、美好、甜蜜。用"糯米粿"招待外甥女再好不过了。有的姑娘有多位舅父、姨父、姑父以及其他嫡亲长辈，这家请住上两三天，那家请待上三五天，"做表姐"要花上近个把月时间。

姑娘"做表姐"期间，当地男青年都会找"表姐"对唱畲族歌谣。

婚前通辞 娶亲也好，嫁女也好，畲族都会向厅头土地公和先祖通辞。女儿出嫁或娶新媳前两三天进行。事主要办一副牲礼到祖厅，先向福德正神告知女儿要出嫁或儿子要娶亲了，向土地公通报声明嫁出的嫁到哪里，路途多远及夫家情况等，娶进的从哪里娶回，娶回给谁当老婆，家庭人口变动情况等。向土地公通辞后，换掉三杯茶五杯酒向先祖通辞，把原来的话重复一遍。婚前通辞意在祈求土地爷爷和先祖佑护。

谢天恩 就是畲族在儿子结婚之前举行一次祭祀活动，要表达的意思是，儿子长大了，不管儿时有多少灾和难，磕磕碰碰最后成长成人，如今要讨媳妇了，成家立业了，这都要归功天地神明的恩赐。

祭品为"全猪贡酒"。"全猪贡酒"主要是猪和酒，儿子结婚吉日定下后提前一年或十个月，抓回公小猪崽饲养，要精心照料，用心呵护，猪饲养期，不管是撬栏，乱拉大小便，都不能打不能骂，好生饲养，因为这是"谢天恩"的猪。同时还饲养鸡，小鸡养一群，哪只最好最健壮鸡公（公鸡），主人会另眼看待。儿子结婚主人会提前酿酒，而且不是一缸二缸而是多缸，根据三餐酒席，多少客人而定，做得数缸酒早就认定其中一缸是"谢天恩"的。除了猪、鸡、酒外，当然要筹办一副像样的牲礼。

"谢天恩"是娶亲吉日前一日进行，因猪肉供办酒席之用，"谢天恩"时新郎官同祭祀操作先生一同拜天拜地。

担猪脚 许多介绍畲族的资料，在介绍畲族婚俗时都说到"迎亲伯"的角色，在佳阳畲族风俗中实际就叫"担猪脚"，也叫"亲家伯"。迎娶前一天，男方要到女方送礼，而主要是送猪脚猪肉，故叫"担猪脚"。为什么叫"亲家伯"？因为这位"担猪脚"的一般是新郎同辈兄弟，代表新郎来挑礼担迎亲的，故也叫"亲家伯"。出嫁新娘哭嫁时称他"亲戚"。"亲戚"是一位体魄壮实的青年人充当，担着猪脚猪肉，与媒人一同前往。当然也许还是位擅唱畲族歌谣的歌手。礼担除了猪脚猪肉外，还有毛巾、"姐妹包"、甜糕和其他嫁娶双方商定好而未付清的物品和现金，让"亲家伯"代表男方如数兑现。这些礼物是男方为女方筹办闺女出嫁酒席和馈送嫡亲的物品，如大号红蜡烛2对，"果盒"（内有百子糕、荔枝、龙眼、花生、糖果）2份，用于新娘梳妆和厅堂谢祖；鞭炮、盐巴、米若干，供出嫁起轿仪式用；还准备一定数额零钱给女方，新娘上轿后分给在场所有围观者，叫"分路钱"。男方还包了甚少10个以上大小红包给"亲家伯"，让他在各种场合用。媒人和"亲家伯"吃点心时，准新娘会向媒人、"亲家伯"哭嫁，要给红包。女方正餐酒是出嫁前一天晚上办，叫"嫁女酒"，宾客很多，媒人受邀坐大位（主宾位），"亲家伯"也一同就座，准新娘再次向媒人、"亲家伯"哭嫁或致谢，要给红包。女方家的"嫁女酒"是正餐，酒菜很丰富，吃的时间会很长。这个时间准新娘的嫂嫂、闺蜜、女友等人，一人托着盘，一人拿着晒干的苎麻骨点着火把来"撬蛙"，"亲家伯"要给红包。"亲家伯"故意给小的，嫂嫂们嚷嚷"太小了，太少了，再来，再来"，"亲家伯"还是给小的，嫂嫂们再"撬蛙"，口喊"还有，还有，还有更大的"，"亲家伯"又拿红包出来，嫂嫂们又举火把靠近"亲家伯"胯下面烧。"亲家伯"会说："哎哟！不行，不行，我的裤是借来的，烧了没钱赔"，弄得哄堂大笑，一餐饭局下来不折腾十次八次不算完。一般情况下男方会给"亲家伯"这餐饭局准备十来个红包，"亲家伯"爱给不给，嫂嫂们的"撬蛙"队伍不依不饶，加上旁人起哄，其场面喜庆、祥和、热烈。

《撬蛙歌》 "撬蛙"又称"轿蚧"，"蚧"畲语为"蛙"，故就叫"撬蛙"，在"撬蛙"过程中"亲家嫂""亲家妹"和"亲家伯"还唱《撬蛙歌》。

亲家嫂唱：

今晡饮酒闹艾艾，亲家伯做客上门来，
祖公流传撬蛙礼，贤郎佳女结头对。

亲家妹唱：

银瓶斗（装）酒来斟上，四面桌角当龙潭，
娘寮门坝四井水，问郎都叫什么潭？

亲家伯唱：

娘寮头井叫龙潭，二井鲤鱼跳龙门，
三潭就是卧龙井，四井是我蛙居潭。

亲家嫂唱：

银瓶斟酒在桌中，老酒又请媒人公，
手掏锄头镇坝水，坝头断水蛙出潭。

亲家伯唱：

蛙在青山深水坑，要去做佛勠上天，
潭深洞浅藏大蛙，藏个蛙牯全身斑。

亲家妹唱：

蛙在坑头叫朗朗，姐妹相叫去盘潭，
要抓蛙牯去传代，抓那勠着是不放。

亲家伯唱：

蛙在坑头叫朗朗，你今抓蛙不内行，
潭边有个转弯洞，弯来曲去你难上。

亲家妹唱：

我今抓蛙是内行，慢慢围蛙石洞钻，
前塞后堵蛙没路，在好本事难回潭。

这时，亲家嫂举起筷子在席上夹起1片猪排骨、1只大虾、1块豆腐，象征草罱（一种捕鱼用具）、割草刀和磨石摆在亲家的面前唱道：

蛙在坑头叫咕咕，我今抓蛙用功夫，
手掏草罱和草镘，磨石磨刀来开路。

亲家伯唱：

求蛙妹仔慢步行，问你草罱几姐兄？
草鞋原是谁人造，磨石出在哪座山？

亲家嫂、亲家妹分别答歌：

草罱姓档七姐妹，八月廿三出世来，
草鞋原是仙人造，铁拐李仙造出来。

磨石姓浆讲你听，出在崇儒磨石坑（在霞浦县崇儒乡一带）。

草镘姓爻字伶俐，过尽茅草葫芦山。
开条大路光溜溜，留给齐人扛新妇。
蛙神多仔多福分，几多亲戚过来留。

亲家伯唱：

蛙牯学拳三步上，一跃跳转九重潭。
阿嫂阿姑被绊倒，回头去追寻无痕。

亲家嫂燃起一把松枝放在亲家伯胯下唱道：

蛙牯跳转九潭头，娘今点火就来照，
你郎要等我下手，火把来熏大蛙头。

亲家妹接唱：

抓蛙来到九潭薰，薰到坑头石鼓丛，
少娘从细学薰蛙，抓早抓迟在其中。

亲家伯见桌下浓烟呛得大家直咳嗽，酒席吃得不安心，于心不忍，就将大小红包抛出，亲家妹捡起红包唱道：

薰得蛙牯上金黄，姐妹欢喜笑茫茫。
红红艳艳蛙扛转，回转寮里发千房。

此时新娘父亲也前来敬酒，劝大家吃好喝好。

第二天新娘上轿后，媒人"亲家伯"也启程回男方复命，女方嫂子、小姑子给媒人、"亲家伯"送行，递雨伞时媒人和"亲家伯"照样要给"送伞"红包。

嫁娶

理新郎官头　结婚当天，早早理发师傅就来了。理新郎官头一般在辰时，摆上果盒、丁料和接新娘时小外甥挑的灯笼，烧给土地神的大金。理发师付理发前念念有词，是在请祖师。师傅非常用心，献出最佳手艺，把新郎官的头理好。理后主人家煮蛋酒当点心，包上红包，中午留下来吃"正酒"。

旧时理发师傅是上门理发，一个村一个月一般理一次，有时还巡一次。理发时个别人上街啊，做客呀，他必须再来一次叫"巡头"。理发师傅吃派饭，中午谁家，晚上谁家，事先安排好。大寮（村）一天理不完要隔夜，就跟村里单身汉一起睡。第二天在谁家吃也安排好了。总之从第一家吃到最后一家，吃一遍了重新开始轮。理发师傅工资一年结算一次，什么时候付都可以，但年终要结清，村里孩子理发不给钱，但上丁了，也就是16岁了，就要按成人价收钱了。理新郎官头，是赚额外红包，不算工资。

以前农村理发师傅要自己找"门头"，能联系上一个村两个村，如果技术好人缘好，可理几十年时间，从爷爷辈理到孙儿辈，最终自己成了爷爷辈，当然有的师傅技术不怎样，人又清高，也会被"炒鱿鱼"，只能另找"门头"。

哭嫁　　佳阳畲族哭嫁，在姑娘出嫁前三五天就开始，出嫁前一天是哭嫁最集中的一天。畲族"嫁女酒"是前一天办，那天母舅母妗、七大姑八大姨，以及媒人、"亲家伯"，来了许多宾客。新娘哭嫁的内容，一是感谢父母养育之恩，二是吩咐哥嫂照顾好父母，三是感谢母舅一次又一次慷慨帮助，四是奚落媒人骗婚，五是奚落"亲家伯"礼物不足。涉及内容广泛，既哭父母、哭哥嫂、哭舅舅、哭媒人、哭迎亲伯，也哭母劝女、梳头、衔饭……畲族哭嫁习俗历史源远流长。目前的哭嫁歌只有女儿出嫁前为感谢父母养育之恩而唱的表示自己不愿出嫁、不肯离开父母的歌。女儿此时见人睹物思情，想到自己马上就要换一个新环境，过上与以往不同的生活，百感交集，出口成歌。

哭嫁歌跟歌谣不同，没有四句一首的格式，而是想到什么就唱什么，内容也不尽相同，有着很大的随意性，成长环境不同，哭嫁歌词自然不同，甜酸苦辣，欢乐喜庆都是姑娘成长过程的经历。所以长短不一，也没办法能整理出来大家都能认同歌词。下面录两首以飨读者。

【哭嫁调】哭爷母

爷呀母！

我爷养女真没干爷呀母！

我爷养女没功劳爷呀母！

女大要做别人人爷呀母！

女大又要出门去爷呀母！

我爷养我那是仔爷呀母！

也会替爷做田园爷呀母！

可惜养我古是女呀爷呀母！

不能替爷做世界呀爷呀母！

爷呀母！

我那去了没法你爷呀母！

去了难得照顾寮爷呀母！

田园世界慢慢做爷呀母！

田园世界慢慢翻爷呀母！

冷茶冷水着细腻爷呀母！

冷茶冷水你着防爷呀母！

生病头痛你着看爷呀母！
头痛耳热你着歇爷呀母！
爷呀母！
自己爷母抛过界爷呀母！
别人爷母捡来替爷呀母！
自己爷母抛过洋爷呀母！
别人爷母捡来养爷呀母！
自己兄弟各人去爷呀母！
别人兄弟做阵过爷呀母！
自己姐妹要分散爷呀母！
别人姐妹做一家爷呀母！

【哭嫁调】哭迎亲伯
亲戚！
这边肩头挑个蛋呀亲戚！
那边肩头挑个瘤呀亲戚！
山路凸凹不好走呀亲戚！
山路不平不好行呀亲戚！
脚底有皮走没皮呀亲戚！
脚底有毛走没毛啊亲戚！
天那下雨路又滑呀亲戚！
天晴下霜人又冷呀亲戚！
亲戚！
担块猪肉瘦巴巴呀亲戚！
挑块猪肉都没油呀亲戚！
拿去喂猫猫不叫呀亲戚！
拿去喂狗狗不吠呀亲戚！
夫家件件都望省呀亲戚！
件件彩礼都没足呀亲戚！
伊欺我爷老实人呀亲戚：
伊欺我爷爽直人呀亲戚！
亲戚！

> 我爷寮里是穷人呀亲戚！
> 做些嫁妆不像样呀亲戚！
> 夫家本是大寮厦呀亲戚！
> 人阵来多话也多呀亲戚！
> 不是讲好就讲坏呀亲戚！
> 那是讲好不要紧呀亲戚！
> 那是讲坏难做人呀亲戚！

嫁 结婚当天，一大早男家人抬着花轿，吹吹打打到女家迎娶新娘。如果路途较远，男家会提前一天来到女家，一切为了不误吉时举行结婚仪式和办喜宴。女家按照日子单上的"开脸"时辰"开脸"，点上男方送来的红烛，摆上果盒。"开脸"畲族叫"拔付毛"，旧时女性脸部和头发根的细毛，到结婚时才首次去除，叫"拔付毛"，其实也是畲族女性的成年礼。"拔付毛"是用缝衣线穿插交叉组成一个线"枷"，在脸和头发根处来回拉动缝衣线，绞卷细毛以达到去除目的。开了脸，预先选定好的"福大命大"的女眷，就为梳妆，挽髻加簪，这时新娘就会唱《哭嫁歌》：

> 嫂呀：
> 头毛不使你来梳嫂呀！
> 一年三百六十天嫂呀！
> 天天都是自己梳嫂呀！
> 嫂呀：
> 头毛不使你来梳嫂呀！
> 你梳髻纽不好看嫂呀！
> 要梳辫子盘上头嫂呀！
> 嫂呀：
> 头毛不使你来梳嫂呀！
> 日头未昼我不梳嫂呀！
> 日头那昼我正梳嫂呀！

有的姑娘将梳好的髻纽弄乱，伤心唱着哭嫁歌，梳头女眷又得重新梳新娘头发。如此折腾一、二次，终于将新娘头式梳好，穿戴传统婚饰，也就是畲族"凤凰装"。然后到厅堂拜祖宗，举行告别仪式，也摆上男方送来的果盒，点上红蜡烛，拜父母，接受父母教诲和祝福。转身告别兄弟并唱哭嫁歌"含饭"。"含饭"仪式是新娘接过从蒸桶装出的米饭,含一口吐入兄弟掀起的衣襟里,有几个兄弟每个兄弟都含一口,每吐一口唱一首歌:

> 哥(弟)!
> 头口含饭分你压米缸哥(弟)!
> ——分你有吃又何剩哥(弟)!
> 二口含饭分你倒楼上哥(弟)!
> ——年年有吃攒银两哥(弟)!
> 三口含饭分你倒楼角哥(弟)!
> ——年年有吃又有多哥(弟)!

兄弟接过饭团,各自把姐妹所含饭团,放在谷仓角、楼角或米缸边。男家催上轿了,新娘哭跪爷妈边哭边唱:

> 爷呀母!
> 爷母养我一枝花爷啊母!
> 花红不栽爷母家爷啊母!
> 爷母养女没中用爷啊母!
> 不帮爷母做人家爷啊母!

还要与母舅、姨妈、姑妈、兄弟姐妹一一哭别。一家人都哭过了,还不肯上轿,姨妈、姑妈、表姐、表妹、母舅都来劝上轿,最后由母舅抱上轿。新娘哭哭啼啼在轿里唱:

> 爷呀母!
> 未看日子六亲九眷都不到爷啊母!
> 日子那到六亲九眷都来到爷啊母!
> 正讲日子故来看爷啊母!
> 看个日子紧丢丢爷啊母!
> 爷呀母!
> 别人爷母是一样爷啊母!
> 自己爷母又一样爷啊母!

　　　　自己爷母嘴骂心没骂爷啊母！
　　　　别人爷母嘴未骂心先骂爷啊母！

　　新娘在哭上轿歌词里，道出六亲九眷为她的婚事而祝福，但自己马上就出嫁了，想到从今往后再也不能体会家的温暖、父母慈祥、姐妹兄弟和睦，有一种难舍难分的感觉，霎时想到夫家父母，这隔层的公婆关系又将是怎样？心里不由有些担心，婆婆会"嘴未骂心先骂"吗？哭唱道：

　　　　爷呀母！
　　　　别人做酒做过年爷啊母！
　　　　我爷做酒敬亲戚爷啊母！
　　　　头毛未长订人了爷啊母！
　　　　头毛未全就嫁人爷啊母！
　　　　阿爷寮里没年份因过爷啊母！
　　　　赶因别人厝里去过年爷啊母！

　　这时轿夫准备起轿，而族人要"留轿"。新娘在轿内用左脚踢轿门三下，意为"退轿煞"。起轿时族人"留轿"以留住风水之意，留轿以三退三进为限，新娘在轿里再唱"留轿"哭嫁歌：

　　　　爷呀母！
　　　　养仔做事笑着做爷啊母！
　　　　养囡嫁人啼着走爷啊母！
　　　　有人留轿留风水、留名声、留体面爷啊母！
　　　　无人留轿来留我爷啊母！

　　新娘红轿离开大埕时，放鞭炮撒茶米盐送行。新娘一边哭一边把轿内座位上男家预先放好的新郎衣服披在自己的膝盖上。因为这件新郎穿过的新衣服，是代表新郎亲自来迎接的，所以，新娘一上轿，就应该把它披在自己膝盖上，表示和新郎亲亲热热一起到男家。

　　红轿出娘家时，男方事前准备好的铜板或小面额钞票这时派上用场同，女方将它们分发给寮下（村里）围观小孩，叫分"分路钱"。

娶 为迎亲队伍回程的顺序。走到最前头的是"踏路牛",普遍家庭用"踏路羊"。踏路牛(羊)的脖子上箍着红纱,用织裙带作牵绳,由新娘的弟弟牵行,媒人扛着脸盆架与"踏路牛(羊)"同行,帮着照顾小孩。其次是嫁妆,嫁妆要先于花轿到达新郎家,提前将嫁妆摆好,铺好床铺、被褥,挂好蚊帐等。接着是一对大锣开道,按旧例可鸣九声锣。接着一对高灯手扛着高灯,高灯上写着"皇封XX侯X府";接着是龙伞,日月龙凤大掌扇,五颜六色旗数十面两边排行。再次是"吹班",最后是八人抬的大红轿。

娶亲队伍走在前面的踏路牛(羊),据传有这样一个说法,新娘一切都是新的,走的路也要求是新的。因为牛(羊)是"拓荒者"的代表,牛羊踏过的路,旧路也是新路。如果有两个新娘同一天出嫁,同走一条路,后走的新娘,用牛(羊)在前面踏路也使该路变成新路。新路是洁净无秽的,让新娘走新路体现了对新娘美好的祝福。踏路牛(羊)同时也是父母给女儿的陪嫁,是新娘的私蓄。若途中碰巧相遇另一个顶新娘坐的红轿,就得彼此停轿,两个新娘都拔下一根自己头上插的银花相赠,互相祝贺,然后起轿,继续前行。

迎亲队伍回到男方家大埕外时,燃放鞭炮迎接,花轿停在大埕上。开轿门让新娘下轿时,婆家挑选一位父母健在的姑娘,端上一碗甜蛋茶,送给新娘吃,叫"吃蛋茶",有的用红枣、花生泡的糖茶。新娘象征性地尝一下,或只是看一下,拿出一个红包放在茶盘上,这是新娘给的"轿门包"。蛋是生命延续的象征,红枣花生,早生贵子,都是一样的寓意。事先选好一名晚辈男孩,挑着两只点亮灯笼在花轿前边迎接新娘,而后挑灯引着新娘走进厅堂,寓意"添丁"。拜堂后,这对"添丁"灯挂在新房内。

佳阳畲族有约,同一厅堂同一年不能娶两门亲,娶过一门亲后,一定要过了年到了第二年正月,同厅堂才能娶另一门亲,有的地方是过了立春节气就行。这就要娶亲两家商议谁先娶谁后娶了,一般情况小辈份让大辈人先娶、弟弟让哥哥先娶。

畲族早期是实行走嫁风俗,后跟随形势发展,也经历坐轿、坐小汽车。不管坐轿还是坐小汽车,在现时的婚俗中,新娘照样向男方索要"走路工",当是"走嫁"风俗遗存。

婚联 有句俗语"娶亲一厅堂字,嫁女一间鼻涕",意思是娶亲的男方祖厅,贴满婚庆喜联,而嫁女方的房间由于哭嫁心酸,搞的满房间地上都是鼻涕。婚联张贴十分讲究,虽然大舅二舅都是舅,三舅四舅五舅也是舅,加之偏舅舅,加之姨父、姑父,他们送来的喜联不少,如果没有理清匆忙张贴,贴错了,揭又揭不下来是件麻烦事。舅舅大小有别,外甥女哭嫁时就对舅舅哭道:"我爷养我那是仔,厅头树柱母舅的,可惜养我古是女,厅堂树柱空落落。"大舅舅的对联应该贴正柱,然后按大小母舅顺序张贴，如果没有对号入座错贴，搞不好舅舅会愤然离去。畲族除了张贴母舅联，还有姨父联、姑父联，主家还要写陪联。陪联贴在新房门、新房窗、厨房门、厅堂向外柱、外窗，主要图喜庆。畲族崇敬凤鸟，故在畲族男女青年结婚时，厅堂正中贴上"凤凰到此"。

拜堂　　新娘接到家，佳阳畲族以前都举行拜堂仪式。厅堂中摆一张八仙桌，镶上桌角，围上桌围，摆上新娘陪嫁过来的烛台、锡酒壶、酒瓶；摆上果盒、丁料、红毛巾（拟当福寿牌）、香一只、天金一贴、斗灯（斗灯由米斗、内装大米、尺、剪刀、镜、斗灯神组成，斗灯神是姜子牙画像）、三杯茶、五杯酒，烛台点上母舅送来的大号红蜡烛。

仪式开始，男方姑姑或寮下伯母、婶婶有父有母有子女的好命人将新娘请下轿。早在旁边等待的小姑（新郎姐或妹），捧茶盘向前请新嫂子喝糖茶。盘上两杯糖茶，一杯给新郎，新娘端起一杯象征性饮一下，然后在茶盘上放一个红包。之后小姑子及早候在旁的小外甥挑一对灯笼引路走向厅堂，路上要跨火笼。到了厅堂，站在八仙桌下方，小外甥挑的灯由姐夫头接过去挂在八仙桌前端。接着姐夫头二人，执上红蜡烛一前一后将郎官请来，回来时新郎官居中。姐夫头还是一前一后捧着红蜡烛。新郎官接来带到厅堂与新娘站在一起，新郎左边新娘右边。

这时姐夫头扬起福寿牌红毛巾，喊"天赐福寿"，新郎官行跪拜礼，新娘行鞠躬礼；姐夫头红毛巾向地面晃一下，再喊"地赠光辉"，新郎官行跪拜礼，新娘行鞠躬礼。然后转向面对厅堂，新郎新娘换位，再次以男左女右站立。换位时新郎要从下方经过，不能让新娘踩到新郎的身影子。之后还会进行数次换位。姐夫再次扬起红毛巾，这次手上加一炷香和一贴天金，向厅堂福德正神神位扬示，喊"五福临门"，新郎行跪拜礼，新娘行鞠躬礼。礼后姐夫头吩咐将手中的香给土地神点上，天金也烧给土地公。以上三拜是姐夫头用福寿牌红毛巾做象征地演示，下面还有九拜，就不用红毛巾了，用八仙桌上实物，新郎还是行跪拜礼，新娘行鞠躬礼，总计12拜。先后次序为，面对神祖牌位喊："五世同堂"；端起红蜡烛喊"麒麟送子"；端起茶杯喊"添丁进财"；示意桌角喊"财丁兴旺"；托起茶盘喊"五子登科"；示意斗灯喊"十子团圆"；端起酒盏喊"百子千孙"；端起酒瓶喊"福禄寿喜"；端起锡壶喊"荣华富贵"。最后姐夫头与新郎官面对面送欢三次礼成。小外甥挑灯走在前面，小姑子捧茶盘，姐夫头二人执红蜡烛一前一后，新郎官、新娘居中送入新房。姐夫头唱道："一请新郎起身行，送郎一起送到京，送郎送透学院内，送透院内中头名。""二请新郎便起身，送郎一起送到京，送郎送到皇帝殿，皇帝殿内封朝臣。"整个拜堂过程，新郎官都行跪拜礼，新娘拿着花手绢掩面行鞠躬礼，有的新娘戴讲究的凤冠，已经将脸部整体掩盖，即将手绢拿在手上。

佳阳畲族婚礼中拜堂为什么会是十二拜？这是依照"生老病死苦"五字照推，最后一个字一定要落在生或老二字上，也就是最后一字必须1或2，6或7，11或12，以及16或17，就是总数除5尾数得1或2，十二拜不多也不少正合适，余数为2，意为一辈子合到老，双双吃到老。

暖房 佳阳畲族所说的"暖房"，也就是平时有关资料所写"闹洞房"。暖房是畲歌婚礼中最重要环节，也是最热烈的场面。畲族无处没有歌，暖房歌就是畲歌结婚仪式中专用的歌（谣）。暖房歌（谣）包括"酒令""诗句"两大类，每个大类又有各自小类，酒令是比较系统，比较完整的诗词，而诗句很多是演唱者"讨茶泡"时的临场发挥，简单一点，类似顺口溜。酒令和诗句在不同场合发挥其各自优势和作用，就是新郎官和姐夫头在厅头吃"暖房酒"时，会讲诗句的人在新房"讨茶泡"。暖房歌唱的都是吉利的诗句，其中包括新婚庆贺，早生贵子、福禄增寿、习文中举、兴旺发达、子孙满堂等等。"暖房"歌和"诗句"表达形式为谣。

暖房，首先要将新郎请到大厅"暖房桌"，姐夫充当"暖房头"，找上符合条件8人同辈好友做"暖房脚"，其中一个充当"放牛仔"。这个人歌好，脑子反应快，如果"暖房脚"有人不太会讲酒令诗句，就会出现冷场，这时"放牛仔"要顶上去。一般情况参与人员有新郎官、姐夫头2人、"暖房脚"8人共等11人。这主要看主家，暖房也会按"生老"意思组合。新婚视为人生小登科，畲族人把新郎官喻为"状元郎""驸马爷"了，故有这些离奇的酒令诗句。

蜡烛令

一双蜡烛长又长，照入间内好新娘，
新娘肚内好贵子，贵子肚内好文章。
贵子一肚好文章，文章那好上考场，
文章本是上司考，第一金榜状元郎。

灯笼令

新做灯笼新又新，蜡烛点火照新人，
三岁孩儿多伶俐，十七十八结成亲。
新做灯笼新朗朗，蜡烛点火照新郎，
三岁孩儿多伶俐，十七十八结妻房。

戴魁、穿靴令

一请新郎戴头魁，身穿红袍定国带，
头戴纱帽安两耳，身缚国带两边来。
二请新郎来穿靴，文武百官闹曹曹，
头戴纱帽安两耳，身缚国带两边拖。
三请新郎出间门，文武百官闹纷纷，
文武百官来随后，三声地炮四声铳。
喜请新郎出大厅，恰似八仙落凡间，
文武百官来随后，探花榜眼来相见。
五请新郎出厅堂，恰似八仙落凡洋，
文武百官来随后，探花榜眼状元郎。

联对令

一枝杨柳插瓶青，二月三月桃花生，
三岁孩儿童书宝，一副联对母舅名。
一枝杨柳插瓶栽，二月三月桃花开，
三岁孩儿童书宝，母舅联对挂下来。

桌凳令

一举桌凳光朗朗，桌凳左右排两行，
又请母舅来饮酒，桌上饮酒喜满堂。
二举桌凳光昂昂，酒盏碗碟排两边，
又请六亲来饮酒，六亲贺喜闹欢天。

新郎官就位

一举桌凳光朗朗，二举左右排两行，
三举同房花烛夜，喜举新郎坐中央。

请新郎官座位

一请新郎上位坐，坐了上位有官做，
做官本是文才起，恩师赐教有功劳。

弟兄朋友座位

门前栽桔栽枇杷，一双金砖垫桌牙。
十双牙筷定金盏，弟兄朋友齐来坐。

酒瓶令

一对银瓶似双龙，长生饮酒双双斟，
今日来饮暖房酒，明日中举上朝廷。
一双银瓶似双其，长生饮酒斟下司，
今日来饮暖房酒，明日上朝有马骑。

斟酒令

花是园内正当开，酒是银瓶斟出来，
今日同房花烛夜，子孙代代中秀才。
花是园内正当生，酒是瓶内斟出行，
今日同房花烛夜，子孙代代有官名。

饮酒令

手拿牙筷百里开，苏文公子梦月台，
小姐又送红罗记，桌上饮酒连干杯。

下司府发令

暖房酒，行令到，本是姐丈起令头，
令头本是姐丈起，弟兄朋友全轮到。
轮得到，讲的来，十子团圆在桌贝，
新郎本是中央位，银瓶斟酒两边来。
新郎面前酒双杯，新郎面前双杯酒，
　　添丁进财重重叠叠上门来。

上司府回令

一岁发十岁，十岁发百岁，
百岁发千岁千岁发万岁，
状元本是凡间子宰相本是天上来。

一世发十世，十世发百世，
百世发千世，千世发万世，
状元本是凡间子宰相本是天上儿。
一枝发十枝，十枝发百枝，
百枝发千枝，千枝发万枝，
千枝万枝都结籽，眼仰结子枝枝是。
眼仰结子枝枝好，弟兄朋友桌上饮酒讲令诗。

十二择帖

十二择帖两头翘，又请上位母舅头，
母舅面前贺双礼，外甥孝顺爱做到。
十二择帖两头红，又请上位媒人公，
为郎做媒多辛苦，今下我郎结成双。
十二择帖两头弯，又请上位好厨官，
厨官本是好手艺，手艺那好真出名。

八仙令

八仙庆贺都来临，王母骑狮落天庭，
当朝一品未出现，新娘投来文曲星。
今夜同房会八仙，一双登科来两边，
神仙掏笔点魁斗，金童玉女落凡间。
第一仙师铁拐仙，脚穿宝鞋落凡间，
头上又戴还魂帽，进宝葫芦入南天。
第二果老落凡间，身骑宝马对金鞍，
手拿一把朱砂笔，又拿一把长生满。
第三仙师曹国舅，万件宝贝庆千秋，
姻缘本是天注定，姻缘注定前世修。
第四仙师汉钟离，新娘新郎好朝时，
仙师拨落仙国货，插花结纽共枕时。
第五仙师吕洞宾，人家注定结成亲，
仙师拨落仙国货，一把宝剑带在身。
第六仙师韩相修，腾云驾雾到南朝，

仙师拨落仙国货，口含八角六份箫。
第七仙师兰彩和，新主新里好铜锣，
仙师拨落仙国货，手拿花篮两边讨。
第八仙姑落凡间，手拿撩筆在身边，
手拿撩筆云头现，庆贺夫妻千万年。
人家注定笑哈哈，盘古八百寿辰多，
麻姑又吃千二载，天地同休杨龙婆。

企棋杆令（十杯酒）

闹房酒，一杯干，门前登岳节节弯，
五落大府扛梁企，十二天井起旗杆。
旗杆上面双加斗，子孙代代骑马官，
状元行过不知睬，秀才行过仔细看。
闹房酒，二杯干，门前树柱雕八仙，
厅堂又挂福禄寿，金漆文理排两边。
百步企柱排桌上，琴棋钟鼓铃啷声，
红绸来结四个字，美女新娘扛门前。
闹房酒，三杯干，一个大石在海边，
潮水涨来看不现，潮水退去石看见。
一只大船在海边，四桅又起大官厅，
四海生意做得着，大城州府好名声。
闹房酒，喜杯干，可比张公一般般，
九胎又养十八仔，个个伶俐进入京。
聪明伶俐进入京，十八省内好名声，
十八省内名声好，旗杆丛丛在门前。
闹房酒，五杯干，五子登科做高官，
五福六寿都福禄，可比晏公一般般。
五子登科好名声，秀才加级起旗杆，
皇帝殿上敕圣旨，福如东海寿南山。
闹房酒，六杯干，六部尚书在京城，
六十甲子春不老，雍也第六论语前。

五府六部闹嗳嗳，五湖海内隔山来，
六亲九眷来贺喜，六句京内试金魁。
闹房酒，七杯干，七姐下凡赠同年，
七赠宝塔仙河洞，七星来赠珠宝盘。
三七二一是经史，金榜题名进家前，
牛郎织女同相会，孔雀瓶内开牡丹。
闹房酒，八杯干，八门老将赵子龙，
八锤大闹朱仙阵，八十梁和中状元。
天龙八井归原位，生双龙蛋在海边，
主人得着龙蛋吃，子孙做官好名声。
闹房酒，九杯干，可比凤凰采牡丹，
牡丹树上结纽子，五子连登大其昌。
五子登科值千金，九龙灯内照新人，
九龙头上珍珠宝，九世同居喜融融。
闹房酒，十杯干，官府衙门企旗杆，
旗杆企落喜相逢，果树落泥根也生。
果树落地根也生，代代做官好名声，
旗杆企落千年在，荣华富贵万万年。

上司府倒令

太阳上山一枝花，新娘带子转回家。
伯姆妯娌全来睇，眼映树上开红花。
眼映树上结纽子，旺丁旺财兴旺家。
一点明月在天上照得好，二点银花在头上插得好。
三更鼓在焦楼上打得好，喜娶新娘在床上坐的好。
五朵梅花在树上开得好，六位孩童书堂上读得好。
七姐挂星在天上望得好，八仙庆贺在洞上排得好。
九世同居在世上合得好，十子团圆在桌上讲得好。
十子团圆，百世千孙，千子万孙，十人行过九人问。
九岁读书未开期，八月十五长生人考举。
七篇文章典赞基，诗书写来上金榜。
五项金榜挂名时，多边彩旗焰焰红。

三杯御酒闹纷纷，两点银花插头上。
一举成名天下知，一举成名天下知。
丁兰题目四句诗，口中讲话是君子。
可比从细去读书，状元骑马上大人。
高山开田孔乙己。鲤鱼跳过化三千。
父母年老七十士，教书先生尔小生。
平洋地土佳作仁，可智礼也也礼智。
士十七千三化己乙孔人大上在楼上打毕立。
123-321-1234-4321-12345-54321-
123456-654321-1234567-7654321-
12345678-87654321-123456789-987654321-
12345678910-10987654321
楼上打更鼓楼下有田笔，×××府代代有官职，
新郎送喜：旺百子千孙，财丁兴旺。
此时闹房酒暂告一段落，送新郎入新房。

算酒数

上大人，上大人，高山开田孔乙己，
平洋地土化三千，也情排来七十士，
教书先生尔小生，尔小生，八九子，
家家户户佳作仁，佳作人可知礼也，
也礼知可仁作佳，子九八生小尔，
士十七千三化，己乙孔人大上，
一二三三二一，
一二三四四三二一，
一二三四五五四三二一
一二三四五六六五四三二一，
一二三四五六七七六五四三二一，
一二三四五六七八八七六五四三二一，
一二三四五六七八九九八七六五四三二一，
九九八十一。
会吃吃一勺不会吃吃一锅，

吃了企门外叽里咕噜叽里咕噜。

拦路酒令

拦路酒拦路贝，拦路摆酒在门贝。
拦路摆酒我不饮，新郎官今时送入来。
拦路酒拦路边，拦路摆酒在门边。
拦路摆酒我不饮，新郎官今时进入前。

翻床令

一清新郎便起身，文武百官送透京，
文武百官送州县，送州县内中朝臣。
二清新郎起身行，文武百官送透京，
文武百官送州县，送州县内中头名。
脚踏间门两边开，新娘间内酒三杯，
今年吃你三杯酒，明年有喜又有财。
脚踏间房两边开，又请新郎官脱了盔，
头盔脱了放床上，子孙代代有顶戴。
又请新郎官脱了衣，子孙代代有马骑。
又请新郎官脱了靴，子孙代代有官做，
年丁进贵子，贵子头上五登科。
个个贺喜送新郎，新郎送来入间房，
间房内里金交椅，金交椅边好牙床，
牙床两头鸳鸯鸟，鸳鸯园上好罗帐。
双手拉开红罗帐，红罗内里花粉香，
金铜来打蚊帐钩，红绳结钱康熙皇，
间四角，床四方，被又阔，席又长，
新席，新被，新蚊帐，未知酒，见凤凰，
焚香酒，排两行，新巧娘，新巧娘，
糖加蜜蜜加糖，今夜来翻你眠床，
一翻麒麟生贵子，二翻珍珠满池仓，
三翻财丁都兴旺，喜翻谷米百万担，
五翻牡丹花当开，六翻麒麟送子进门来，

七翻七篇文章字又深，八翻长生不老中举人，
九翻九世同居同偕老，十翻十子团圆去做官。
再来翻，再来翻，翻你新娘手巾作为盘，
翻你豆仔百二份，翻你花生贰斤半，
翻你饼子真也有，翻你柑子橘子真也多，
翻你柚子真喜欢，翻你糕子真多盘，
讲出诗句罗哩连，一班弟兄听我编，
一班弟兄听我讲，出来又吹南北战，
发财旺丁，财喜双联，十子团圆，十子团圆。

暖房酒 暖房酒是畲族婚礼中最后一餐酒，旧时佳阳畲族办结婚酒，母舅等宾客住两夜三天。婚期前一天晚上那餐叫"起媒酒"，新郎新娘拜堂后，中午这餐酒宴叫"正酒"，当天晚上这餐叫"请母舅"，两个早饭为便餐。三餐酒席"正酒"最隆重，菜肴高档，精致丰富，上的"丰肉"最大。晚上这餐酒名为"请母舅"实为"闹房酒"，厅堂上柱贴"母舅联"，拜堂后外甥给母舅行"跪拜礼"，"正酒"酒桌母舅坐"大位"，暖房酒桌上讲"联对令"，专指母舅讲，就实为"暖房酒"也要挂上"请母舅"的名号，无处不体现母舅的地位和威严。

现在旧制的"暖房酒"越来越少见，有多种原因，一是全才"姐夫头"类型人物极少，20出头小伙子不是还在上学，就在外面打拼挣钱，能流利讲畲族语言就不错，哪知道畲族婚俗；二是畲族女孩嫁汉族，汉族女孩嫁畲族，越来越普遍，遵从畲族风俗行不通，现在也有闹房，从内容形式上大不相同。充其量叫"朋友桌"。参与人员伴郎、伴娘和新郎新娘，男一边女一边对面坐，就是猜拳拼酒，当然主要任务还是送新郎新娘入洞房。畲族旧制"闹房桌"新娘没有参加，女宾也没有参加。

佳阳畲族闹房有不成文规矩，时间不能超过11点，不能误了新人早早就择的"良辰吉时"。

茶泡 当地汉族叫"新娘瓜子豆"。佳阳畲族女孩出嫁会准备相当数量的"茶泡"，所谓"茶泡"就是炒田埂豆、炒麦豆（豌豆）花生、水果糖、饼干、红枣、柚子、柑、桔等口食和水果。新娘到婆家之后，"茶泡姑"（新郎姐姐或妹妹）就会向前来祝贺，然后向宾客、特别寮下大人小孩分"茶泡"，有的小孩分一次不够，还要求分二次三次，把新房挤得水泄不通，嬉笑声绵绵不断，非常热闹。有句话叫"新娘房三天没大细"，三天新房内都会来很多人，玩耍讲笑话，还夹带粗话，新娘子不但不生气，还要拿出"茶泡"招待。

新娘办"茶泡",参加的人是新郎朋友、寮下同辈兄弟五六人不等,十个八个也可以,一桌不够弄两桌,今天不成明天来,也是闹房的延续。办"茶泡"以"茶泡"为主,新娘还泡糖茶,主人家还煮上几盘菜,温上几瓶酒,拿出好烟招待。参加的人叫"吃茶泡"或"吃糖茶",吃完后每个人会掏出若干现金压盘让新娘收回,原则是不能让新娘亏了本就行。当然新娘肯定亏不掉,来这里的人,是十分爱面子的。

"茶泡"量多,是如何筹集的?说来也是佳阳畲族一个特色。来源当然是主家为主,二是母舅、姑妈、姨妈等亲戚(他们出的主要是现金),特色在第三,这个村子哪家闺女今年出嫁,全寮下叔伯兄弟侄儿,每户都会帮助办"茶泡"。各家各户有的炒上一两斤黄豆、包一包饼干,有的炒些豌豆包上一两块钱,有的炒一小袋花生外加一点什么或钱,一个30多户或50户以上的村子,累计数量相当可观。现如今这个习俗还保持下来,就是搬城里外地居住,一旦知道村人有人嫁女都想方设法寄钱,或让人先垫付。现在不像以前炒豆、包饼什么的,用现金代替,而且水涨船高,从10元、20元、30元,这两年已经升到50元、100元了。

婚后礼俗

转六天 佳阳青年男女结婚第六天,新娘第一次婚后回娘家,叫"转六天"。也没有什么特别的说法,意思可能就是报个平安吧!新娘除了带礼物给父母,还带部分"茶泡"回家(或出嫁时有意留下一部分),分给寮下小孩、闺蜜等人。"转六天"是新娘自己一人回家,有时如果东西太多,丈夫会送一程。当天回去,当天返回,除非路途过于遥远没办法赶回。

转头年 婚后第一个春节回岳父岳母家作客是做"新女婿",佳阳畲族叫"转头年"。结婚翌年农历正月,小舅子择日来到姐姐、姐夫家,请姐姐、姐夫回娘家做客,如果是正月结婚,婚后小舅子也会择日请姐姐、姐夫回娘家做客。一般情况小舅这趟来姐姐、姐夫家作客,不是一个人,新娘子有几个哥哥、弟弟都会来,当时娶亲只有一个小舅子牵踏路羊(牛),其余都没来,这次来姐夫家也是姐姐婚后首次,是"做新舅",新舅来了姐夫家会精心准备饭菜请新舅。

新婚夫妻第一次双双回娘家,要给娘家寮下叔伯每户一份礼物。旧时是一份用纸蓬包的"点心",现在是二包结婚喜糖。嫡亲要另行送礼物。收到礼物后全村人会与主家预约时间宴请新婚夫妇,这种宴请叫"请新女婿",也叫"煮新女婿饭"。这种"流水席"宴请,使得新女婿要住上三五天,七八天乃至十几天。新女婿天天吃酒席,餐餐有鱼肉,顿顿有酒喝。有些新女婿都吃怕了,不去不行,去了只能看看或少许吃点喝点,故有一句话说新女婿:"一天吃到暗,一夜饿透亮。"细心的岳母、妻子夜间睡前会煮一些清淡点心或甜品给新女婿当夜宵或熬点稀粥垫肚子。

"新女婿饭"一天安排两餐，中午和晚上。没有约到宴请的户，会煮一碗相当体面点心请新女婿夫妇吃，有时会碰到好几家同时煮，这家吃了到那家。一般新女婿不可能将全村的宴请吃透透，他们会找各种理由提前回家。回家之时全村有收到点心包的，会从粿缸捞两条长条粿印回敬，新女婿去时包点心包50包，回时收到50对长条粿印，他的礼担担子更加重，明天新女婿要回家，岳父宴办一桌像样酒席，请有煮"新女婿饭"的户主吃，叫"请回盘"，相当于岳父答谢宴。

"转头年"期间，同辈分小姨、大姨们会想方设法戏弄新女婿，特别是赴宴时，新女婿一举一动都要十分小心，避免"上当"闹笑话。如吃点心或就餐时，一定要将板凳搬动一下，有没有可能是三只脚的破凳子；检查一下筷子，会不会长短不一，或者用细细的线两根绑在一起，夹东西时分不开；吃饭夹菜不要太急，要让别人先动筷子，说不定香菇、肉燕用丝线串起来的，提起来一大串；说不定肉丸子用枫树蛋（果）裹淀粉做成的假肉丸，含在嘴里吞吞不得，吐吐不得，真是笑死人。座位要看好，尽量靠墙一侧，不要坐在通道边上，以防身后突然窜出一个人来，在你的脸上抹一把锅底烟（灰），还戏称是"挑炭"，当然做几天新女婿不挑上几担"炭"，是不行的，让你"挑炭"说明老婆娘家人看得起你，你老是绑着脸有谁喜欢招你惹你。如此种种善意戏谑，新女婿可结识新一批男女青年，增添他们之间交流，也提高欢乐气氛。这个村庄如果当年有两个或三个"新女婿"回门，那种情形更是精彩。

做完"新女婿"小夫妻俩双双回家，畲族嫁娶仪式到此算全部结束。其实还有一些延续的礼俗。翌年端午节，就是婚后第一个端午节，新婚女儿要给父母送"头年节"。除了送喜粽，沿海地区的群众还送一双白鱲鱼，因为佳阳地靠闽东渔场、舟山渔场，以前弄些海产品比较容易，当然现在更容易；居住山里的多为猪脚。喜粽用红枣包。岳父要回礼给女儿女婿一块能做上衣的苎布或棉布。刻了七月半，新娘要回娘家住一个月；到八月十五，新郎去岳父岳母家伴新娘回来。岳父岳母会蒸一笼"九层糕"或舂"糯米粿"让新郎新娘挑回来，分给嫡亲及邻居，到这时，佳阳畲族嫁娶仪式才能说全部结束。

畲族服饰

> 蓝清盛

畲族服饰男式历来比较简单，结婚时穿长衫、佩戴礼帽。而女装就繁复得多，有人说，畲族新娘是公主，头梳的凤髻，穿的是刺绣的凤衣、凤裙、凤鞋，因此把这种装束叫"凤凰装"。

就"凤凰装"而言各地畲族也有所不同，罗源、连江包括蕉城飞鸾南山一带，其服饰花纹繁多，衣服大部被刺绣覆盖，称之为"大花"。以福鼎为主包括福宁东路乡镇即霞浦靠福鼎、柘荣靠福鼎一带以及浙江苍南地区，衣服被刺绣覆盖三分之一左右，称之为"中花"。以福安包括蕉城大部、寿宁、古田、周宁、柘荣大部，霞浦西路，只有在领、袖、胸点缀或绣些花纹，称之为"小花"。同时把福鼎为代表的女装称为"凤头"，罗源、连江一带女装称为"凤身"，福安为代表的女装称为"凤尾"。

20世纪50年代，在畲族乡村或在集镇街上经常可以看到畲族妇女穿着民族服装走动，如今已是难得一见，如果要找上完整传统一套畲族妇女服装已经很难。

畲族服饰制作（陈向 摄）

姑娘发型

姑娘发型相对简单。先把头发向脑后梳直，在脑后拢成一大把，扎上10厘米宽的毛线，左、中、右鬓发分成三股，打成长辫，辫尾绑上长长一大束红毛线。而后把长辫从脑后由左向右，连同辫尾红线一圈又一圈地盘过额头，并用发夹固定，最后把红毛线尾塞入脑后发际。

少妇发型

少妇发型较为讲究。其梳法是先把头发分成前后两部分，先将前部分右侧头发往左边拢，扎上一节10厘米宽的红毛线，用发夹固定在左耳上，再抓拢后部分头发，用红毛线扎成束，然后把三束头发交叉编成辫子用红毛线扎紧，从左往右盘于头顶，做好戴凤冠的准备。梳好前部分头发后，则把后部分头发抓拢，用红毛线扎成束，先编成辫子，在脑后结成髻。再取右耳上头发，也编成辫子，从左向右绕脑后盘成髻。盘好后把辫尾塞入髻下，然后套上髻网，用银簪和发夹固定。有的少妇还把前额余下的一些短发梳直剪平，卷成"留海"覆于额前。中老年妇女不但在额前梳"留海"，还在额头套一黑色丝织头巾即绉纱巾，在髻上插银花发夹。

冠戴

结婚时才戴。凤冠和发髻头发联结插在头上。畲族"凤冠"多由冠身和冠尾两部分构成。冠身用笋壳编成，外蒙黑布，正面镶两块长方形银片，有各种花卉纹饰。尾端还吊着一块约11厘米长的木簪。插上左、中、右3组（3朵1组）合成的银花，再分上、中、下3层，上层有"八仙"及吉祥动物之像，中层有10只头朝下的狮子，下层靠至额前，有一环12只昂首的凤鸟，口衔12条银链珠串、银片、银牌，从额前垂挂到额下，银链长的还垂挂到胸头，制工精细，可谓银饰之珍品。

穿着饰物

1. 上衣

以绸、缎、粗棉布为面料的黑色右衽大襟式，比一般汉装稍长50至75厘米。其特点是服斗、复领、衩角、飘带、袖口，分别刺绣各种图案和花边。服斗，以桃红色（又称水红）为主要色调，加配其他色线，针绣的花纹面积大，花朵也很大。复领（大领和小领），多用水红水绿作底色加绣花，领口有一金属圆扣，两边有两个4厘米大小的"杨梅缨"红绒球，球底托有十几片以各颜色组成的布叶子。右边大襟上有两条长过衣裙的红色绣花飘带。两侧衣衩内绣有滚镶添条（"添"，加边的意思，在大襟绣花和服斗部分的右边和下边，添钉一条1寸宽的红布边）。袖口（又称"袖尾"）卷折外露，配的色边，规定是一条红一条绿和另两条别的颜色。上衣主要部分的尺寸，领中部高1.6寸，两端略低二三分。大襟以领口垂直为中线，中线右边为右襟。右襟分上、下两部分绣花，上部分从领口垂直3寸，再向右3.8寸平行成一直角，直角口（即领口向右下斜的斜度）为4.8寸。紧接这个直角为绣花下部分，即"服斗"，为高3寸、宽3.8寸的方块。上部分斜绣三道并连大朵花，下部分与上部分三道花紧接，从右到左，头道绣大朵花，二道绣人物或梅鹊、鹿竹、双凤朝阳、曲龙上天等，三道与绣花部分的第三道相连。手工制作的青年装与老年装的区别为：青年装袖口小，衣身偏短、合体。老年装袖口大，衣身宽松、偏长，属半旗袍式。

2. 围兜（也叫"拦腰裙""围身裙"）

中、老年人劳动时用的围兜均为素面，青年妇女用的则很讲究。围身裙有两重，底重为黑布，红花布的边，上重（外重）为在红花布裙头下的一重宽8寸、长6寸的水绿色绸布。盛装时，腰间系一条绿色的6寸，两头有十几穗丝的织腰带，长度为腰围两圈，两端还有两尺长，垂在腰侧或后腰。结婚后生下孩子也作为背巾，背孩子作客或回娘家。其编织结构上，图案有单独模样、连续纹样、角隅模样等，也有自然纹和几何纹种种"变"化的图案花纹。自然纹方面：有梅花、牡丹花、莲花、菊花、竹、兰花等，喜鹊、凤凰也是最常用的素材。几何纹方面：有锁同、万字、云头、云勾、浮龙纹、山头、六耳、马牙纹、书宝、拈叶纹、柳条纹等。色彩方面，不仅富有畲族服饰独具风格，而且穿着显得非常华丽、鲜明。

3. 裤、鞋、长裙

一般穿长裤和平头绣花，有中脊。"丹鼻鞋"（现在只有老人寿终时用）。裙为黑色或蓝色、素面没有口袋的筒式长裙，长过膝下至小腿之半，裙头打折绣花。

4. 饰物

种类很多，主要有银制品的簪、耳坠、手镯、戒指，也有金制品和玉佩等。

凤凰装

畲族姑娘出嫁时都要穿着"凤凰装"。这身装扮色调纯黑，上衣向右开襟，衣领、胸襟、袖口都绣上各种色彩的花草、鸟兽、人物等各种图案，大襟的服斗部分，更绣有大面积的双凤牡丹、梅雀、鹿竹等大花朵，腰束五六寸宽，五六尺长的丝织色带（多为绿色）；下穿长裤，裤管口外翻，镶几圈红绿相间的色绸；腹部束一块绣有花边的一尺多长的方形围裙。拜堂时，还围上一领上下绣花的百褶红裙，脚穿方头钩鼻绣花黑鞋。

头用红毛线把头发扭成一束，高高挽在头顶，结成高髻，冠以尖形布帽，形似半截牛角，上贴一片薄短银牌；发髻插上簪环等银饰品和各色料珠，下垂前额遮向面部；三把银凤头花插在前顶左、中、右，围成一环，银凤的嘴、翅、爪，还挂着一串串银链，银链上缀有料珠、小银片，垂在眼前，闪闪发亮，煞是好看。

有人说，畲族新娘是公主，头梳的是凤髻，穿的是刺绣的凤衣、凤裙、凤鞋，因此，把这种装束叫"凤凰装"。也有人说，畲族祖上曾住在广东潮州凤凰山，所以叫它"凤凰装"。

各地"凤凰装"式样大致相同，但也存小异，如闽东的罗源、连江两县，上衣是和尚领，一年四季都穿短裤、打绑腿；福鼎县的上衣领口，还钉上两朵红绒球。这种结婚穿戴的"凤凰装"，平时都舍不得穿，一生穿两次，结婚穿一次，直到去世时装殓入棺。另做一套或二套、三套的"凤凰装"衣和裤，也只在喜庆节日和出门作客时穿。

男士服装

古时畲族男士服饰比较简单，结婚时长衫礼帽，平时也就穿大襟衫。大襟衫款式就跟长衫一样，就是长度没有长衫长，长衫长超过膝盖贴近鞋面，而大襟衫长度仅遮过屁股。大襟衫民国出生的人少数有穿过，多数人没穿过但有看过，中华人民共和国成立后出生的人，多数人连看都没看过，极少数人有看过。20世纪70年代初，笔者就读中央民族学院政治系，因参与接待外宾，故不但看过也穿过，校接待处备有各民族服装。畲族男士在民国时，或者更早一些，穿着就与当地汉族相同。

为什么黑（菁）色得到畲族人的青睐？

首先，取之容易，旧时畲族最重要的经济作物为蓝、苎、茶和棉。苎布、棉布制成后，用蓝靛染色，是自然而然的事；蓝在畲区普遍种植，用来染布顺理成章。为此佳阳畲族社区遗留下跟种蓝有关的地名有不少，如佳阳畲族乡罗唇梅溪菁山畲族自然村。其次，来自道教传承，时至今日遗留畲族民间的巫舞，主要是祭祀天地、祖先、鬼神或驱邪、禳灾、祈福等，尽管各畲族地区内容差异，形式不同，但那古朴、淳厚、深沉、内向和情绪的虔诚是不可挑剔的。畲族穿黑衣跳巫舞说明畲族的宗教信仰与巫道的关系。畲族巫舞中最有代表性应是《踩罡舞》，民间称为"踩八卦"。再有就是夏秦遗风，有关的历史资料查悉，历史上各朝各代的服饰颜色有差异亦有重复，但都有主色调，如夏尚黑，商尚白，周尚赤，秦复夏制尚黑，汉复周制尚赤，唐尚黄……畲族衣着底色尚黑，时代传承表示夏秦着装遗传，因为黑色最适应居住深山老林中。最后，黑色代表稳重、执着、坚毅、英勇、彪悍的品格，这些特点恰好契合畲族。

门前路径"弯上曲"

> 蓝清盛

旧时畲族居无定所，住的是茅草搭盖的茅草房，故也没有祖辈流传下来的房屋建筑样式，建筑房屋只是参照所居地早前迁来的民族主要是汉族房屋建设为样板进行修建，由于住在山区半山区，要建像其他民族一样的房子，特别是大房子，只能是依山而建凿山而建。打地基特别是大房子地基，有很多泥土碎石，这些泥土碎石如何处理？处理这个问题，后来无形中就变成一种畲族建筑风格或叫习俗了。这种建筑风格或习俗就是畲族房前"三弯四曲"路径。"三弯四曲"路径，是畲族在建房打地基时，将多余泥土碎土堆起，按照路径需要垒起挡土墙，从高往低，不时地根据地势的特点转个弯，然后又转个弯，最后形成既美观又大方又实用的"二弯三曲""三弯四曲"的路径，最后路径接至大道上。

佳阳民居

罗唇村柴岚内蓝氏大寮是畲族"三弯四曲"路径典型之作。柴岚内蓝氏大寮建于清嘉庆十四年（1809），主楼即后落为七开间，双层，前后明楼，中间为主厅，前落与后落位置对称，建起七间单层瓦房，中间为前厅，左右两边各建七间单层瓦房为"横寮"，中间是边厅，四座房屋相围拥。后落与前落第二间和第六间建两座八尺宽单层通道楼，形成中间一个大天井和两边各一个小天井。前落前厅设一大门，前落前两端与边房外端之间各设一边门。房屋四周后方依山体护墙，左右和前方石砌6米多高围墙，前方建有门楼。

整座大寮用杉木、杉板构建，面盖青瓦，外加门楼左侧建有三间二层大瓦房做仓库，房间共 33 间。还设有牛、羊、猪栏，脚踏碓、生活区、卫生区等。2006年被"桑美"超强台风刮倒，只剩前落几间原建筑，但整个大寮宅基清晰可见。

平面图显示，从门楼埕（三埕）下九级台阶到二埕，转一个弯下五级台阶到一埕，一埕平台中自然转一个弯，一层平台走尽转弯再下一级台阶，再转一个180度弯下十一级台阶与大道相接，这十一级台阶落差十余米。

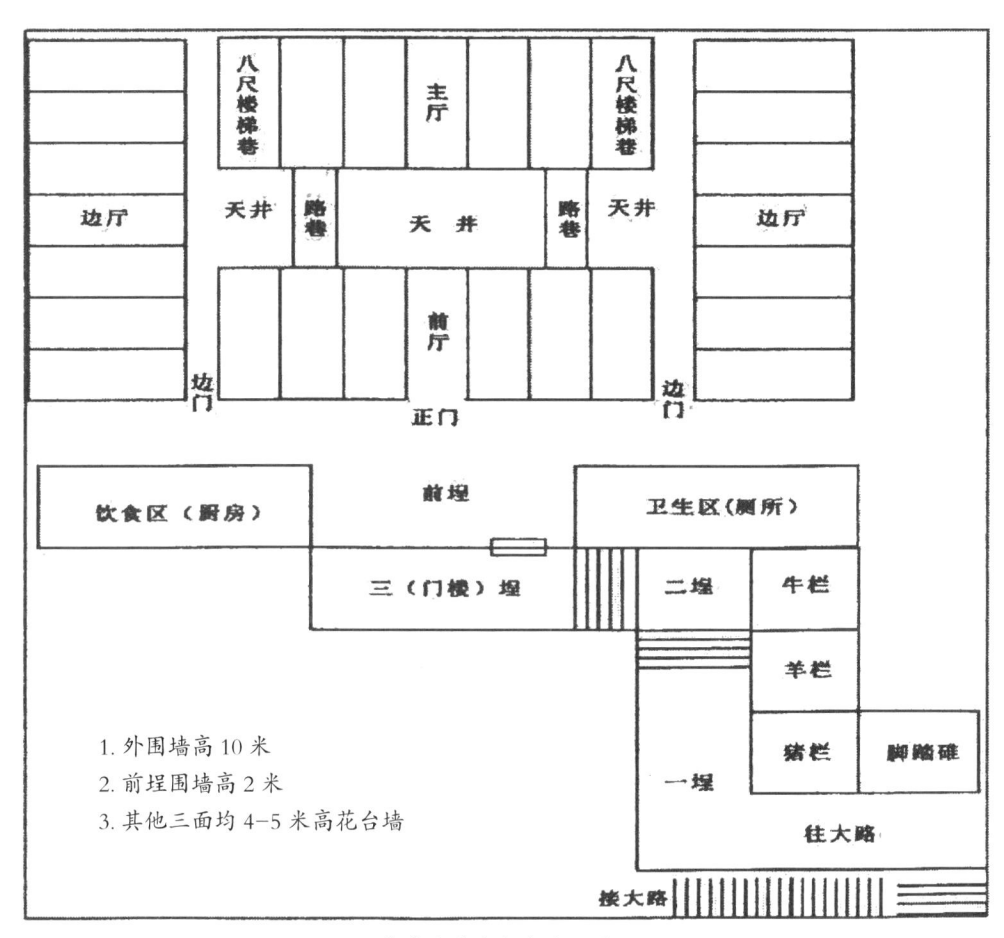

1. 外围墙高 10 米
2. 前埕围墙高 2 米
3. 其他三面均 4-5 米高花台墙

柴岚内蓝氏大寮平面图

畲族称谓

> 蓝清盛

畲族家庭成员的称谓与当地汉族大部分相似，但也有自己的特色。长辈、平辈，在称谓前面加个"阿"字，如父亲为"阿爷"，母亲为"阿母"，祖父为"阿公"，祖母为"阿嬷"；曾祖父为"公帕"，曾祖母为"阿帕"；兄为"阿哥"，嫂为"阿嫂"。哥、嫂也可以按长幼叫"大哥""二嫂""四弟""细妹"。其他人的称谓，丈夫称妻子为"布娘"，妻子称丈夫为"昌布"。夫妻在日常生活中很少直呼名字，有孩子就随孩子名义叫"××妲母""××妲爷"，孩子没出生就叫"妲哟""妲呀"。绝大多数畲族家庭成员基本上如此，但也有例外。佳阳畲族乡双华村雷氏村民和双华村葛藤缝钟氏村民叫父亲为"阿爹"，所以有当地俗语说"雷家叫爹，蓝家叫爸"。畲村有些为新生孩子定时辰时，担心孩子命硬或父子生肖相克犯冲，如"虎"与"猪"，算命先生会建议新生孩子长大后称父亲不要叫"爸"，要叫"叔"。

佳阳畲族民间对父亲的称呼有三种：一是"阿爸"，这种叫法已经广为流传或者说趋于定型，特别是20世纪90年代之后出生的孩子，他们认为父亲就是爸，爸就是父亲；二是"阿爹"，就是前面点到的"雷家叫爹，蓝家叫爸"，属于部分畲民的叫法；三是"阿爷"，时至今日在佳阳畲族民间中普遍存在，依然可以听到父亲叫"爷"的称呼，特别是在语言交流和歌谣中得到集中体现。如小孩子调皮捣蛋、吵闹不止，劝说无效，父亲就会说："依爷打死你，这么不乖。"女儿出嫁时唱哭嫁歌："阿爷，别人做酒做过年，我爷做酒敬亲戚""听爷讲，听母教"等等。

佳阳畲族的"阿爸""阿爷"从字面上看似乎有辈分差别，从言语表述上是一样的。又如佳阳畲族叫"姑父"为"姑丈"，叫"姐夫"为"姐丈"，从字面上看都是"丈"，当然此"丈"不是彼"丈"，他们是下下辈关系。我们称爸爸的姐或妹的男人为"姑丈"，称妈妈的姐和妹的男人为"母姨丈"，当然这样称呼是分内亲外戚的，内为亲，外为戚，亲戚说法就是这么来的。从字面看差别挺大，但从言语表述上也是一样的，"姑丈""母姨丈"都是"丈"，此类事例不胜枚举。

歌场轶事

蓝清盛

佳阳畲族歌谣中的"散条歌",最具灵活性、机动性、应急性、广泛性和随意性,非常适合歌手根据歌场实际情况现编现唱。既唱自己,也唱对手,有时往往会把对方逼上绝境,而有才华的歌手也会随机应变,使歌场继续。下面讲几个发生在对歌场上的轶事。

一

某年双华"二月二"歌场曾经出现这样场面,有两亲父子歌手双双上场与女歌手对歌,父子俩配合得天衣无缝,咬着女歌手的歌穷追不舍。女歌手见招拆招,但还是觉得吃力,无意中她得到消息,与她对歌的歌手是亲父子。她立马唱道:"天斜斜,地斜斜,没个唱歌两仔父,又要唱条分你仔,又要唱条分你爸。"儿子歌手灵机一动接女歌手歌头回唱道:"天斜斜,地斜斜,我郎唱歌两仔父,你要得嫩跟我走,你要得老跟我爸。"老子歌手父亲一听,匆忙快步走开。

二

另一个歌场,男女歌手对歌上半夜已过,下半夜对情歌,棋逢对手,唱得好也回得好,水平不差上下,听歌者频频点头。这时有人悄悄告诉女歌手,男歌手按辈分你应该叫母舅,虽然不是嫡亲也是母舅。女歌手想了一下唱道:"天晴晴,地晴晴,没个母舅当表兄,天下表兄尽死了,这个表兄不死戒。"男歌手回唱道:"在姬死戒不死戒,生死本是命生成,生死本是天注定,未晓你先是我前。"他不但挽回了面子,可以说也挽救了一场歌会。

三

又有一场歌会,男女歌手对歌对的如火如荼,热闹非常,一来一往,紧追慢赶。歌手们歌唱得悦耳动听,听众男一堆女一帮,交流只用手势,不敢言语,哪怕影响良好歌场气氛,这时男听众堆里不知是谁放了一个响屁。立刻女歌手唱道:"屁蛋要放放一双，莫放一个不够分，也着放个分你嬷，也着放个分你公。"搞得歌场内外哄堂大笑。这歌呀就是歌仙也不敢回，包括放屁的人也不敢回，回了不是不打自招吗？

四

在佳阳畲族群众喜欢唱，汉族同胞也喜欢，也善唱。双华村东坑内，早年有位江姓汉族青年，从小与畲族小孩一起玩，一起放羊放牛，长大了跟畲族同伴一样能讲流利畲族话，而且能唱两个晚上畲族歌谣。有一年与畲族好友结伴到霞浦牙城去做客，与当地女歌手对唱畲族歌谣一个晚上，当地畲族没人看出来他是汉族小伙子。第二天，洗脸时向主人讨要"面幡"洗脸，才被细心女主人发现这位是"冒牌"畲族歌手，因他将"面幡"说成"面巾"，"面巾"是汉语。

五

20世纪60年代初的某一天，双华田角头一户人家媳妇做满月，来了很多客人，多为女客，有一拨是从霞浦牙城过来的，路途远当天回不去，就留下过夜。那天晚上村里男歌手就找她们对歌，其中一位表嫂年轻又标致，男歌手把目标锁定她，她就是不理不睬，歌手们怎么撩歌，"那是嫌歌再古起""那是嫌郎换个来"，她只说"不

畲族竹竿舞（佳阳畲族乡）（林庆丰 摄）

会唱歌",顾自躺在床上。怎么办？拽又不能拽，拖又不能拖，骂又不能骂，用歌激没效果。这时有人提议请雷志满。雷志满又是何许人？雷志满是双华畲族歌手，1959年国庆期间，在北京中南海"怀仁堂"为敬爱的周总理唱过畲族歌谣的歌手。可他在5千米外的罗唇公社上班，"派人去赶呀"，两个后生仔出发了。

近两个小时后，雷志满来了，路上两个后生仔将情况已经说清楚。雷说："让我试试，看能不能让她起来说一声，如果真的不会唱歌，我们就不要为难她了。"稍加休息，雷志满假装咳嗽两声，唱道：

> 表妹生好眼未斜，躺分床上直犁犁。
> 世上没什来可比，可比马渡挨罾排。

小表嫂听到有人以歌撩她，下意识地转过身去，脸朝内，屁股朝外，还是躺在床上不声不响。雷志满见状，唱道：

> 表妹生好一品官，躺分床上半爿船。
> 世上没什来可比，可比闲人吃乌芬。

小表嫂听出来了，这是关自己的卧姿呢！马上坐起来，还是不声不响，眼睛直溜溜的看着被子不看人。雷志满唱道：

> 表妹生好实端才，坐分床上一大垒。
> 世上没什来可比，可比牛娘看水碓。

小表嫂一听，生在体上不行，便起身穿好外衣外裤站在床前，两只手提又不是，放又不是，哪怕弄个形象动作，被歌手有机可乘编歌嘻唱，只好站在那不动了。雷志满又唱道：

> 表妹生好实是漂，企那一尊硬桥桥。
> 世上没什来可比，可比死人吊铜扭。

小表嫂又被唱了，横直都不是，不知如何是好，干脆蹲在地上，雷志满见状唱道：

表妹生好眼未黄，蹲落泥里一大团。

　　真像蛤蟆吃烟酒……

　　这次小表嫂反应快，没等雷志满一首歌唱完，又不知会把自己比喻成什么，立刻站了起来，雷志满看她已经站起来，马上把原来第四句歌词"半醒半醉憨态相"改唱为："企来真像狗放懒"。

　　被唱了，小表嫂还是被唱了，这次小表嫂开口说话了："表兄啊表兄，你肽（看）我现在应该哪样做（如何做）合适。"小表嫂们确实不会唱歌，这歌唱不成，起头歌已经唱了，应该要送神，因此雷志满和歌手们"送神"后就道谢回家。

物华吟赏

佳阳节令食品

蓝清盛

佳阳传统节令食品有粿、粽子、九重糕、乌米饭等，其中糯米粿和乌米饭是畲族特色食品。

过年粿

过年粿是佳阳乡各族村民过年时必备食品，跟过年连在一起讲，顾名思义是到了过年才准备的。"过年粿"的传统做法，先将粳米用水浸透，然后加工成米粉。在米粉中加适量温水调成团粒粿花，放进铺有蒸巾的木甑（蒸桶），待大锅水沸时放入木甑，这时灶炉要猛烧，不能弱火，保持锅内的水沸腾，以保持足够蒸气，待木甑内冒出蒸气时再盖上盖子，当盖着盖子的木甑有不少蒸气冲出时，团粒粿花差不多就熟了。将蒸熟粿花倒在石臼里，一人用7字形的木柄石锤先"擂"后"舂"，另一人配合着"拨"和"翻"，将粿花舂成白粿取出，放在木板上做成大小适中的条状，叫"粿条"。有的用"粿印"，印成各种花纹的粿条。这些花纹粿印，有龙、凤、麒麟、狮、虎、桃花、梅花、莲花、芙蓉、牡丹、祥云等等图案。

过年粿家家户户都准备较多，除了正月里待客外，大多都在开春后劳作时当点心或主食，以图方便。过年粿的加工，一般都在立春之前完成，因春后的水叫春水，浸泡东西会臭酸。过年粿在祭请祖公时为重要祭品。过年粿另一种做法，不打粉，就是浸透米粒蒸熟后，操作相同，畲族称"连饭粿"。

粽子

粽子是端午节的时令食品。有多种口味：纯米粽、豌豆粽、回豆粽、咸蛋粽、肉粽、蜜枣粽等。形状有三角二耳式、牛角式或枕头式，外皮或用粽竹叶或用鲜老竹壳包装。包、煮粽子时，用山上砍来一种叫"羹柴"的灌木烧成炭灰后，用清水沥出灰碱水，用以浸泡米，再将粽子放在碱水里煮。

与粽子有关的风俗，有"新娘粽"和"孝粽"。所谓"新娘粽"，是结婚后的第一个端午节，送粽子给娘家，叫送"头年节"，俗称"新娘粽"，属"喜粽"。所谓"孝粽",某家人有老人亡故,因第一个端午节不可淋"灰碱水"包粽,否则对主人家不利,故嫡亲在节前会先包好煮好粽子馈送该家,俗称"送孝粽",属于"丧粽"。在同一个节日同样都以"粽子"为礼物送人,如何区分是"喜"还是"丧"呢?一个是材料,"喜粽"一般会以红枣为配料,"丧粽"什么都不放,就包纯"米粽"。在送"粽"的时间上大有讲究,各民族各乡村有所不同,以时间为界限,凡五月初送的礼为"丧"礼,四月底之前送的礼为"喜"礼。有些地方规定五月初一为送"丧"礼,不过这样比较约束,因节时有许多事情要办,规定单天日子,可能会误事。因此平时亲朋好友人情往来,都在农历四月底前完成送"喜"礼,不能超出这个时间界限,以免引起误会。"粽子"是厅头祖宗祭请祭品。

篙伲粿

即鼠曲粿,鼠曲草畲语为"篙伲"。佳阳畲族有的做清明节,有的做三月三,少数做谷雨,都要加工制作高伲粿作为节令食品。鼠曲是一种菊科二年生草本植物,农历十一月以后发芽生长,十二月至第二年三月可以采摘,旺季在春季。叶呈柳叶形,比柳叶小,但略肥厚,深绿色,两面带有白色绒毛,花瓣呈黄色。一株常带有数十枝分枝。用嫩茎、叶、黄花加工成篙伲粿,可趁热吃,可冷却后切成小块炒白糖、红糖或炒咸味吃,也可切成片放点油煎着吃,看个人喜爱。

鼠曲纤维成分高,有菊香,吃在嘴里韧爽滑、芬芳适口、有养胃清脾,清热解毒、温肾之功效,是祭祖宗、扫坟不可缺少的祭品。

九重糕

九重糕是过七月半的节令食品。九重糕的蒸做法,先将米用灰碱水浸透,磨成米浆,将铺有炊巾的蒸笼放在大锅上,盖上笼盖,蒸笼有水蒸气冲出后,将米浆倒入蒸笼内蒸,熟一层浇一层,熟一层再浇一层,一层一层蒸,一层一层浇,直至米浆蒸完,事实上一蒸笼能蒸多少米浆早就心中有数,蒸出九重糕大概十几厘米厚。冷却后切开九重糕,一层一层清晰可见。说是九重糕,其实不止九重。九重糕有三种,一种是碱糕;一种是甜糕,放入糖加花生、冬瓜糖、桂圆等;另一种是咸糕,每层都加虾米、瘦肉、香菇碎片等,甜的咸的都不用加碱。九重糕既可冷食,也可以切成小块加汤料煮,还可以切块煎食,各种食法别有风味。九重糕也是祭祖宗不可缺少的祭品。

糯米粿

糯米粿的做法是:先把糯米用清水浸泡十一二个小时,米浸透后,放进木甑蒸熟,再趁热倒在石臼里,直至把糯米饭舂到看不到饭粒为止。再把它捏成小圆饼状,沾熟豆粉即可。食用糯米粿,要放在锅里用文火烤,适当翻动,防止烤焦,也可以下点油,但不能下水,千万不能用来蒸。放在锅中烘焙加热至变软时就可食用。畲族视糯米粿为最高规格待客食品,"请表姐"时,非要做糯米粿不可,否则表姐不如不请。糯米粿过年时家家户户才做,或婚嫁寿庆,招待贵宾才做,平时极少做,故糯米粿显得珍贵。

乌米饭

乌米饭是一种紫黑色的糯米饭,是畲族人采集野生植物乌稔树的叶子煮汤,将糯米浸泡于汤内,等候数小时捞起,放入木甑里蒸煮而成。蒸熟的乌米饭色泽蓝绿乌黑,油亮清香,吃到嘴里香软可口。

乌米饭的历史悠久,与畲族英雄蓝奉高、雷万兴反抗官兵的故事有关。相传唐朝总章二年(669),畲族英雄蓝奉高、雷万兴领导畲军反抗唐王朝压迫,被唐军围困山中,粮草断绝,蓝、雷命部下往山上寻找食物充饥,当时正当隆冬之时,山里各种植物正脱叶落果,唯有"乌稔果"尚挂枝头,一串串像珍珠,采回一尝觉得十分香甜,即传令大量采集混合军粮充饥,解决了军粮,整顿了军纪,冲出重围,打了胜仗。几年后的某一天,正逢农历三月初三,蓝奉高、雷万兴因念前旧事,让士兵上山摘乌稔果;可时值春暖花开,无果可采,士兵们上山后只采到乌稔树叶回来,就和糯米蒸煮做成乌饭,结果,发现这样做出来的乌饭却别有风味。从此以后,畲家人每年三月三日都做乌饭,久而久之这一习俗就此流传下来,形成畲族群众过三月三乌饭节的习俗。

黄酒

畲乡农村男女大多都会喝一点酒。他们大多居住在山高水冷之处,劳动强度大,繁重艰辛,喝点酒有助解乏。畲乡群众豪放好客,逢年过节,招待客人,酒也是必备之物。平时饮食烹调、滋补入药等,也需要用酒。酒就成了群众日常生活不可或缺之物,家家户户也都掌握了酿酒技术。自酿的多为黄酒,每年粮食丰收后,家家户户都要酿一缸黄酒,以备随时取用。

酿酒配料比例:糯米10升,曲3至3.5升,水10.5至17.5升,就是1斤米搭配1.5斤至2.5斤水。水少则酒浓,水多则酒淡,有特殊要求配比可以调整,供产妇喝的"月里酒",配比是1斤米加12.5至1.5斤水。

酿酒方法,先将糯米用清水浸透洗净,淘起滤干,再将糯米装入木甑蒸熟,倒出后让糯米饭凉到一定程度装入酒缸中和曲拌匀,曲是事先按比例放缸中浸泡的。需要注意的是糯米饭的温度要根据季节温度调整。冬天气温低,糯米饭的温度在40℃至

50℃时入缸，夏天气温高，糯米饭10℃至20℃时才能入缸。糯米饭与曲入缸几个小时后开始发酵，发酵时要将缸内"酒饭"随时拌匀，每天多次，以免酒饭溢出，发酵期过，一般5至7天，即将缸口封固，约一个月后即可酿成酒。

有些懂中草药的村民，从山上挖来十多种乃至几十种山草药，洗净晒干切碎后，用大锅煎出药汤，过滤，凉后当水酿酒，这种"草药酒"颜色橙红，香醇可口，有着特别风味，被村民视为有辅助治疗风湿、健脾暖胃等功效。

佳阳群众管自酿的黄酒叫红酒，源于所用的曲。店下、秦屿、硖门一带用白曲酿酒，所酿的酒称白酒，其实做法和黄酒一样。

佳阳特色菜

南农大

跳鱼钻豆腐

跳鱼也叫跳跳鱼，也有叫涂鱼，畲族人叫"铜钮"。生活在海边滩涂上，经常随海潮涨退活动。夏天退潮时，太阳晒得厉害，它就会钻到滩涂淤泥里躲藏。冬天，太阳出来了，它会从淤泥里爬出来晒太阳。

生活在海边的群众捕抓跳鱼有三个办法：一是用最粗笨的办法去刨，滩涂泥巴是软的，凭力气刨挖是一种最简单抓捕法，只要看准跳鱼穴百分百能成功。二是海水涨潮时，先离海水80厘米至1米处踩上一路脚印，然后顺脚印往回走，从滩涂抓起泥巴往海水沿拼命扔，抓一路扔一路，游在潮头的跳鱼受到惊吓，就会把那一路脚印当作避难所躲进去，人然后再折回去往脚印摸，就可以轻而易举抓到跳鱼了。三是钓跳鱼，跳鱼出来晒太阳时钓，用具是用一根3米多长竹竿，拉上线，线尾有特制鱼钩，一个坠形铝球上按四门（条）钓钩。钓跳鱼要耐心等待，静观跳鱼活动，移步要小心谨慎，不能弄出响声，以防跳鱼逃跑。所谓"死人钓铜钮（跳鱼）"就是等候，看准目标后，将鱼钩一拖，成功率99%，因为往任何一个方向，四门钩总会一根刺到鱼身，将其捕抓。

跳鱼钻豆腐的煮法很简单，就是锅里倒进凉水，将一块较大的豆腐放在锅里，将洗净的跳鱼也放在锅里，盖上锅盖，然后文火慢烧，将水慢慢加热，随着水温不断提高，跳鱼因求生本能往豆腐里钻，是把豆腐当滩涂泥巴了。这时掀开锅看一下，所有跳鱼钻进豆腐后，要加猛火烧以保证跳鱼鲜度。最后加调料，出锅前放上一撮小葱，青白分明。要提醒大家的是前面两种捕抓的跳鱼可以煮"跳鱼钻豆腐"，后面那种捕获的跳鱼不能煮，因为刺杀捕获大部分已死，没死也半死不活。

居住山里的群众，也有一道与沿海群众一样煮法的菜，就是"泥鳅钻豆腐"。俗话说"天上斑鸠，地下泥鳅"，说明泥鳅很美味，泥鳅还很滋补。

佳阳猪头肉

佳阳猪头肉是远近闻名的风味小吃。肉质鲜美，色泽红润，香糯浓醇，咸甜适度，肥而不腻，没有腥味，口感和营养极好。

做法是将猪头洗净后，镊去细毛，割下双耳，割除耳圈、眼角、淋巴结块、鼻肉软骨及杂物，反复刮洗，去尽杂污血污后放入清水中浸泡几个小时。需要注意的是，这时使用的清水必须是凉的。据介绍，因猪肉中含有一种肌溶蛋白的物质，在15°C以上的水中易溶解，倘若用热水浸泡会使得猪头肉流失很多营养，口味也欠佳。锅中加入清水煮沸后，将猪头肉放入锅内煮上1个多小时，再捞出切成块状；紧接着，起锅放油，下甜面酱炒成甜酱色，用老抽、红糖、八角、胡椒、茴香、当归、桂皮、精盐等十几种配料及清水熬成卤汤，再放入肉块，用文火烹一并煮约2至3小时至肉酥烂。至此，美味与营养兼并的佳阳猪头肉就制作完成了。

猪头肉（薛青莹 摄）

正宗佳阳猪头肉具备"色、香、味、形"俱全特征，其色泽红润，香气扑鼻，味纯而嫩、不油不腻，口感上瘦肉鲜香、肥肉酥烂。同时，猪头肉本身富含优质蛋白质和人体必需的脂肪酸、血红素（有机铁）和促进铁吸收的半胱氨酸，营养价值极高，有着改善缺铁性贫血，滋补身体的功效。

后阳全羊汤

后阳全羊汤的食材很嫩，要选择后阳一带的两年龄的山羊，以羊的全身（除皮毛外）为食材，通过传统的方法，搭配姜、蒜、香菜、白醋、山泉水等辅料，精心烹饪而成，用料讲究，烹饪独到，注重本味。佳阳民间流传有民谣："夏天喝羊汤温胃去泻止肚胀，冬天喝羊汤健脾生津好保养。"

全羊汤

全羊汤的制作过程如下：将羊头、羊蹄的皮毛烫、燎、刮洗干净，羊肚用开水烫去毛，心、肝、肠等下水分别翻洗、浸、漂干净。准备一口大铁锅，锅内加入清水、主料及花椒、山柰、小茴香、盐等调味品煮炖。锅开时，撇去浮沫，继续煮至香味溢出，头、蹄的骨肉能分离。其余下水熟烂后捞出，切成条或薄片。锅内加羊油烧热，用葱、蒜、辣椒炝锅，添入煮羊骨头汤、清水及适量的原汤和精盐等调味品，待烧开后，下入主料，煮至汤浓味醇时即成，配白焙子、香菜食用。

煮成的全羊汤鲜而不膻，肉嫩而不绵，有"一碗汤中有全羊"之说。俗话说得好："冬吃羊肉赛人参，春夏秋食亦强身。"羊肉性温热，具有"暖中补虚，开胃健力，滋肾气，养肝明目，健脾健胃、补肺助气"等功效，现代中医认为，适时地多吃羊肉，可以增加消化酶，保护胃壁，帮助消化，不仅能去湿气、避寒冷、暖心胃、补元阳，对提高人的身体素质及抗病能力也十分有益。

蔬菜和海鲜加工

蓝清盛

蔬菜加工

这里所说的加工是粗加工，主要目的是贮存，其次才是追求特殊风味。用于粗加工的蔬菜品种，最普遍的是芥菜、萝卜、雪菜。

加工芥菜的方法有多种，如晒菜干、腌"瓮菜"和腌"咸菜"。晒菜干，是把芥菜切成一至二厘米大小的碎粒，晒一天，揉捻一次，次日再晒，再揉捻，直至晒干。腌"瓮菜"，先按晒菜干的方法进行至未完全晒干，还有一定水分时，加入适量的盐和调料如生姜、辣椒等，装进瓮里，压紧盖实。芥菜腌制咸菜，有两种方法。一是先将芥菜在太阳下猛晒，待茎叶变软，然后放进大樘桶。山区村民加水加盐浸泡，沿海村民加海水浸透，直至汤水起泡，芥菜变黄，又放在太阳底下晒，待至脱水（但不能晒得太干），成了咸菜脯，再把它缠成一卷一卷菜坯，最后一层菜坯一层食盐地腌入陶缸内。二是如果天气不好老是没太阳的梅雨季节，因园里的菜快老了，立刻砍回用大锅烧水，一株一株将芥菜烫软，找个地方将烫软的芥菜垒在一起，压上石头等重物，将水挤干，再按第一种办法进行腌制，当然芥菜堆垒之前冷却之后才能进行。这种办法许多年前普遍采用，一来比前种方法省工，二来没有太阳晒的味。芥菜腌制两三天后，即浸菜卤，如菜卤不能浸没菜坯，则需调制盐汤补充菜卤。村民所腌芥菜"咸菜"，香韧异常，能够长年存放，可谓是农家当家菜。

萝卜、雪菜也是常见的蔬菜。萝卜多被晒成萝卜丝、萝卜条，便于较长时间食用。雪菜主要用于腌制水菜，方法与腌芥菜相同。

山间野菜是山区群众喜爱的食物，如百合、苦菜、青草芯、葛藤（粉）、山蕨菜、苦槠（做豆腐）、竹笋等等，山区取之不尽。村民除了自己食用外，多余的可以拿到市场去出售。

春夏季间，到处都是山蕨菜，采回用沸水焯后，或鲜炒，或稍加腌制凉拌，都是很好的时令菜品。有的人家拿山蕨菜用沸水焯烫后，加盐腌制，能保存较长时间不变质，食用时再把盐淡化，或炒，或拌，色香如鲜。苦菜、青草芯等用沸水焯烫，拿清水漂洗后煮食，也是不错的时令菜品。在山区，生长着人工栽种的竹子和野生竹子：毛竹、马蹄竹、黄竹、星竹、斑竹、方竹、豁竹、鹿竹、柔竹、尧竹、金竹等，这些竹类给村民提供了丰富笋资源，村民采回后，去壳，沸水焯烫，再漂洗，就可以烧食或晒干保存或出售。

秋季畲民上山采集壳斗科树木，像苦椎树、麻栎树，采来果实做"豆腐"，叫"苦椎豆腐"。做"苦椎豆腐"的方法是先将果实去壳，把果仁用水浸煮多次，去掉涩味，再磨浆做成豆腐，切片晒干收藏。食用时，先浸煮使其变软，再回锅炒制。"苦椎豆腐"有清凉解毒的食疗功效，是夏季饮食佳品。

海鲜腌制

沿海村民有腌制海鲜、吃腌制海鲜制品的习惯。小型海鲜含投鲫鱼、带柳（小带鱼）、蛏、蛤和白鲡鱼等等。腌制办法：不管腌制哪种海产品，都要用盐将其"杀青"，就是先将这些海产品放在盐水中浸泡到一定程度，然后根据不同情况加盐加佐料，如投鲫鱼、带柳、白鲡鱼加红酒糟，蛏、蛤可加鱼露浸泡。海鲜腌制，有的可以直接食用，如投鲫鱼、海蛎、带柳、蛏、蛤等，有的大型鱼类如白鲡鱼、鳗鱼、黄瓜鱼等，就不能直接食用，就要经过蒸或煮才可食用。民间有句俗语："咸鱼淡菜"，意思是鱼要煮咸一点，菜要煮淡一点。

佳阳宴席

🍃 蓝清盛

佳阳畲族群众遇嫁女、娶亲、老人寿辰、老人过世、葬坟（墓）、孩儿满月、新房上梁等红白喜事，会办宴席宴请宾客。不同事项办宴席餐数不一，同一事项不同餐次又有正餐和偏餐之分。如嫁女酒为一酒一便餐，出嫁前一天晚上为正餐，娶亲酒是三餐酒二便饭。娶亲正日前一天晚上为偏餐，叫"起暝酒"，新娘娶进寮当日午餐为正餐，叫"正酒"，当晚为偏餐叫"请母舅"。老人寿宴一般安排在农历正月初进行，以吉日和宾客时间方便为准，只一餐酒席，没有偏餐。葬坟（墓）有"上山酒""回龙酒"两餐，回龙酒为正餐。孩儿满月宴，基本是孩儿满月当天中午，只有正餐，没有偏餐。上梁酒也是一顿正餐，在吉时日当天中午举行。只有老人过世，意想不到，要临时决定。

宴席吃什么？俗话说"杀猪倒（宰）羊""熏鸡腊鹅""山里麂鹿獐，海里马鲛鲳"。筹备以上菜肴，应该比较隆重，一般娶亲宴席才有。畲族老人回忆，以前畲族宴席第一道（碗）菜叫"状元菜"，菜名是响亮，实际如何？瘦猪肉、鸡蛋、菠菜、香菇、油条五项食材组成，将瘦肉切成肉丝备用，将鸡蛋蛋清与蛋黄分开，先将蛋清搅拌放在盘里蒸，蒸至七八分热，再将蛋黄搅拌后，倒在蛋清上面蒸，蒸熟后切成方块形状备用，切好的蛋片蛋黄蛋清层次分明。菠菜捡一般大小嫩的整株菜，沸水焯后备用。香菇用干菇，用那种偏小偏厚菇朵，不要切，发水后备用。油条切成小段备用，如果没准备油条，以豆腐泡代替。煮时将瘦肉和香菇先煮熟，将切好鸡蛋块、油条和菠菜入锅拌匀，加油，加盐，加调料即可。这一道（碗）菜，用现今眼光来看，是一碗大杂烩。根据老人回忆，当时没有味精、鸡精等调味品，汤料不好煮，味道不鲜，厨师一般采取鸡鸭和猪骨熬汤叫"油汤"来为汤料提鲜。有一个畲族厨师，给当家开一份菜单，其中有200斤虾蛄，当家不解，问厨师那么多虾蛄放在哪里用，厨师说不要问，叫你买你就买，到时你就知道了。吉日到了，当家按菜单一一将菜肴买回来了，200斤鲜虾蛄也买回来。厨师交代，把舂臼洗干净，将虾蛄洗干净拿去舂碎，拿到厨房来。帮工按照师傅吩咐，把舂碎虾蛄拿到厨房，只见厨房几大锅已将水烧得沸滚，厨师叫帮工把虾蛄分几次放在沸水中熬煮，然后捞去虾蛄壳，把虾蛄汤统一装在一个大缸内。哦！原来用虾蛄汤来提鲜的，每一道菜加入适量虾蛄汤味道美极了。

畲族与汉族杂居，生产生活都会互相影响，饮食也一样，宴席也一样。有几个朋友相聚，有人在厨房准备一点吃的，弄半天也弄不出来，等的人就会大喊大叫："不是叫你煮24碗，弄碗配酒菜，磨磨蹭蹭弄不出来吃。"原来佳阳汉族和畲族有宴席24碗之说。这24碗菜肴，菜料是：香燕、香菇、田鸭、墨（鱼）卷、羊肉、海蛎、蚶血、蛏干、蚶、虾、白弓干、丁香（鱼）、方（丰）肉、鸡、鳗（鱼）泡、黄瓜（鱼）、马鲛鱼、白历（鱼）、红枣（汤）。食材不是一成不变，总的24碗不变，可以按主家意思调整。鱼类可调鳜鱼、鲈鱼、鲳鱼等，蟳可调青壳蟹（红膏蟹）、毛蟹等，肉类可调猪肉、牛肉等，虾就有黄虾、对虾、九节虾，红枣（汤）是属甜汤，可调桂圆、荔枝、枇杷汤。总之还有许多可供备选食材。24碗都是用碗装，没用盘装。

后来又兴起八盘六品外加两个主食和四碟冷菜制。盘就是用大盘装菜，品就是用品碗（大碗）装菜，盘品相间摆在桌上雅致好看。四小碟冷菜，是因客人来到总会有前有后，早到的人等后来的人，一边吃冷菜，一边喝茶水，显得自然轻松，不像那样干等不自在。这也是厨师们在办宴席中，不断总结出来的经验办法。两"大将"（指主食）炒米粉、炒番薯粉、炒粿（年糕）、水饺、三角饺、汤圆、炒面、线面（长寿面）中选。24碗也好，八盘六品也好，宴席筹办很辛苦，采购食材，加工食材，好几天前开始准备，厨师和帮工为了保证食材鲜度，总是加班加点，打鱼片、鱼丸、打肉片、肉丸、做鸡圈、鱼圈、做高丽、做丰肉，费时费工，讲究技艺。从食材到食品，是通过厨师及帮工共同努力完成的。上第一道菜有讲究，从中可以判断该酒宴的规格和档次，如第一道是"澎海"，称"澎海起"，说明酒席比较大众化，如果是"海参起"，说明这场酒席档次高。

佳阳畲族过去的喜宴中有一个风俗颇有特色。宴席24碗菜肴中有一道菜"方肉"，也有叫"丰肉"，是有意让嘉宾带回家的。"方（丰）肉"的大小，看主人家，有1.5斤"方"的，1.2斤"方"的，1斤"方"的。"方肉"取猪肋骨（排骨）下的肉做的，每块肉截面五六厘米，方方正正的，且肉皮、肥膘与精肉齐全，每桌按宾客实际人数上，人手一双。实际上"方肉"有大"方"和小"方"之分，上面所说让客人带回家这种属小"方"。大"方"在宴中必不可少。大"方"的肉是取猪前腿上节带骨肉，每桌一个约2.5至3斤，方方正正，炖得非常烂，味道极好，是供宾客在桌上吃的，不是带回家。"方肉"的形状方方正正的，这大概是名"方肉"的由来。它又叫"丰肉"，还叫"封肉"的。农家子弟理解：丰收也，拥有四四方方的田地，体现安居乐业，美满幸福；书香子弟官宦人家理解：四四方方为印功名成就仕途顺利。此俗在畲族地区一直延续到20世纪八九十年代。现在宾客带回家的"方肉"没有了，但有一碗口感与"方肉"类似的"红烧肉"或叫"回锅肉",材料是五花肉。

自古以来人们总是用数字加餐具的形式,来概括评价宴席的规模、排场。随着时代的发展,人们对饮食需求越来越高,对宴席标准也越来越高,24碗、八盘六品等菜肴逐渐不受青睐,不断被淘汰被更新被优化。以前畲族住在深山老林里,温饱都是问题,难得遇上宴席,通过酒宴来实现吃大餐的欲望不是少数人。现在宴席菜肴更加精品化,特色化,搭配更讲究,更专业,更合理,同时以在宾馆、酒楼宴请为主。

附录：

大事记

五代

后晋天福三年（938）

周十九由江南赤岸迁佳山前宅（今属佳阳周山村）。

北宋

景德元年（1004）

李鉴由长溪赤岸迁居育仁里（今佳阳佳山村）。

景德四年（1007）

游晃由长溪县涂家山迁北乡十四都（今佳阳象洋村）。

明朝

洪武三年（1371）

尹同友五世孙由漳州垅溪次迁福鼎前岐三垟田大塘（今属佳阳三丘田村）。

永乐二年（1404）

丁龙由泉州陈埭迁长溪十四都（今佳阳佳阳村）。

隆庆元年（1567）

雷代一（大一）由浙江庆元龙宫迁福鼎佳阳滨阳（今属佳阳佳阳村）。

崇祯六年（1634）

郭士麟由泉州南安迁浙江北港，转迁福宁府长溪县十四种洋，再迁王家洋楼下（今属佳阳佳阳村）。

崇祯十年（1637）

雷大山由福安穆阳金斗梁迁福鼎前岐滨阳（今属佳阳佳阳村）。

崇祯十一年（1638）

钟群赵由浙江省平阳状元内金岙，迁福鼎前岐佳阳丁家坪（今属佳阳乡佳阳村）。

清朝

顺治三年（1646）

蓝永县由浙江平阳蒲门湖垅迁福鼎佳阳双华桥仔头。

康熙四年（1665）

蕉宕旧（内）海堤建成。

康熙四十二年（1703）

刘翱由泉州府安溪县鹤汀带母胡氏之骸迁居于福鼎前岐后阳（今佳阳后洋村）。

乾隆四年（1739）

福鼎建县，县治设桐山，佳阳隶属二十都。

乾隆五十七年（1792）

虎患乡间，人伤畜亡，畲民皆早闭户，夜无行人。

嘉庆元年（1796）

韩姓教师任教于丹桥，山客童生钟良弼（鸣云）等8人就读。

嘉庆七年（1802）

福宁府府试期间，县书王万年串通监生不准畲民参加考试，把钟良弼赶出考场。良弼不服，呈书上诉，经省抚院李殿图明断，允许畲汉一同应试。来届良弼考取府学生员（秀才）。

嘉庆十八年（1813）

畲族木偶剧由漳州漳浦县蓝谢年处传入。

道光元年（1821年）

佳阳村丹桥聘请郑姓私塾先生任教。山客童生钟起程（钟灵）等12人就读。后钟起程考取秀才。

道光二十二年（1842）

浙江平阳马站岱岭坑门一财主拦路敲诈打死畲民，福鼎前岐双华（今佳阳乡双华村）著名拳师蓝金榜（又名蓝明连）伸张正义，率畲民数百捣毁财主老巢。

中华民国

1912年

佳阳双华蓝黎甫、桐城浮柳蓝胜等五位学子长驻福宁府"山民会馆"，就读于福宁府中学。

1915年

聘请李庆英私塾先生任教于丹桥畲民学校。

1923 年

狼患佳阳、前岐等地，佳阳牛栏岗畲民被伤甚众，绝户有二。

1932 年

秋，福鼎佳阳、双华等村畲民在蓝黎甫等组织下，开展反抗鸦片捐的斗争，痛击了前来催收鸦片捐的国民党军警，取得了胜利。

1934 年

4月，佳阳双华村成立以蓝天修为书记，蓝光养、蓝阿妹、蓝清改为成员的福鼎第一个畲民中共支部。

7月，佳阳双华村苏维埃政府成立，主席蓝天修。

冬，中共福鼎县委在畲民聚居地佳阳周佳山、前岐桥亭成立中共上东区委、下东区委。

1935 年

6月，闽东特委在周山成立"中共鼎平县委"，郭定玉任书记。同期成立上东区苏维埃政府。

1940 年

秋，国民党顽固派掀起反共高潮后，福鼎双华一带畲民又重新拿起枪杆子，配合游击队作战。

这年，在佳阳双华的华阳雷姓畲民得急性肠道传染病，64户人家几天内死亡12人。

1949 年

5月28日，福鼎前岐（佳阳）和平解放。

中华人民共和国

1951 年

9月，福安专区选送福鼎蓝春发（佳阳双华村人）到中央民族学院预科班历史系学习，并于1954年转政治系就读。

1955 年

5月24日，福建省畲民社会历史调查组到福鼎双华等畲民聚居村调查，历经4个月。

1956 年

8月，福鼎县在双华筹建"福鼎县少数民族文化站"。

1957 年

福安行政专署批准全区设立40个民族乡，福鼎5个：佳阳、双华、浮柳、牛埕下、瑞云。

9月，省民政厅组织畲族代表参加中华人民共和国国庆观礼团，福鼎代表蓝清说（佳阳双华村人）、雷大妹、雷古莲赴京观礼，受到刘少奇主席、周恩来总理、董必武委员长和陈毅、贺龙等国家领导人的接见，并合影留念。

1958年

3月21日（农历二月二），首届闽浙两省边界畲族联欢会在双华畲族乡召开。同日，隆重举行福鼎县少数民族文化站落成典礼。

9月10日始，福建省社会历史调查组到福鼎佳阳、双华、南溪、浮柳、牛埕下调查，11月30日结束，历时80天。

同月，中央民族调查组以郑小英为组长一行5人到福安专区巡回调研，并到福鼎双华、浮柳、瑞云等乡开展调查，发现畲族歌谣对唱时罕见的"双音"。

1959年

11月1日，雷志满（佳阳双华村人）参加福建省组织的参观团，到北京参观民族文化宫展览，在中南海受到党和国家领导人刘少奇、朱德、周恩来等的接见，为国家领导人唱畲歌。

冬，福安专区选送兰香庭、雷爱娇、李招恩（佳阳象洋村人）到中央民族学院武汉分院干部政治专修班学习。

1961年

9月，福鼎县派雷必南（佳阳三丘田村人）为代表，赴京参加国庆观礼。

1962年

5月，福鼎县少数民族文化站站长蓝振河编写，由双华牧羊姑娘蓝春英、雷开花、雷美珠、雷丕妹表演的畲歌表演唱《织裙带》，参加县、地、省工农兵文艺会演获奖，四位演员受到省委书记叶飞的亲切接见。

11月24日，福建省少数民族代表会议在福州召开，福鼎代表蓝春发（县民政局干部、佳阳双华村人）、蓝振河、蓝昌球（前岐区副区长、佳阳村人）、蓝景枝（时罗唇公社社长、佳阳罗唇村人）参会。同时特邀县政协委员蓝清魁（佳阳双华小学校长）参加会议，受到叶飞、伍洪祥、蓝荣玉、张兆汉等省委领导接见，并合影留念。

秋，佳山国洋村自发组织建立农民俱乐部。

1963年

9月23日，蓝景枝（罗唇村人）参加闽浙两省少数民族国庆观礼团赴京观礼，还到唐山、天津、上海、杭州等地参观。在京期间观礼代表受到毛泽东、周恩来、朱德、叶剑英、徐向前、聂荣臻等党和国家领导人的接见，并合影留念。

1964 年

6月28日,福安专区少数民族群众业余艺术团观摩大会在福安举行。福鼎县选送畲歌表演唱《织裙带》、畲歌《彻底革命不变心》、畲舞《养蚕姑娘》参加演出后被选拔为闽浙两省代表团节目,进京参加全国少数民族文艺会演。畲歌《彻底革命不变心》还发表于《北京日报》。

福鼎县少数民族文化站的工作被福安专署和省文化局总结为《建立畲族社会阵地——福鼎双华文化站经验》一文,在全国少数民族群众业余文化艺术工作座谈会上交流。

10月12日,福鼎县畲族文艺节目《织裙带》《养蚕姑娘》和双华村牧羊女演员蓝春英、雷丕妹、雷开花、雷美珠参加中央调演观摩演出。

12月27日,钟显左(象洋村人)出席全国少数民族文艺观摩演出大会。

1968 年

4月,中央民族学院中文系和中南民族学院语言系胡教授一行5人,到福鼎双华畲族聚居乡村进行畲族语言和文学研究。

1971 年

12月,前岐(佳阳)蓝清盛(罗唇村人)、蓝抗美被中央民族学院政治系录取。

1973 年

10月9日至12日,福鼎降雨500毫米,山洪暴发。佳阳罗唇至梅溪片水田450亩被冲毁220亩,其中被冲成溪滩120亩,罗唇柴岚内水田50亩被冲毁43亩。

1976 年

6月,福鼎县民政局与文化局决定恢复福鼎县少数民族文化站(设双华),并拨款6000元修缮。

佳阳水库建成。

1977 年

2月,象洋村牛食岚自然村蓝爱花(女)在福建省第五届人民代表大会第一次会议当选第五届全国代表大会代表。

1978 年

11月,佳阳畲村歌手雷梅英上北京参加全国民间歌手、民间诗人座谈会。

1979 年

8月,省道215线(后称沙吕线)通车,贯穿佳阳、罗唇、康山等畲族村。

1981 年

冬,福鼎县少数民族文化站重新组建"福鼎县少数民族文化站木偶剧团",由钟显绩、钟显左、李先修、蓝允秋、钟后扬、雷佑余、蓝春通等七人组成。

1982 年

9月，福鼎畲族传统体育项目"打尺寸"参加在内蒙古呼和浩特市举行的全国第二届少数民族传统体育运动会。

1983 年

1月9日，农历二月二，福鼎县少数民族文化站组织举办了历史上规模最大的一场"二月二"活动。县各套班子到现场指导，中央、省、地各级媒体均派记者参加，官方来客250多人。

1984 年

是年，宁德地区公署报请省政府同意批复，全区设84个民族乡，福鼎县7个，前岐区有双华、佳阳、象洋，均在今佳阳乡域内。

1986 年

5月3日至5日，宁德行政公署举行首届少数民族传统体育运动会，福鼎县以蓝清盛为领队，蓝清妙（双华村人）为教练，由35名畲族运动员组成的团队参加，参赛项目"打尺寸""畲家拳""齐眉棍""丈二棍"等。运动员蓝春景被选入福建省传统体育运动代表团畲族代表。

6月27日至7月5日，福建省首届歌会在福安召开，同时举行学术研讨会，来自浙江、广东、江西及本省学者参加。歌手蓝春娥（双华村人）、钟显芳、蓝阿昌、雷三妹参加歌咏比赛。蓝振河、蓝俊德、蓝清盛参加学术研讨，三人均在会上发表论文，论文均被收入《福鼎首届畲族歌会论文集》。

9月，蓝春景出席在新疆乌鲁木齐举行的全国第三届少数民族传统体育运动会。福建省少数民族传统体育代表团畲族代表队以"打尺寸""铃刀舞""畲家拳""猴抱蛋"等传统体育项目参会。

1987 年

区改乡（镇）后，佳阳、双华、象阳三个民族乡改为村民委员会。

1988 年

11月21日冬，县民委在佳阳佳山山兜畲村创办茶坊，种茶100亩。

1989 年

2月，县民委在佳阳象阳罗二岗创办四季柚果场，种果100亩。

9月4日，17号强热带风暴袭击福鼎，降雨量达690毫米，佳阳双华村被冲毁公路4公里、桥3座、防洪堤500米，大小崩山134处，冲垮民房75间，伤13人，罗唇大垵头后山严重滑坡，危及畲民民房28户。

11月，福鼎县少数民族文化站创办畲族文物展览室。

1997年

福建省首个渔排党支部安仁渔排党支部成立。此后福建省两任省委书记宋德福（1997年）、卢展工（2006年）先后亲临视察。

2000年

6月27日，闽民厅（2000）208号《福建省民政厅关于福鼎市前岐镇分设佳阳乡的批复》，下达宁德地区行政公署，并逐级转发。

2001年

1月5日，佳阳乡举行挂牌仪式。是年，佳阳公安派出所成立。

2002年

3月，佳阳乡政府大楼奠基并动工修建，2003年7月竣工。

2003年

是年，有关部门搭建民族文化活动平台和大型宣传阵地，支持民族乡村积极开展畲族民俗活动，佳阳乡将罗唇"冥斋节"、双华"二月二"、佳阳"弼公节"列为重点。

2005年

是年，周山革命纪念馆建成。

9月，经市民宗局、市教育局研究决定，将畲族歌谣列入乡土教材，在福鼎县少数民族地区中小学普及。

10月，佳阳中心小学成立。2010年4月，更名为福鼎市佳阳民族学校。

2006年

8月10日，受超强台风"桑美"袭击，佳阳乡死亡7人，房屋倒塌及半倒塌共毁1599榴，渔排网箱被毁3万多口。

2007年

东海水产养殖研究院入驻佳阳乡罗唇村岩坑，当年动工兴建，2008年竣工。

2008年

停滞多年的蕉宕石垅头海堤于2008年再启动工，2010年竣工，投资2700多万，围成面积800余亩。

2009年

1月15日，由福建省人民政府批准，福鼎市佳阳乡更名为福鼎市佳阳畲族乡，成为我省第18个畲族乡，全国第45个畲族乡。佳阳于当年"二月二"畲族传统节日期间举行挂牌仪式。

2011年

7月16日，佳阳畲族乡双华、罗唇、佳阳、象洋、佳山，前岐镇桥亭、井头等畲族村干部群众发起，经报批成立了"福鼎畲族文化促进会"。

是年，利用象洋村原小学教学楼改建的佳阳畲族乡敬老院"闽侯楼"工程启动，2013年建成正式投入使用。

是年，安仁码头动工建设，至2013年竣工。

2013年

2月，佳阳乡双华村与金凤畲族服饰有限公司共同被宁德市人民政府评为第一批"闽东畲族文化生态保护实验区示范点"。

2014年

福鼎市45个村列入第四轮整村推进扶贫开发工作重点村，畲族村有6个，其中佳阳乡2个：双华村、佳山村。

3月9日，福鼎市人民政府认定佳阳畲族乡上庵村为民族村，佳阳乡民族村增至7个。

2015年

7月，《中国妇女报》《福建日报》等新闻媒体到福鼎开展走基层活动，寻找"最美女村官"，佳阳畲族乡龙头湾村民委员会主任李美丽（畲族）入选。

2016年

6月2至3日，中央候补委员、国家民委主任李昌平，国家民委国际交流司副巡视员蓝海滨等一行到佳阳畲族乡双华村等地调研。

2017年

2月23日，国家民委港澳台办副巡视员蓝海滨一行11人到福鼎市考察民族工作。27日，参加了畲族传统节日双华"二月二"会亲节活动。

2018年

3月，福鼎佳阳畲族乡双华村被国家民委授予"海峡两岸交流示范基地"。